奎文萃珍

國學禮樂録

上册

[清] 李周望 輯

文物出版社

圖書在版編目（CIP）數據

國學禮樂録 / (清) 李周望輯. -- 北京 : 文物出版社, 2020.1
（奎文萃珍 / 鄧占平主編）
ISBN 978-7-5010-6369-7

Ⅰ. ①國… Ⅱ. ①李… Ⅲ. ①禮樂－中國－清代 Ⅳ. ①K892.9

中國版本圖書館CIP數據核字(2019)第233863號

奎文萃珍
國學禮樂録 〔清〕李周望 輯

主　　編：鄧占平
策　　劃：尚論聰　楊麗麗
責任編輯：李縉雲　李子裔
責任印製：張　麗

出版發行：文物出版社
社　　址：北京市東直門内北小街2號樓
郵　　編：100007
網　　址：http://www.wenwu.com
郵　　箱：web@wenwu.com
經　　銷：新華書店
印　　刷：藝堂印刷（天津）有限公司
開　　本：710mm × 1000mm　1/16
印　　張：44.75
版　　次：2020年1月第1版
印　　次：2020年1月第1次印刷
書　　號：ISBN 978-7-5010-6369-7
定　　價：260.00圓（全二册）

序言

《國學禮樂録》二十卷，清李周望輯。清康熙刻本。半頁十行，行二十二字，白口，四周雙邊，單魚尾。

李周望（一六六八—一七三〇），字渭湄，號南屏，蔚州（今屬河北蔚縣）人。康熙三十六年（一六九七）進士，五十三年（一七一四）任國子監司業，五十七年（一七一八）任祭酒，後任内閣學士兼禮部侍郎、户部左侍郎、禮部尚書等職。

本書前有康熙五十八年（一七一九）李周望序、凡例六條及目録。全書分爲二十卷：卷一至聖世系圖、御製孔子四配贊訓飭士子文，卷二孔子世家、宗子世表，卷三四配列傳，卷四十哲列傳，卷五至六諸賢列傳，卷七至八諸儒列傳，卷九啓聖祠賢儒列傳，卷十列朝祀典，卷十一明祀典，卷十二國朝祀典，卷十三禮經、樂經、樂志、樂器名義，卷十四樂譜圖、音譜圖，卷十五禮器圖、樂器圖，卷十六舞譜、舞佾圖，卷十七奏樂位次圖、神位圖、陳設圖，卷十八文廟現行儀注則例，卷十九石鼓文音訓，卷二十昭代祭酒司業題名碑記。

《國朝禮樂録》是李周望任國子監祭酒時所編輯的，内容以反映清代禮樂爲主，兼及歷代情況。李周望在序中詳細談及編纂此書的目的：『爰采志、統諸書，薙其繁冗，少爲編次，録成一書，以示諸生，俾知國學禮樂所在，斯須不可去身，亟宜研窮義理，考核名實，禮以謹其節，樂以發其和，庶幾由博而約，以漸臻乎希聖、希賢之域。』序中所説『志、統諸書』是編纂時的參考書，『志』或指史志之書，『統』當指張行言編輯的《聖門禮樂統》二十四卷。《國學禮樂録》卷一至十五的内容，《聖門禮樂統》中幾乎都有涉及。

此本目録及卷一卷端題『國子監祭酒蔚州李周望渭湄氏編輯』。核諸中國國家圖書館藏清國子監舊藏本，則作『國子監祭酒蔚州李周望渭湄氏、司業昆明謝履忠方山氏編輯』。此本『凡例』下有『六條』二字，國子監藏本則没有。上述不同根據字體判斷，此本當在前，國子監本在後。另外，國子監本有謝履忠的序，此本未載。

《四庫全書總目》著録此書，作二十四卷，與通行二十卷不同，未詳緣由。《清史稿·藝文志》沿作二十四卷。《四庫全書總目》認爲《國學禮樂録》『所列頗多疏漏』，樂器之載、石鼓之文等徵引不廣，『亦未免稍略矣』。儘管如此，《國學禮樂録》仍然具有一定的參考價值，例如卷二十的『祭酒司業題名碑記』，有助於了解清初歷任滿、漢國子監祭酒、司業的人名及任職時間。

謝冬榮

二〇一九年八月

序

成均典樂之職禮教之地也昉自虞廷其風尚矣周備四代之學王畿之內號爲辟雝葢以明首善之義與鄉學不同秦火以後學校淪廢漢至元狩始議建

于董生策中元成之世弟子增
衆光武重興太學親臨講論立
十四博士以授五經明帝習射
養老章帝大會諸儒一時虎觀
橫經彬彬稱盛晉武雅尚儒術
以賈馬鄭杜伏孔王何之徒分

立八家儒學命張華劉寔領之
太常咸寧後乃立國子學以教
貴游子弟東晉士夫習尚莊老
流及六朝南北興廢無常至隋
開皇國子寺始不隸于太常唐
則六學皆歸國子宋增三館而

學規之善莫或過於胡瑗焉三
齋雜儀肇元許衡六堂考課沿
明永樂日久漸弛僅屬空文
皇朝定鼎京師振興文教
世祖章皇帝視學釋奠百廢具張
我

皇上生知好古重道崇儒
御極之初卽
臨雍講學隆禮
先師超越百代
特製訓飭士子文立碑造就加意勸
懲時際雍熙禮明樂備久道化

成更修輯諸經闡晰性理辨別
律呂審定元音集道統之大成
作君師之極範近復升祔名儒
增襲博士凡所以光輝俎豆鼓
舞人材之典無所不至猗歟休
哉士生金聲玉振之世獲漸菁

莪棫樸之風亙厚幸矣余自甲
午承乏之司業旋遷侍講卽奉
命校士全楚日與諸生撤幃講業務
趨醇古以應昌期役竣復膺司
成重任受
恩汪渥報稱無由爰與 方山謝公

氷兢共矢月吉弘宣
聖訓督課惟勤而諸生文風亦日新
月盛雖然國家儲賢養士豈徒
以文章華國潤色鴻業云爾哉
要求實行以資大用也余惟古
之教士自小學以至大學旣已

身通六藝尤必陶養性情以爲修齊治平之本春秋教以禮樂冬夏教以詩書入德有方修道有序興詩立禮成樂次第較然不可易也太史公適魯觀孔子廟堂車服禮器諸生以時習禮

其家乃故事之可證者凡國學
賢關人才淵藪士列橋門之下
而不辨禮儀樂奏之詳典祀損
益之故又何以自立于儒雅之
林備異日
廟堂之選乎爰采志統諸書薙其繁

冗少爲編次錄成一書以示諸生俾知國學禮樂所在斯須不可去身亟宜研窮義理考核名實禮以謹其節樂以發其和庶幾由博而約以漸臻乎希聖希賢之域仰承

聖天子壽考作人之化行且比隆周
室遠接虞廷漢唐以後曷足道
哉是爲序
旹
康熙五十有八年歲在屠維大淵
獻且月朔日國子祭酒蔚州南

屏李周朢書於彝倫堂

國學禮樂錄

凡例　六條

一

御製孔子四配贊語及訓飭士子文恭錄于首以表尊師訓士盛典其賢儒列傳諸贊間錄其最明切者餘皆從省

一茲錄務取簡括便於覽觀僅即禮樂統太學志禮樂志諸書抄撮大槩間附舊聞數條以備參攷

一朱子既遴升配大典其列傳位次應改列十哲之下茲爲刋正并增范文正公傳及西廡位次于圖

一舞佾圖冠服各書所載不同今照文廟禮樂志刋定

一太常現行儀注則例最爲詳悉合併附錄

一前代祭酒司業姓氏已詳載太學志中兹專錄

昭代滿漢題名碑記以紀千秋之盛

一各書所記監中經籍書板射器法帖等件年久湮廢

難稽故不具載至進士題名碑記别有全錄專刻兹不

重贅

國學禮樂錄目錄

國子監祭酒蔚州李周望渭湄氏編輯

卷之一
至聖世系圖
經學源流圖
太學文廟圖
啓聖祠圖
彝倫堂圖
御製孔子四配賛訓餙士子文
卷之二

孔子世家

宗子世表

卷之三

四配列傳

顏子復聖　曾子宗聖　子思子述聖　孟子亞聖

卷之四

十哲列傳增朱子傳

閔子騫　冉子弓　端木子貢　仲子路

卜子夏以上東五哲　冉子牛　宰子我　冉子有

言子游　顓孫子張以上西五哲　朱子熹位次東哲下

卷之五

諸賢列傳 東廡先賢

澹臺子 滅明　原子 憲　南宮子 适　商子 瞿

漆雕子 開　司馬子 犂耕　有子 若　巫馬子 施

顏子 辛　曹子 卹　公孫子 龍　秦子 商

顏子 高　壤駟子 赤　石作子 蜀　公夏子 首

后子 處　奚子 容蒧　顏子 祖　句子 井疆

秦子 祖　縣子 成　公祖子 句兹　燕子 伋

樂子 欬　狄子 黑　孔子 忠　公西子 蒧

顏子 之僕　施子 之常　申子 棖　左子 丘明

張子載　程子頤

卷之六

諸賢列傳西廡先賢

宓子不齊　公冶子長　公晳子哀　高子柴

樊子須　商子澤　梁子鱣　冉子孺

伯子虔　冉子季　漆雕子徒父　漆雕子哆

公西子赤　任子不齊　公良子孺　公肩子定

鄡子單　罕父子黑　榮子旂　左子人郢

鄭子國　原子亢　廉子潔　叔仲子會

公西子輿如　邽子巽　陳子亢　琴子張

步叔子乘　秦子非　顏子噲　周子敦頤
程子顥　邵子雍
卷之七
諸儒列傳東廡先儒
公羊子高　孔子安國　毛子萇　高堂子生
杜子春　韓子愈　司馬子光　胡子瑗
羅子從彥　呂子祖謙　蔡子沈　許子衡
王子守仁　陳子獻章　胡子居仁
東廡先儒舊有顏何荀況劉向王肅杜
預後罷不祀鄭衆盧植服虔改祀于鄉
卷之八

諸儒列傳西廡先儒
穀梁子赤　伏子勝　后子蒼　董子仲舒
王子通　范子仲淹　歐陽子修　胡子安國
楊子時　李子侗　張子栻　陸子九淵
眞子德秀　薛子瑄
西廡先儒舊有公伯寮秦冉戴聖賈逵馬融何休王
弼後罷不祀蘧瑗林放鄭元范甯吳澄改祀于鄉

卷之九

啓聖祠賢儒列傳
孔氏啟聖公　顏氏無繇　曾氏點　孔氏鯉
孟孫氏激　東廡周氏輔成　朱氏松　西廡程氏珦

蔡氏元定
卷之十
列朝祀典
魯 漢 東漢 三國
晉 東晉 南北朝 隋
唐 五代 宋附遼金 元
卷之十一
明祀典
卷之十二
國朝祀典

卷之十三
禮經
樂經
樂志
樂器名義
卷之十四
樂譜圖
音譜圖
卷之十五
禮器圖

樂器圖
卷之十六
舞譜 附曲奏譜
舞佾圖
卷之十七
奏樂位次圖
神位圖
陳設圖
卷之十八
文廟現行儀注則例 附進士釋菜儀節

卷之十九
石鼓文音訓
卷之二十
昭代祭酒司業題名碑記

至聖世系之圖

微子啓 帝乙首子

微仲衍 微子之弟嗣爲宋公 — 宋公稽 衍子 — 丁公申 稽子 — 湣公共 申子

弗父何 共子 — 宋父周 何子 — 世子勝 周子 — 正考父 勝子

孔父嘉 考父子始姓孔氏 — 木金父 嘉子奔魯因家焉 — 睪夷 木金父子一作祈父夸睪

防叔 睪夷子 — 伯夏 防叔子 — 叔梁紇 伯夏子自微子至叔梁大夫凡十四世是生孔子

孔子 自孔子至今衍聖公毓圻凡六十七代

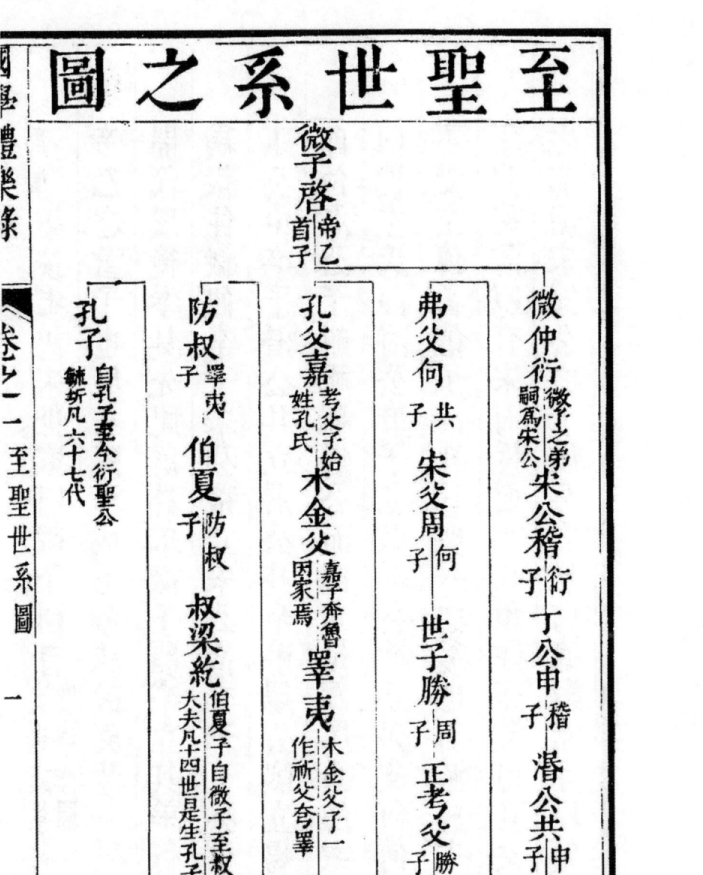

周望謹按史記宋世家曰微子開者史避漢景諱改啓作開殷帝乙之首子也周公既承成王命誅武庚乃命微子開代殷後奉其先祀國於宋微子開卒立其弟衍是爲微仲微仲卒子宋公稽立宋公稽卒子丁公申立丁公申卒子湣公共立湣公共卒弟煬公熙立煬公卽位湣公子鮒祀弑煬公而自立是爲厲公注索隱曰據左氏卽湣公庶子也弑煬公欲立弗父何何讓不受左傳孟僖子曰孔丘聖人之後也而滅於宋其祖弗父何以有宋而授厲公杜預注弗父何孔父嘉之高祖宋閔公之子厲公之兄何適嗣當立以讓厲

公又史記孔子世家曰孔子生魯昌平鄉陬邑其先宋人也曰孔防叔防叔生伯夏伯夏生叔梁紇紇生孔子注索隱曰家語孔子宋微子之後宋襄公生弗父何以讓弟厲公弗父何生宋父周周生世子勝勝生正考父考父生孔父嘉五世親盡別爲公族姓孔氏據此則姓孔氏始自嘉孔父生子木金父金父生睪夷睪夷生防叔畏華氏之逼而奔魯故孔氏爲魯人宋孔傳東家雜記首載姓譜云丁公申生湣公共及襄公熙熙生弗父何此據家語本姓解也索隱中亦正作襄公明正德間所刻孔庭纂要首載世譜則云丁公申

生湣公共及煬公熙湣公共生弗父何與家語東家雜記互異而與左史相同今家語已非王肅所注古本而杜注甚明並以左史爲正又按杜元凱昭公七年左傳而滅於宋注孔子六代祖孔父嘉爲宋督所殺其子奔魯據此則奔魯始自金父家語金父子作睪夷而東家雜記作祈父夸睪孔庭纂要亦作祈父注云或曰睪夷今並綴於圖以備叅覽

易學源

商瞿 魯人孔子弟子 — 橋庇 魯人 — 馯臂 江東人 — 周醜 燕人 — 孫虞 東武人 — 田何 自春秋末至漢初

田何 齊人徙杜陵號杜田生 — 王同 東武人 — 楊何 菑川人太中大夫 — 京房 東郡頓丘人齊郡太守 — 梁丘賀 琅邪諸人少府 — 梁丘臨 賀子黃門郎 — 王駿 瑯邪人御史大夫

即墨成 齊人城陽相

孟但 廣川人太子門大夫

周霸 魯人膠西內史

衡胡 莒人至大官

主父偃 齊臨菑人齊相

張禹

五鹿充宗 少府 — 士孫張 平陵人光祿大夫給事中

鄧彭祖 沛人真定太傅

衡咸 齊人王莽講學大夫

周王孫 雒陽人 — 丁寬

丁寬 雒陽人梁孝王將軍 — 田王孫 碭人博士 — 施讎 沛人博士 — 梁丘臨

張禹 河內軹人丞相 — 彭宣 淮陽人大司空

戴崇 沛人九卿

魯伯 瑯邪人會稽太守 — 毛莫如 太山人常山太守

服生 齊人

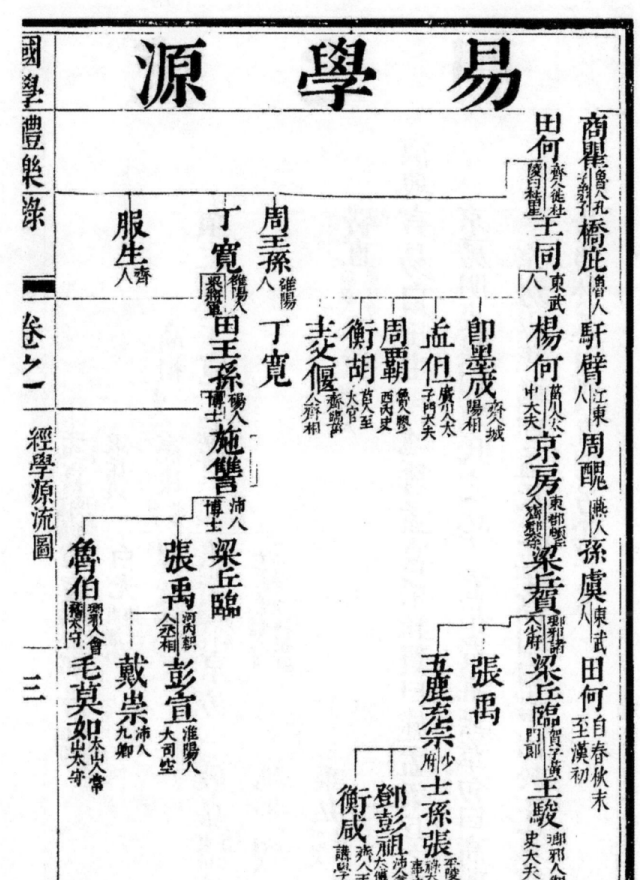

流之圖

孟喜（東海蘭陵人丞相掾）
趙賓（蜀人）
邴丹（瑯邪人六百石）
梁丘賀
白光（東海人博士）
高相（沛人）
高康（相子爲郎）
翟牧（沛人博士）
項生（齊人）
丁寬
毋將永（蘭陵人豫章都尉）
焦贛（梁人小黄令）
京房
殷嘉（東海人博士）
蓋寬饒（魏人司隷校尉）
姚平（河東人博士）
乘弘（河南人博士）
費直（東萊人單父令）
王璜（瑯邪人）

漢興言易自田生　施讐孟喜梁丘賀曰施孟梁丘之學
京房明災異曰京氏之學　高相費直無章句曰高費
京房以焦贛卽孟氏之學高相自言出於丁寬故
皆綴於派內費直則另爲一派

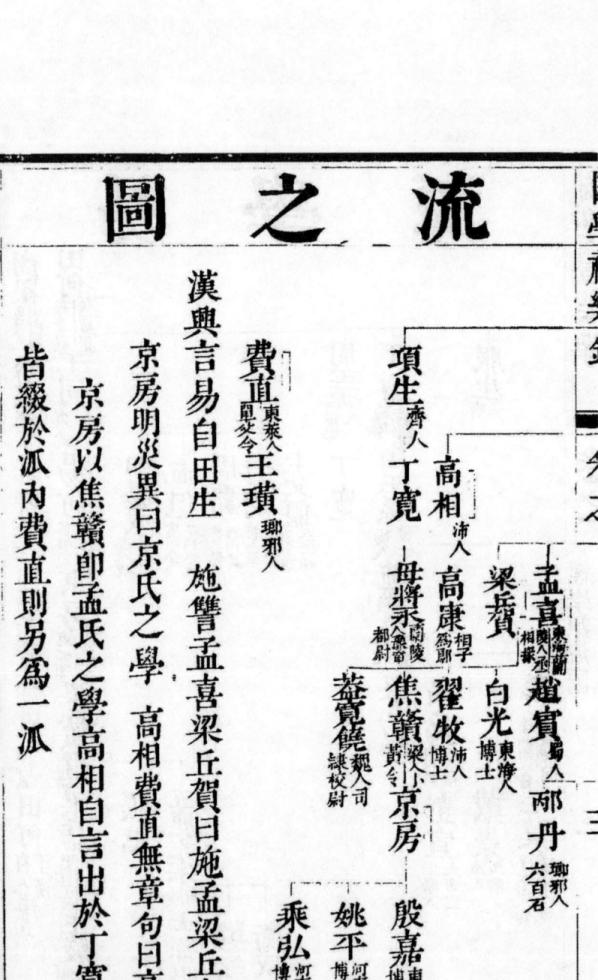

書學源

- 伏生 濟南人 秦博士
  - 朝錯 潁川人御史大夫
  - 張生 濟南人博士 — 夏侯都尉 魯人 — 夏侯始昌 都尉族子 昌邑太傅 — 夏侯勝 始昌族子 太子太傅
  - 歐陽和伯 濟南千乘人 — 兒寬 千乘人御史大夫 — 歐陽和伯子 — 歐陽和伯孫 — 歐陽高 和伯曾孫博士
  - 伏生孫
  - 簡卿 未詳 — 夏侯勝
  - 周霸 見前
- 夏侯勝
  - 夏侯建 勝從兄子 太子太傅 — 張山拊 平陵人少府
    - 李尋 平陵人騎都尉
    - 鄭寬中 平陵人光祿大夫給事中 — 趙玄 東郡人御史大夫
    - 張無故 山陽人廣陵太傅 — 唐尊 沛人王莽太傅
    - 秦恭 信都人城陽內史 — 馮賓 魯人博士
    - 假倉 陳留人膠東相
  - 周堪 齊人光祿勳
    - 牟卿 北海人博士 — 孔光
    - 許商 長安人四至九卿
      - 唐林 沛人九卿
      - 吳章 平陵人博士 — 云敞 平陵人更始時御史大夫
      - 王吉 重泉人九卿非昌邑中尉
      - 炔欽 齊人博士

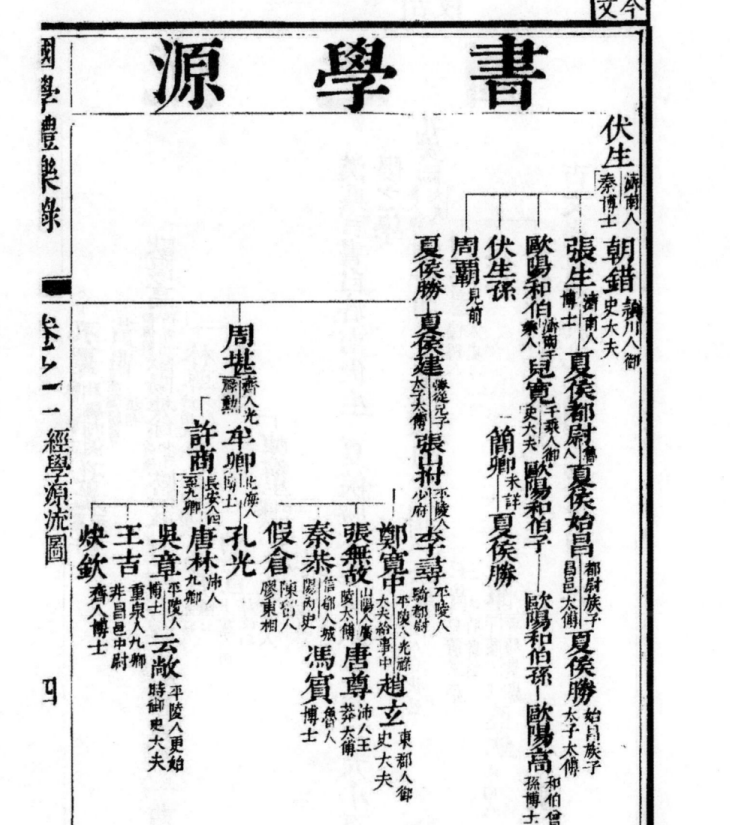

流之圖

孔覇魯人褒成君關內侯 孔光覇子丞相

黃覇淮陽陽夏人丞相

歐陽高和伯曾孫博士 歐陽地餘高孫少府 歐陽政地餘子王莽講學大夫 歐陽歙後漢大司徒 曹曾濟陰人諫議大夫 曹祉曾子河南尹

林尊濟南人少府 平當平陵人丞相 朱普九江人博士

夏侯建

鮑宣上黨人司隸校尉

陳翁生梁人信都太傅 殷崇瑯邪人博士

龔勝楚國人右扶風

漢興言書自濟南伏生 夏侯勝大建小歐陽高曰大小夏侯歐陽之學

孔安國魯人諫大夫

都尉朝 庸譚膠東人 胡常清河人部刺史 徐敖虢人右扶風

王璜見前王莽時貴顯

塗惲平陵人王莽時貴顯 桑欽河南人

賈徽 賈逵

司馬遷龍門人太史令

兒寬

孔延年安國兄武子卽覇父 孔覇延年子 孔光

古文尚書起於孔安國至後漢而大興

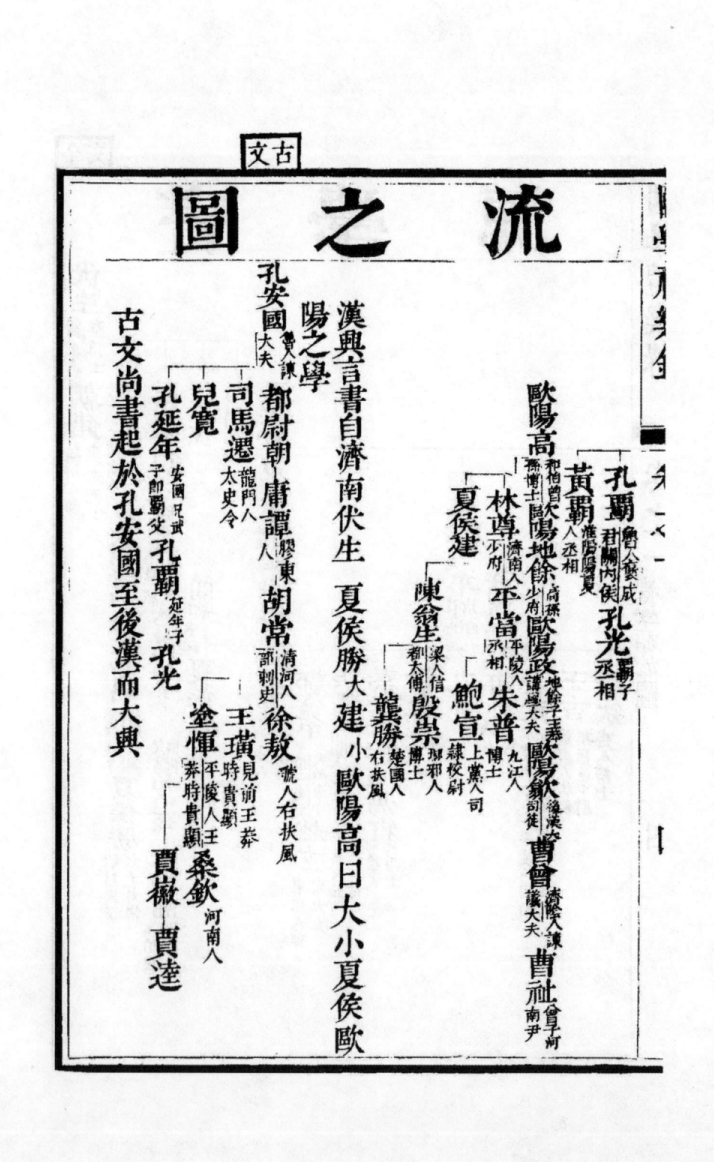

詩學源

- 浮丘伯 齊人
  - 申培 魯人太中大夫
    - 王臧 蘭陵人郎中令
    - 趙綰 代人御史大夫
    - 孔安國 魯人臨淮太守
    - 周霸 見易書
    - 夏寬 城陽內史
    - 魯賜 碭人東海太守
    - 繆生 蘭陵人長沙內史
    - 徐偃 蘭陵人膠西中尉
    - 闕門慶忌 鄒人膠東內史
    - 大江公 瑕丘人博士
      - 韋賢 魯國鄒人丞相
        - 韋玄成 賢子丞相
        - 韋賞 玄成兄子大司馬
      - 江公 大江公孫博士
      - 榮廣
    - 許生 魯人
      - 韋賢
      - 王式
    - 徐公 免中人
      - 王式 東平新桃人博士
        - 張長安 山陽人淮陽中尉
          - 張游卿 長安兄子諫大夫
            - 王扶 琅邪人泗水中尉
            - 許晏 陳留人博士
        - 唐長賓 東平人楚傅
        - 褚少孫 沛人博士
        - 薛廣德 沛郡相人御史大夫
          - 龔舍 楚人泰山太守

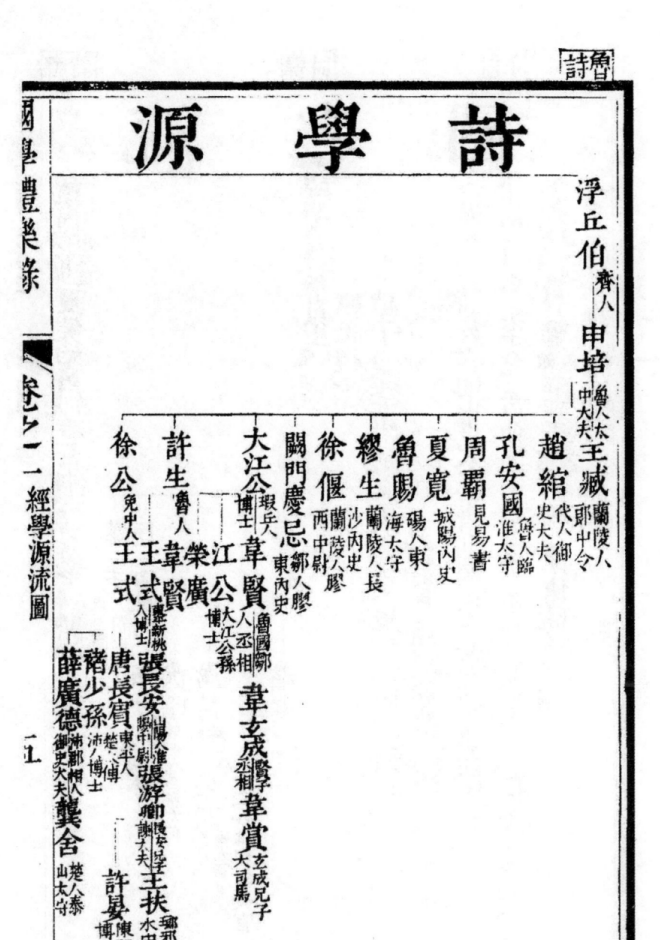

齊詩　韓詩　毛詩

流之圖

齊詩

轅固（齊人清河太傅）—夏侯始昌（見前）—后蒼（東海郯人少府）—翼奉（東海下邳人諫大夫）

后蒼—蕭望之（東海蘭陵人前將軍）

后蒼—匡衡（東海承人丞相）—師丹（瑯邪東武人大司空）

匡衡—伏理（瑯邪人高密太傅）

匡衡—滿昌（潁川人詹事）—張邯（九江人至大官）

滿昌—皮容（瑯邪人至大官）

白奇（博士）—蕭望之

韓詩

韓嬰（燕人常山太傅）—賁生（淮南人）

韓嬰—韓商（嬰孫博士）

韓嬰—趙子（河內人）—蔡誼（即義河內人丞相）—食子公（河內人博士）—栗豐（泰山人部刺史）—張就（山陽人至大官）

蔡誼—王吉（瑯邪人昌邑中尉）—長孫順（淄川人博士）—髮福（東海人至大官）

毛詩

漢興言詩於魯則申培公於齊則轅固生燕則韓太傅

卜商—曾申—李克—孟仲子—根牟子—荀卿—毛亨—毛萇　春秋末至漢初

毛萇（趙人河間博士）—貫長卿（趙人）—解延年（趙人阿武令）—徐敖—陳俠（九江人王莽講學大夫）

毛詩起於河間獻王至後漢而大典

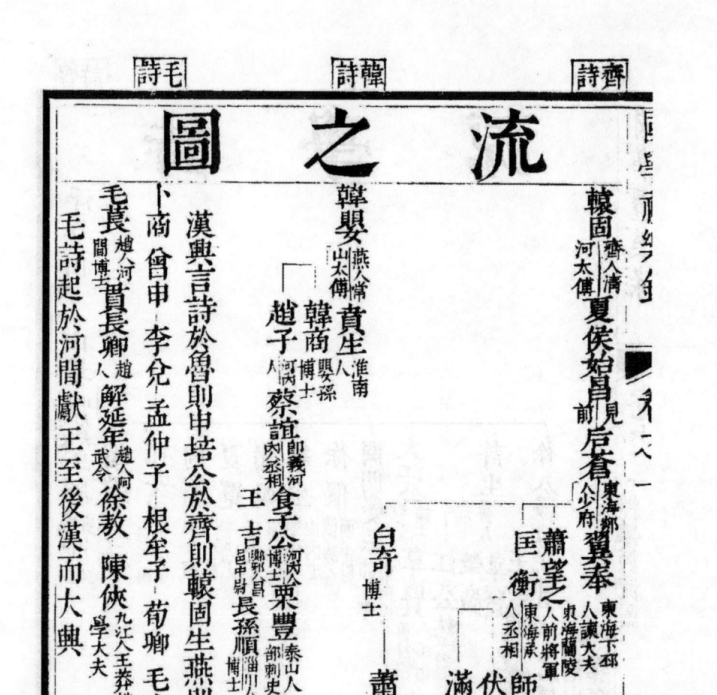

春秋學

卜商—公羊高—高子平—平子地—地子敢—敢子壽—胡母子都 春秋末至漢初

胡母子都 齊人博士 —公孫弘 菑川薛人丞相

—嬴公 後漢書言胡母生授東平嬴公前漢書儒林傳以下皆仲舒弟子而呂步舒不知其師書眭孟嬴公弟子稱先師董仲舒俱有確據故嬴公兩屬而褚大吾丘壽王專屬于仲舒

董仲舒 廣川人江都相 —褚大 蘭陵人梁相

—嬴公 東平人諫大夫 —孟卿 東海人 —疏廣 東海蘭陵人太子太傅 —筦路 瑯邪人御史中丞 —孫寶 潁川鄢陵人大司農

—眭弘 字孟魯人符節令 —嚴彭祖 東海下邳人太子太傅 —王中 齊沛瑯邪人少府 —公孫文 瑯邪人東平太傅

—東門雲 瑯邪人荊州刺史

—顏安樂 魯國薛人齊郡太守 —冷豐 作泠豐淮陽淄川太守 —馬宮 東海戚人大司徒

—任公 淄川人少府 —左咸 瑯邪人九卿

—筦路

—冥都 泰山人丞相史

—貢禹

—段仲 廣川人

—吕步舒 溫人丞相長史

—貢禹 瑯邪人御史大夫 —堂谿惠 潁川人 —冥都

—李育 侍中 —羊弼 博士 —何休 諫議大夫

漢興言春秋於齊則胡母生於趙則董仲舒

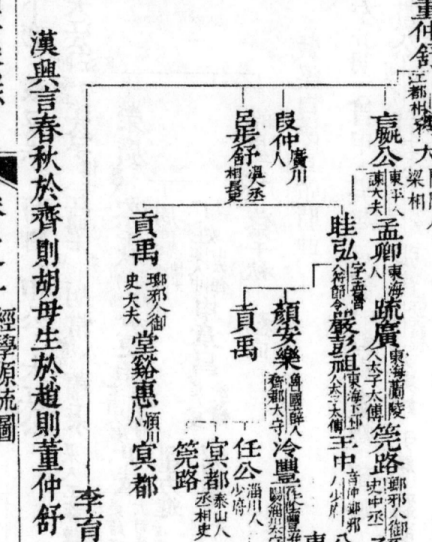

源流圖

卜商—穀梁赤—荀卿—申公—大江公

大江公 即瑕丘江公—江公子 博士—江博士 江公孫—胡常 清河人—蕭秉 梁人王莽講學大夫

榮廣 魯人—蔡千秋 沛人郎中戶將—尹更始 汝南人長樂戶將—尹咸 更始子大司農

周慶 梁人博士

翟方進 汝南上蔡人丞相

丁姓 梁人中山太傅—申章昌 楚人長沙太傅—房鳳 瑯邪人青州牧

皓星公 魯人—蔡千秋—劉向

穀梁自漢宣帝時興

左丘明—曾申—吳起—吳期 起子—鐸椒—虞卿—荀卿—張蒼 丞相—賈誼 洛陽人梁太傅

貫公 河間人博士—貫長卿 公子蕩陰令—張禹 清河人御史安侯—尹更始—尹咸—劉歆—鄭興 入後漢—鄭衆 興子

賈徽 平陵人—賈逵 徽子入後漢

翟方進—劉歆

胡常—賈護 黎陽人為郎—陳欽 蒼梧人將軍—陳元 欽子入後漢

房鳳

左氏自漢平帝時興

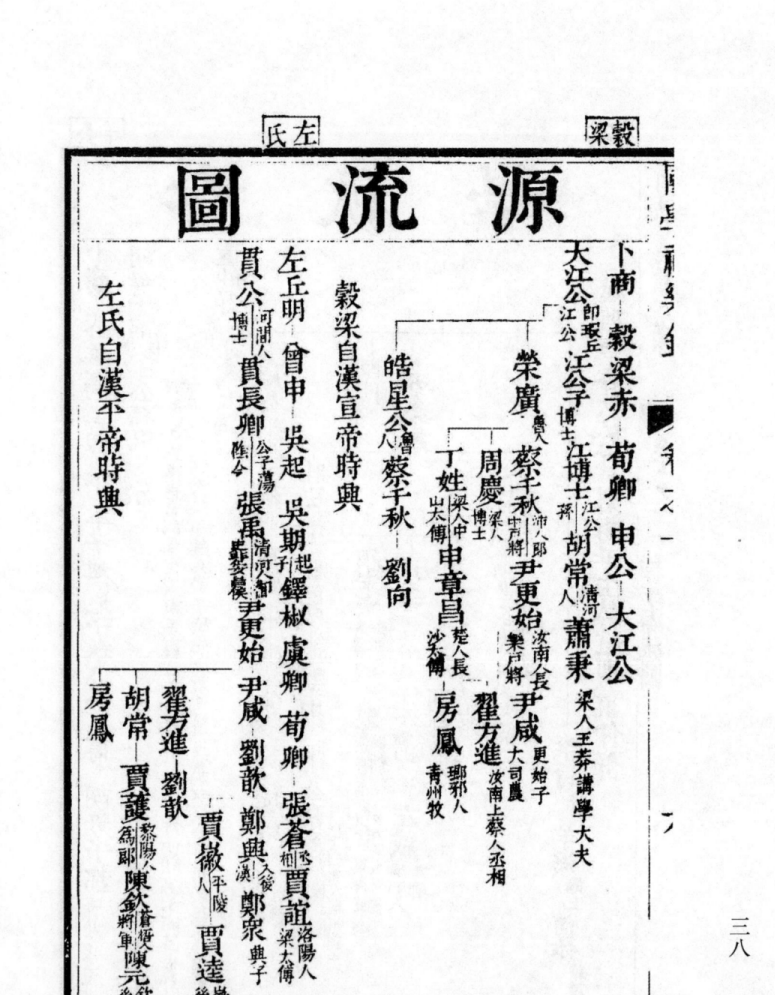

禮學源

高堂生魯人
- 徐生魯人禮官大夫
  - 徐生子
    - 徐延徐生孫禮官大夫
    - 徐襄徐生孫禮官大夫
  - 公戶滿意禮官大夫
  - 桓生禮官大夫
  - 單次禮官大夫
  - 蕭奮瑕丘人淮陽太守
    - 孟卿東海人
      - 后蒼
        - 聞人通漢沛人中山中尉
        - 戴德梁人信都太傅
          - 徐良琅邪人郡守
        - 戴聖梁人九江太守
          - 橋仁梁人大鴻臚
          - 楊榮梁人琅邪太守
        - 慶普沛人東平太傅
          - 夏侯敬
          - 慶咸普子豫章太守
      - 閭丘卿魯人

漢興言禮自魯高堂生班固贊曰初惟有禮后至宣帝世復立

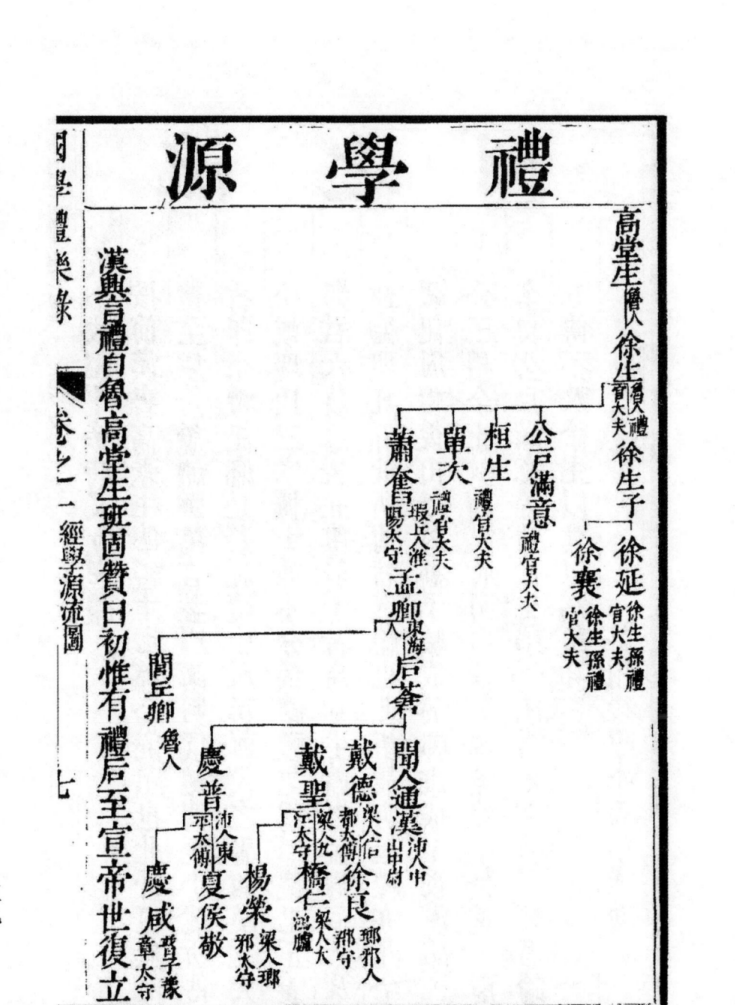

流之圖

大小戴禮平帝時又立逸禮

按前漢書高堂生傳禮十七篇今儀禮也此外更無他書至后蒼說禮數萬言蓋以講明儀禮傳至小戴所傳者即今禮記應是蒼說禮中所輯前代之書西漢立大小戴慶氏三家博士並未分儀禮禮記爲二禮記正義鄭君六藝論云五傳弟子者高堂生蕭奮孟卿后蒼及戴德聖凡五此所傳皆儀禮也此語最明逸禮亦非今禮記周禮後出起於劉子駿成於鄭康成至後漢始區分三禮今止叙西漢時明白授受源流他不贅及　蕭奮與公戶滿意等皆徐生弟子漢書本文甚明鄭君論五傳不及徐生以其但爲頌耳

蔚州後學李周望謹識

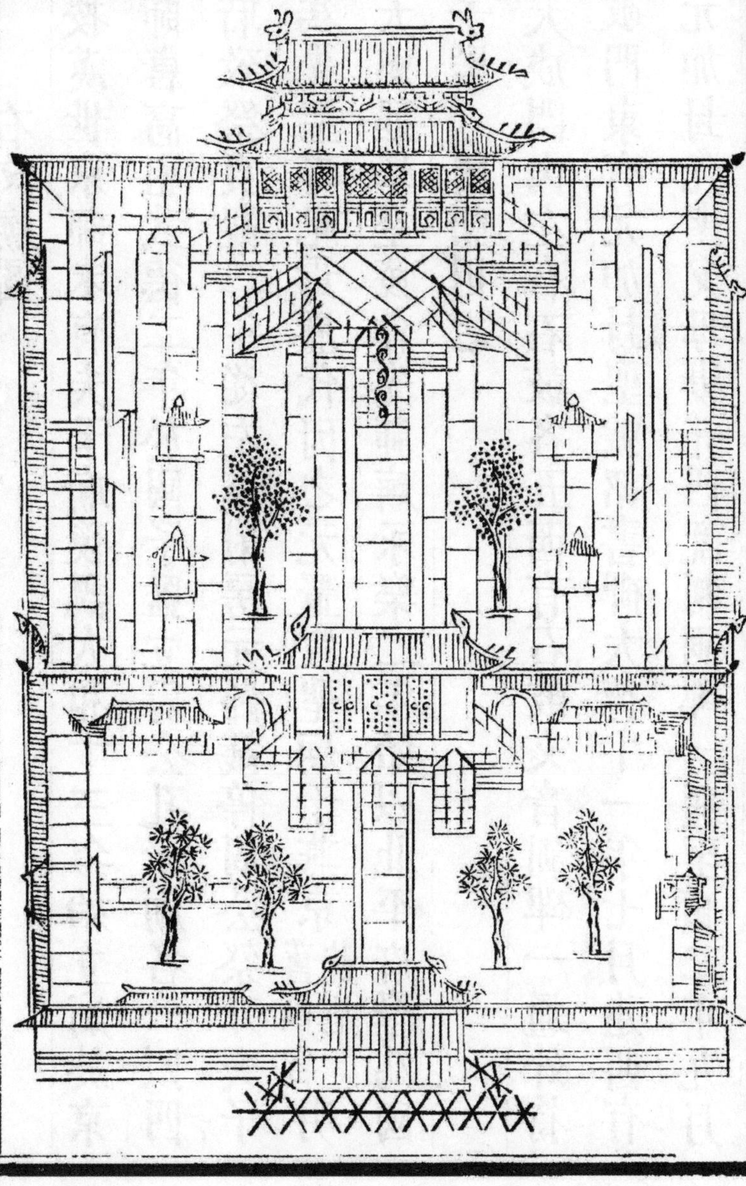

右文廟圖

按漢世京師未有夫子廟後魏太和十三年始立廟於京師唐高祖武德二年於國子監立周公孔子廟各一以四時致祭貞觀二年從左僕射房元齡議停周公祭升夫子爲先聖專祀焉歷代因之元置宣聖廟于燕京舊樞密院地明太祖建學金陵作先師廟永樂二年始以北平府學爲國子監　國朝因之

大成門內左右石鼓各五西有石鼓文音訓碑一通外持敬門東有元加封聖號詔書碑大德十一年七月建西有元加封先聖父母妻并四配制詞碑一通至順二年九月

建對廊樹歷科進士題名碑廟內雜植松栢共五十七株
每遇二丁非輔弼大臣不遣故今廟址雖循元明之舊而
制度之崇典禮之審則非前代所能及矣
文廟中碑亭凡四其在東南者爲今
皇上御製　至聖先師孔子贊碑康熙二十五年七月初四
日立其在西南者爲今
皇上御製顏曾思孟四子贊碑康熙二十八年閏三月十六
日立其在西北者爲今
皇上親征平定朔漠告成太學碑康熙四十三年三月二十
一日立其在東北者爲明英宗修建太學碑正統九年三

月初一日立

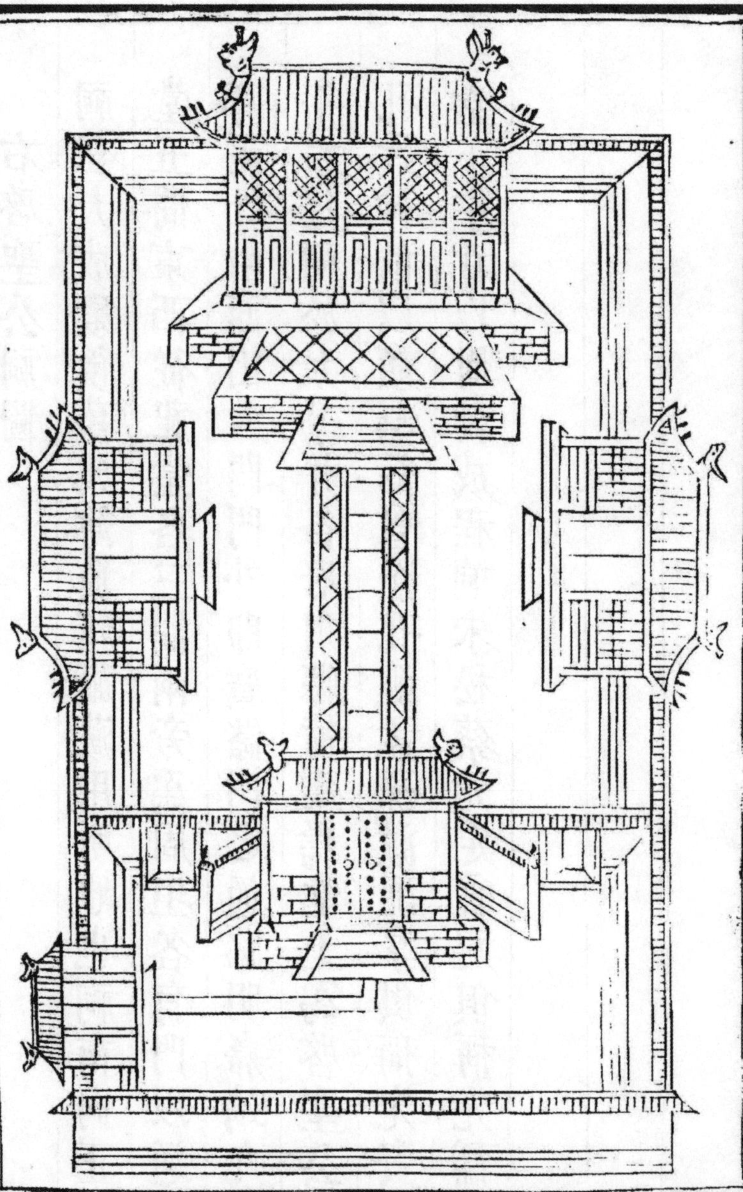

右啓聖公祠圖

祠在大成殿後舊典簿典籍廳藏用所地也祠南向正堂五間東西從祀堂各三間兩旁爲周垣各有門以通拜謁外由西出大門門外卽廣儲門之通路明嘉靖九年始建祠於太學并各府州縣皆建焉堂上爲啓聖公孔氏神位以顔無繇曾點孔鯉孟孫激配享俱稱先賢堂下左右以周輔成程珦朱松蔡元定從祀俱稱先儒

國學文廟彝倫堂總圖

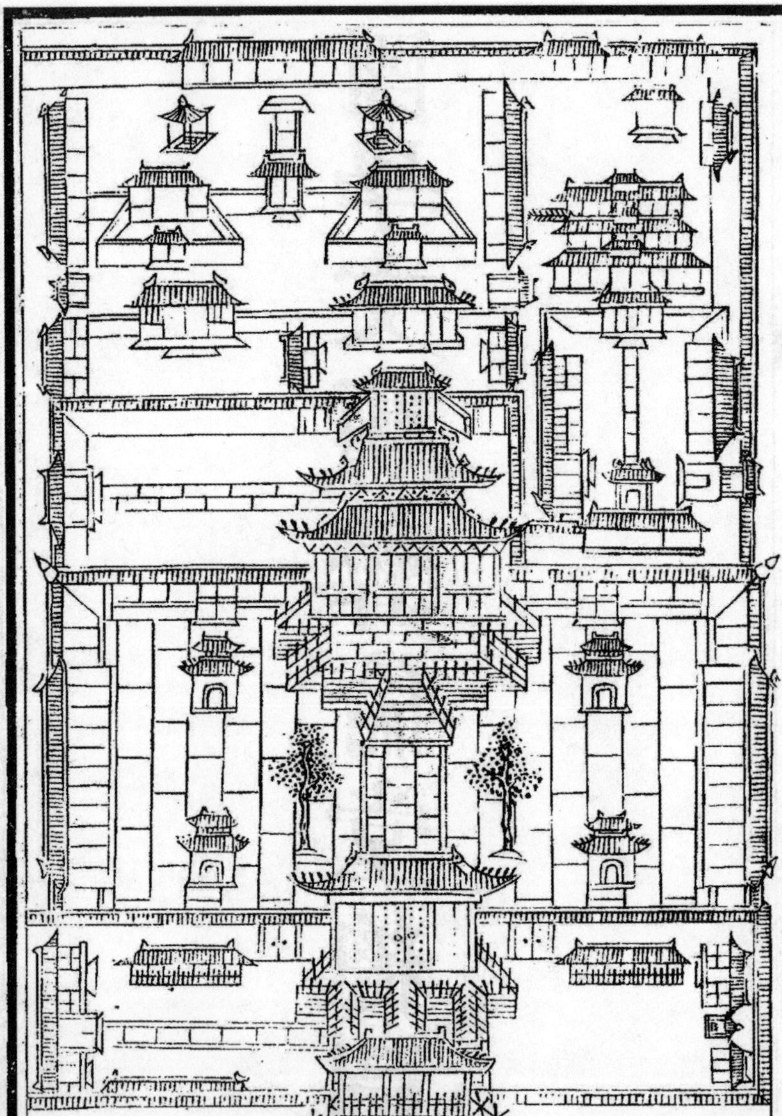

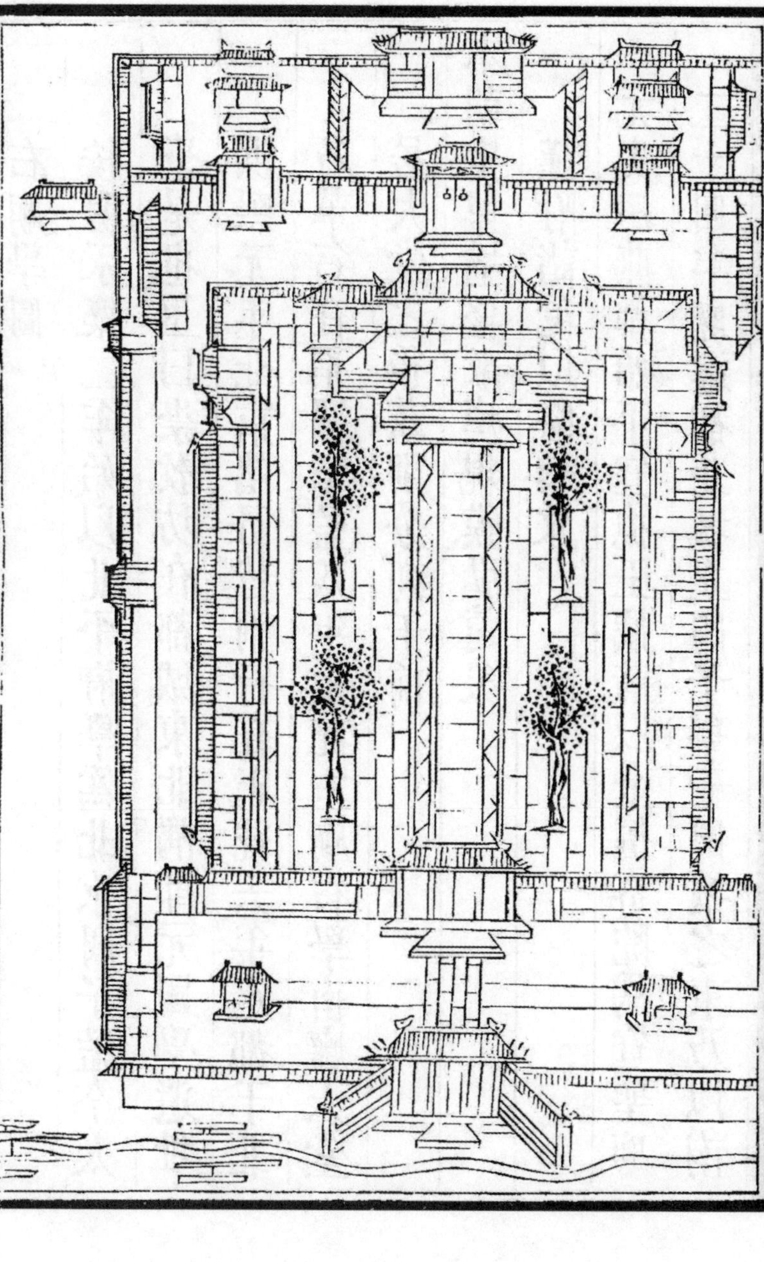

國學禮樂錄　卷之二　彝倫堂圖　十二

右廟學圖

按明永樂二年始以北平府學爲北京國子監今太
學是也里曰崇教坊在都城東北隅卽元國學遺址
洪熙元年北京諸司皆稱行在正統六年定都于北
乃革行在稱國子監八年重建左廟右學南廱六堂
居大堂之後茲則分列于前

本朝定鼎增修敞煥規模弘遠矣

謹附諸說以備叅攷

元史曰燕都始平宣撫王檝請以金樞密院爲宣聖廟
二十四年旣遷都北城立國子學于國城之東乃以南

城國子學爲大都路學　又仁宗紀皇慶元年二月朔
徙石鼓於國子監

帝京景物畧曰都城東北隅坊曰崇教街曰成賢國子
監在焉國初本北平府學永樂二年改國子監左廟右
學規制大備彝倫堂之松元許衡手植也廟門之石鼓
周宣王獵碣也

查浦輯聞曰虞文靖謂許文正歿後國子監始立官府
刻印章葢文正爲祭酒時尚在舊學所謂王宣撫宅也
今國學彝倫堂前樹傳是文正手植殆未必然

東崖雅疑曰兩京孔子廟易琉璃瓦自萬曆庚子始從

司業傅新德請也

徐氏典彙曰先是太學因元之陋吏部主事李賢上言

國家建都北京以來佛寺時復修建太學日就廢弛何

以示法天下請以佛寺之費修舉太學從之正統九年

正月太學成上臨視祗謁先聖行釋奠禮退御彝倫堂

命祭酒李時勉進講

春明夢餘錄曰國子監在城東北卽元之舊學洪武改

爲北平郡學永樂仍爲國子學又改爲國子監正堂七

間曰彝倫堂元之崇文閣也中一間列聖幸學俱設坐

於此上懸勑諭五通東一間祭酒公座面南司業座面

西堂前爲露臺臺南中爲甬路前至太學門長四十三
丈聖駕臨幸由之東西爲墀諸生列班於此後堂三間
東講堂三間西講堂三間藥房三間折而東爲繩愆廳
三間鼓房一間率性堂誠心堂崇志堂各十一間西博士
廳三間鐘房一間修道堂正義堂廣業堂悉如率性堂
六堂乃諸生肄業之所東折而南爲廊房九間門一間
西亦如之太學門三間門東勅諭碑一通洪武十五年
申明學制一通洪武三年定學規碑一通洪武初年欽
定永樂三年申明學規碑一通洪武十六年并三十年
欽定廟學圖一通廟學規制地界四至丈尺勅正統十

二年十一月初四日立外西東井亭一又東爲持敬門
以入廟自中少北爲備門以通敵聖祠土地祠及典簿
典籍掌饌廳倉庫之路祭酒東廂亦由此入西井亭一
又西爲退省號門自西少北爲廣居門以爲司業入廂
諸生入號之路墀内雜植槐栢共二十株前爲集賢門
三間門前爲通衢東西牌坊各一題曰國子監監衢東
西牌坊各一題曰成賢街彝倫堂後齋明所九間格致
誠正號每號計三十七間嘉靖七年作敬一亭御製聖
諭共碑七座前爲大門題曰敬一之門祭酒廂房在亭
東司業廂房在亭西會饌堂一所在監東北土地祠五

間在饌堂門之右典籍廳五間在饌堂門之左典簿廳三間掌饌廳五間退省號及廣居門之西爲天地人智仁勇文行忠信規矩準繩紀綱法度凡一十八號并退省房三連混堂浄房各一所

西隱集曰太學堂有七彛倫所以會講率性修道誠心正義崇志廣業則諸生肄業所也

太學志曰廟學建於正統癸亥至弘治十四年尚書曾鑑請修堂宇垣墻并會饌堂十六年工竣櫺星門前高築屏墻上覆以青琉璃瓦兩旁築小紅墻前爲欄杆以擁護之　又監規國子生由廣業堂肄業以漸升至率

性堂然後積分量與出身　又監丞稱太學司直所居曰繩愆廳亦曰東廳博士別有廳稱爲西廳

敬事草曰視學規制國子監先期灑掃內殿設御座於彝倫堂中駕至則學官率諸生叩迎升座則率諸生叩拜受經則諸生環聽堦下還朝宴賞則率諸生叩謝

國學禮樂錄卷之一

國子監祭酒蔚州李周望渭湄氏編輯

御製至聖先師孔子贊并序

蓋自三才建而天地不居其功一中傳而聖人代宣其蘊有行道之聖得位以綏猷有明道之聖立言以垂憲此正學所以常明人心所以不泯也粤稽往緒仰溯前徽堯舜禹湯文武達而在上兼君師之寄行道之聖人也孔子不得位窮而在下秉删述之權明道之聖人也行道者勲業炳於一朝明道者教思周於百世堯舜文武之後不有孔子則學術紛淆仁義湮塞斯道之失傳也久矣後之人而

欲探二帝三王之心法以爲治國平天下之準其奚所取衷焉然則孔子之爲萬古一人也審矣朕巡省東國謁祀闕里景企滋深敬摛筆而爲之贊曰

淸濁有氣剛柔有質聖人參之人極以立行著習察舍道莫由惟皇建極惟后綏猷作君作師垂統萬古曰惟堯舜禹湯文武五百餘歲至聖挺生聲金振玉集厥大成序書删詩定禮正樂旣窮象繫亦嚴筆削上紹往緒下示來型道不終晦秩然大經百家紛紜殊途異趣日月無踰羹牆可晤孔子之道惟中與庸此心此理千聖所同孔子之德仁義中正秉彝之好根本天性庶幾夙夜勗哉令圖溯源

洙泗景躅唐虞載歷庭除式觀禮器濡毫仰贊心焉遐企
百世而上以聖爲歸百世而下以聖爲師非師夫子惟師
於道統天御世惟道爲寶泰山巖巖東海泱泱牆高萬仞
夫子之堂孰窺其藩孰窺其徑道不道人克念作聖
康熙二十五年七月初四日
御製復聖顏子贊曰
聖道早聞天資獨粹約禮博文不遷不貳一善服膺萬德
來萃能化而齊其樂一致禮樂四代治法兼備用行舍藏
王佐之器
御製宗聖曾子贊曰

洙泗之傳魯以得之一貫曰唯聖學在茲明德新民止善
爲期格致誠正均平以推至德要道百行所基纂承統緒
修明訓辭

御製述聖子思子贊曰

於穆天命道之大原靜養動察庸德庸言以育萬物以贊
乾坤九經三重大法是存篤恭愼獨成德之門卷之藏密
擴之無垠

御製亞聖孟子贊曰

哲人既萎楊墨昌熾子輿闢之曰仁曰義性善獨闢知言
養氣道稱堯舜學屏功利煌煌七篇並垂六藝孔學攸傳

禹功作配

康熙二十八年閏三月十六日

御製訓飭士子文

國家建立學校原以興行教化作育人材典至渥也朕臨
御以來隆重師儒加意庠序近復慎簡學使釐剔弊端務
期風教修明賢才蔚起庶幾樸棫作人之意乃比年士習
未端儒效罕著雖因內外臣工奉行未能盡善亦由爾諸
生積錮已久猝難改易之故也茲特親製訓言再加警飭
爾諸生其敬聽之從來學者先立品行次及文學學術事
功源委有敘爾諸生幼聞庭訓長列宮牆朝夕誦讀寧無

講究必也躬修實踐砥礪廉隅敦孝順以事親秉忠貞以立志窮經考業勿雜荒誕之談取友親師悉化憍盈之氣文章歸於醇雅毋事浮華軌度式於規繩最防蕩軼子衿佻達自昔所譏苟行止有虧雖讀書何益若夫宅心弗淑行已多愆或蜚語流言脅制官長或隱糧包訟出入公門或唆撥姦猾欺孤凌弱或招呼朋類結社邀盟乃如之人名教不容鄉黨勿齒縱倖脫褫朴濫竊章縫返之於衷寧無媿乎況乎鄉會科名乃掄才大典關係尤鉅士子果有真才實學何患困不逢年顧乃標榜虛名暗通聲氣夤緣詭遇罔顧身家又或改竄鄉貫希圖進取囂凌騰沸網利

營私種種弊端深可痛恨且夫士子出身之始尤貴以正若兹厥初拜獻便已作姦犯科則異時敗檢踰閑何所不至又安望其秉公持正爲國家宣猷樹績膺後先疏附之選哉朕用嘉惠爾等故不禁反覆惓惓兹訓言頒到爾等務共體朕心恪遵明訓一切痛加改省爭自濯磨積行勤學以圖上進國家三年登造束帛弓旌不特爾身有榮卽爾祖父亦增光寵矣逢時得志寧俟他求哉若乃視爲具文玩愒勿儆毁方躍冶暴棄自甘則是爾等冥頑無知終不能率教也既負栽培復干咎戾王章具在朕亦不能爲爾等寬矣自兹以往內而國學外而直省鄉校凡學臣師

長皆有司鐸之責者並宜傳集諸生多方董勸以副朕懷否則職業勿修咎亦難逭勿謂朕言之不預也爾多士尚敬聽之哉

康熙四十一年正月立

國學禮樂錄卷之一

國學禮樂錄卷之二

世家

孔子世家

孔子諱丘字仲尼魯陬邑昌平鄉人也系出宋微子之後孔子嘗自謂殷人微子傳國至五世曰湣公共生弗父何及厲公祀弗父何讓弟立而世爲宋卿生宋父周周生世子勝勝生正考父考父生孔父嘉五世親盡別爲公族遂姓孔氏孔父生子木金父木金父生睪夷睪夷生防叔自孔父爲華氏所殺子孫奔魯故孔氏世爲魯人防叔生伯夏伯夏生叔梁紇仕魯爲郰大夫初娶於施氏無子其妾

生孟皮孟皮病足乃求娶於顏氏第三女曰徵在即聖母也禱於尼丘之山時有麟降於闕里吐玉書其文曰水精之子繼衰周而爲素王聖母異之以繡紱繫麟角信宿而去遂娠孔子以魯襄公之二十有一年己酉十月二十一日庚子孔子生乃周靈王之二十有一年也是夕有二龍繞室五老降庭顏氏之房聞鈞天之樂空中有聲云天感生聖子降以和樂之音故生有異質凡四十九表三歲父卒葬於防山六歲爲兒嬉戲常陳俎豆設禮容魯昭公七年乙丑孔子年十七魯大夫孟釐子病誡其嗣懿子曰孔丘聖人之後滅於宋其祖弗父何始有宋而嗣讓厲公及

正考父佐戴武宣公三命茲益恭吾聞聖人之後雖不當世必有達者今孔丘年少好禮其達者歟吾卽沒若必師之乃遺懿子及南宮敬叔往學禮焉昭公九年戊辰孔子年十九娶宋亓官氏明年巳巳年二十初仕魯爲委吏料量平是年生子適昭公以鯉魚賜之榮君之貺因命名鯉字伯魚十一年庚午又爲乘田吏畜蕃息二十四歲母卒孔子少孤不知父墓及母卒殯之五父陬人曼父之母告以父葬處乃得合葬於防焉十七年丙子秋郯子來朝孔子往見而問官焉十九年戊寅孔子年二十九聞師襄善琴適晉學之十日不進襄子曰可以益矣孔子曰丘也習

其音矣未得其數也有間復請曰未得其志也有間復請曰未得其人也有間曰有所穆然深思焉有所睪然高望而遠志焉曰丘得其爲人黯然而黑頎然而長眼如望洋心如王四國非文王誰能爲此也襄子避席再拜曰師蓋云文王操也既而反魯南宮敬叔言於魯君與孔子適周見老聃問禮老子曰子所言其人與骨皆已朽矣獨其言在耳且君子得時則駕不得時則蓬蔂而行吾聞之良賈深藏若虛君子盛德容貌若愚去子驕氣與多慾態色與淫志皆無益於子之身吾之所告子者若此而已孔子退謂門弟子曰鳥吾知其能飛獸吾知其能走至於龍吾不

知其乘風雲而上天也今吾觀老子其猶龍乎辭去又訪樂於周大夫萇弘弘語劉文公曰吾觀仲尼有聖人之表河目而龍顙黃帝之形貌也脩肱而龜背長九尺六寸成湯之容體也言稱先王躬履謙讓洽聞強記博物不窮其聖人之興者乎於是觀乎明堂入后稷廟覩堯舜桀紂之像及周公負扆之圖而興歎頌金人三緘其口之銘而三致意焉既而反魯弟子日益進時爲魯昭公之二十年孔子葢年三十矣越五年甲申季平子專政昭公率師擊之平子帥三家之兵共攻昭公昭公奔齊魯亂孔子適齊聞韶音學之三月不知肉味齊人稱之景公欲以尼谿之田

封孔子晏嬰沮止之孔子遂行反乎魯孔子年四十二明年壬辰定公卽位孔子年四十三季氏強僭其臣陽虎專政作亂孔子不仕而退修詩書禮樂弟子彌衆定公五年丙申孔子年四十七是時季平子卒桓子嗣立穿井而得土缶中若羊季氏以爲狗孔子辨爲土之怪曰墳羊是年吳伐越墮會稽得骨節專車吳使使問孔子孔子曰此防風氏之骨也吳客曰信哉聖人八年巳亥公山不狃與季氏有隙因陽虎作亂明年庚子孔子年五十一陽虎奔於齊不狃乃以費畔使人召孔子欲往子路止之果卒不行定公以爲中都宰制爲養生送死之節長幼異食強弱異

任男女別途路不拾遺器不雕僞市不貳價四寸之棺三寸之槨因丘陵爲墳不封不樹行之期年四方皆則之遂爲司空又爲大司寇十年辛丑春公會齊侯於夾谷孔子攝行相事曰臣聞有文事者必有武備有武事者必有文備古者諸侯出疆具官以從請具左右司馬公曰諾具左右司馬齊大夫黎鉏言於景公曰孔子好禮而無勇若使萊人以兵劫之可以得志景公從之孔子趨而進歷階而登不盡一等舉袂而言曰吾兩君好會異國之樂何爲於此請命有司景公心怍麾而去之旋又爲宮中之樂孔子趨而進歷階而登不盡一等曰匹夫而熒惑諸侯者罪當

誅請有司加法焉景公內慙而懼乃歸所侵魯鄆汶陽龜
陰之田以謝過十二年癸卯夏孔子言於定公曰臣聞家
不藏甲大夫無百雉之城古之制也今三家過制請損之
乃使仲由爲季氏宰以墮三都於是仲孫何忌會叔孫州
仇季孫斯帥師墮郈墮費公山不狃叔孫輒乃率費人襲
魯孔子命申句須樂頎伐之敗諸姑蔑二子奔齊遂將墮
成公斂處父謂孟孫曰墮成齊人必至於北門且成孟氏
之保障無成是無孟氏也我將弗墮十二月公圍成弗克
十四年乙巳孔子年五十六攝行相事誅魯亂政大夫少
正卯於兩觀之間與聞國政三月魯國大治齊人聞而懼

曰孔子爲政必覇覇則我爲之先并矣盍致地焉黎鉏曰
請先嘗阻之於是選國中美女八十人文馬三十駟以遺
魯君陳女樂於魯城南高門外皆衣文衣而舞康樂季桓
子微服往觀再三乃語魯君爲周道遊往觀終日怠於政
事子路曰可以行矣孔子曰魯今且郊如致膰於大夫則
猶可以止桓子卒受齊女樂三日不聽政郊又不致膰俎
於大夫孔子遂行宿乎屯師已送之孔子乃歌曰彼婦之
口可以出走彼婦之謁可以死敗盍優哉游哉聊以卒歲
師已反以告桓子桓子喟然歎曰夫子罪我以羣婢故也
夫孔子遂適衛主顏讐由家居十月乃適陳過匡陽虎嘗

暴匡人孔子狀類陽虎匡人疑之拘焉五日乃解去而過蒲月餘反乎衛主蘧伯玉家靈公夫人南子使人謂孔子曰四方之君子不辱欲與寡君爲兄弟者必見寡小君寡小君願見孔子孔子辭謝不得已而見之夫人在絺帷中孔子入門北面稽首夫人自帷中再拜環珮玉聲璆然居月餘靈公與夫人同車宦者雍渠驂乘使孔子爲次乘招搖市過之孔子醜之去衛過曹是歲魯定公卒孔子去曹適宋與弟子習禮大樹下宋司馬桓魋欲殺之拔其樹孔子去遂適鄭與弟子相失孔子獨立郭東門鄭之人曰東門有人其顙似堯其項類皋陶其肩類子產自要以下不及禹

三寸纍纍若喪家之狗子貢聞之以告孔子欣然笑曰形狀末也而似喪家之狗然哉然哉遂去適陳是年丙午孔子五十七歲矣主於司城貞子家居歲餘有隼鳥集於陳廷而死楛矢貫之石砮長尺有咫陳湣公使使問孔子孔子曰隼來遠矣此肅慎氏之矢也昔武王克商通道九夷百蠻使各以其方賄來貢使無忘職業於是肅慎氏貢楛矢石砮長尺有咫先王欲昭其令德乃以肅慎矢分元女大姬配虞胡公而封諸陳分同姓以珍玉展親分異姓以遠方職使無忘服故分陳以肅慎氏矢試求之故府果得之留三年而反乎衛靈公不能用孔子行時晉大夫趙鞅

攻范中行伐中牟其臣佛肸以邑畔召孔子欲往不果明年丁未魯哀公即位夫子年五十九將西見趙簡子至於河聞竇鳴犢舜華之死乃臨河而歎曰美哉水洋洋乎丘之不濟此命也夫乃還息乎陬鄉作爲陬操以哀之復反乎衛主蘧伯玉家靈公問陳明日與孔子語見蜚鴈仰視之色不在孔子孔子遂行復如陳留一年是歲己酉爲哀公之三年孔子時年六十一矣夏五月聞魯廟災南宮敬叔救火孔子嘆曰其必在桓僖廟乎已而果然明年庚戌孔子自陳適蔡又明年辛亥復自蔡如葉六年壬子孔子留陳蔡間楚昭王使人聘之孔子將往陳蔡大夫謀曰孔

子賢者所刺譏皆中諸侯之疾今楚大國也孔子若用於楚則陳蔡危矣於是乃相與發徒役圍孔子於野不得行絕糧七日從者病莫能興孔子講誦弦歌不衰爲引詩曰匪兕匪虎率彼曠野吾道非耶吾何爲於此子貢曰夫子之道至大故天下莫能容孔子曰賜良農能稼而不能爲穡良工能巧而不能爲順君子能修其道綱而紀之統而理之而不能爲容今不修道而求爲容賜而志不遠矣子貢出顏淵入夫子復引詩顏淵曰夫子之道至大故天下莫能容雖然不容何病不容然後見君子孔子欣然笑曰有是哉顏氏之子使爾多財吾爲爾宰於是使子貢至楚

楚昭王興師迎孔子將以書社地七百里封之令尹子西沮之乃止是年楚子渡江得物如斗諸大夫莫能識以問孔子孔子以爲萍實楚子剖而食之其甘類蜜狄楚昭王卒孔子復反乎衛時衛君輒欲得孔子爲政留五年其乙卯歲孔子年六十六夫人亓官氏卒至哀公十一年丁巳會冉有爲季氏宰將師與齊戰於郎克之季康子曰子之於軍旅學之乎冉有曰學之於孔子康子曰孔子何如人對曰用之有名播之百姓質諸鬼神而無憾求之至於此道雖累千社夫子不利也康子曰我欲召之可乎對曰欲召之則毋以小人固之則可矣時孔子在衛衛大夫孔文

子將攻大叔疾問策於仲尼仲尼辭不知退命載而行文子固止會季康子以幣迎孔子孔子歸魯孔子之去國凡十四歲而反乎魯時年六十八矣然魯終不能用孔子孔子亦不求仕乃序書傳訂禮上紀唐虞之際下至秦穆編次其事觀夏殷所損益曰後雖百世可知也以一文一質周監二代郁郁乎文哉曰吾從周故書傳記昉自孔氏及與魯太師正樂雅頌各得其所古者詩三百餘篇及至孔子去其重複取可施於禮義上采契稷中述殷周之盛至幽厲之缺始於衽席故曰關雎之亂以爲風始鹿鳴爲小雅始文王爲大雅始清廟爲頌始三百五篇孔子皆弦歌

之以求合韶武雅頌之音禮樂自此可得而述以備王道成六藝晚年益喜易乃序彖繫象說卦文言讀易韋編三絕嘗曰假我數年卒以學易則彬彬矣生平以詩書禮樂教弟子蓋三千焉身通六藝者七十二人如顏濁鄒之徒頗受業者甚衆戊午哀公十有二年孔子年六十九子伯魚卒庚申十有四年孔子年七十一春公狩於大野叔孫氏車子鉏商獲獸以爲不祥折其前左足載以歸仲尼視之曰麟也取之曰吾道窮矣反袂拭面涕淚沾襟乃因史記作春秋上至隱公下訖哀公十四年舉十二公行事據魯視周繩之以文武之道成一王之法其文約其旨博筆

則筆削則削游夏之徒不能贊一辭後有王者舉而開之春秋之義行則天下亂臣賊子懼焉故孔子曰知我者其惟春秋乎罪我者其惟春秋乎既而齊陳恒弑其君壬孔子齋三日請討之公不許是年顏淵死孔子曰噫天喪予天喪予益傷道之無傳復自平日與曾子所論天子諸侯卿大夫及士庶人所當行之孝以爲天之經地之義生事葬祭頃步而不可忘五刑之屬三千罪莫大於不孝爰著成孝經一編與易傳春秋俾垂教於萬世故曰丘志在春秋行在孝經於是修述六經既成爰齋戒沐浴命孫伋隨於後向北斗稽首告備乃有赤虹自天而下化爲黃玉刻

文孔子跪而受之明年辛酉子路死於衞孔子聞之哭之盡哀爲服心喪十六年壬戌夫子病子貢請見夫子方負手曳杖逍遙於門歌曰泰山其頹乎梁木其壞乎哲人其萎乎既歌而入當戶而坐因以泣下子貢聞之曰泰山其頹則吾將安仰梁木其壞哲人其萎則吾將安倣夫子殆將病也遂趨而入夫子曰賜爾來何遲也夏后氏殯於東階則猶在阼也殷人殯於兩楹則與賓主夾之也周人殯於西階則猶賓之也而丘殷人也予疇昔之夜夢坐奠於兩楹之間夫明王不作天下其孰能宗予予殆將死也後七日而沒孔子年七十三以魯哀公十六年四月已丑卒

實周敬王之四十有二年也是時伯魚先卒孫子思少喪事咸備於子貢公西赤掌殯葬焉唅以疏米三貝襲衣十有一稱加朝服一冠章甫之冠佩象環經五寸而綦組綬桐棺四寸栢槨五寸飾牆置翣設披周也設崇殷也綢練設旐夏也兼用三王禮所以尊師且備古也哀公臨喪弔焉誄之辭曰旻天不弔不憖遺一老俾屏余一人以在位煢煢余在疚嗚呼哀哉尼父無自律葬於魯城北泗濱上藏入地不及泉而封爲偃斧之形高四尺樹松栢爲志焉羣弟子皆廬於墓行心喪三年畢相訣而去哭各盡哀皆失聲或復留惟子貢廬於冢上凡六年然後去弟子及魯

人往從塚而家者百有餘室因命曰孔里魯世世相傳以歲時奉祠孔子塚而諸儒亦講禮鄉飲大射於塚上後世因爲廟藏孔子衣冠琴履車書至於今二千餘年不絕聖號歷代褒謚各殊廟祀天下郡縣學宮諸侯卿相及有司至必先謁而後從政　天子釋奠皆以師禮祭拜尊以至聖先師禮樂皆擬王者云

贊曰

道冠古今德配天地删述六經垂憲萬世統承羲皇源啓洙泗報德報功百王崇祀

宗子世表

第一代孔子

第二代鯉字伯魚孔子子景王十二年戊辰生魯哀公聘不應先孔子卒敬王三十八年己未年五十宋封泗水侯從祀後改配啓聖祠

第三代伋字子思鯉子歷聘魯衛見重不仕卒年六十二一日百有餘歲宋崇寧元年封沂水侯咸淳三年進封沂國公元至順二年加號沂國述聖公

第四代白字子上伋子不仕卒年四十九

第五代求字子家白子楚聘不應卒年四十五

第六代箕字子京求子爲魏相卒年四十六

第七代穿字子高箕子卒年五十一

第八代慎字子順一曰斌字子慎一曰謹字子謙穿子爲魏安釐王相辭位秦召之不應魏以孔子故封魯文信君年五十七生三子鮒騰樹

秦起始皇庚辰至二世壬辰

第九代鮒字甲一字子魚慎子始皇并天下召封爲魯國文通君拜少傅三十四年秦焚書遂隱於嵩山藏書於屋壁陳王涉起兵召爲博士拜太傅後陳滅死於兵年五十七　子隨承殷後爲宋公尋爵廢　隨四傳至吉復封殷紹嘉侯進爲公位諸王三公上尋攺封宋公

子何齊嗣卒子安嗣絶東晉武帝大元十一年封其後
靖之爲奉聖亭侯弟隱之嗣傳惠長及子英哲陳
亡遂絶
漢起高帝乙未至平帝辛酉
第九代騰字子襄鮒之弟長九尺六寸類孔子高帝過魯
封爲奉祀君惠帝時爲博士遷長沙太守卒年五十七
第十代忠字子貞騰子文帝徵爲博士卒年五十七生二子
第十一代武字子威忠子文帝博士遷臨淮太守生二子延年安
國安國仕大將軍
第十二代延年字武子武帝時爲博士拜少傅遷大

將軍卒年七十一

第十三代霸字次儒延年子昭帝時爲博士宣帝時以大中大夫授皇太子經遷詹事出爲高密相元帝初賜爵關內侯食邑百戶號褒成君卒年七十二謚曰烈

第十四代福霸子襲爵關內侯

第十五代房福子襲爵關內侯

第十六代均字長平房子初名莽避王莽諱改爲平帝尚書郎封褒成侯食邑二千戶卒年八十一

東漢起光武乙酉至獻帝庚午

第十七代志均子建武十四年拜大司馬襲封褒成侯卒

謚曰元

第十八代損字君益志子明帝永平十五年襲侯和帝永元四年改封褒亭侯食邑一千戸

第十九代曜字君曜損子襲褒亭侯

第二十代完曜子襲褒亭侯無子以嫡姪羨嗣

三國 漢 魏 吳 起辛未至甲申

第二十一代羨字子餘完弟讚之子魏文帝黃初元年拜議郎改封宗聖侯以魯縣百戸奉祀

西晉 起武帝乙酉 至愍帝癸酉

第二十二代震字伯起晉武帝泰始三年改封奉聖亭侯

食邑二千戸拜黃門侍郎太常卿卒年七十五
第二十三代嶷字功成震子襲侯卒年五十七
第二十四代撫嶷子舉孝廉辟太尉掾襲侯以豫章太守
卒
南北朝東晉　宋　齊　梁　陳　魏　東魏
北齊　西魏　後周　起甲戌至庚子
第二十五代懿撫子東晉時拜從事中郎襲侯卒年六十
一
第二十六代鮮字鮮之懿子宋文帝元嘉十九年襲封奉
聖亭侯改封崇聖侯
第二十七代乘字敬山鮮子時曲阜屬北魏矣舉孝廉延

興三年封崇聖大夫食邑五百戸奉祀

第二十八代靈珍乘子授秘書郎孝文帝太和十九年仍

封崇聖侯食邑二千戸

第二十九代文泰靈珍子襲侯卒年五十八

第三十代渠文泰子襲侯北齊文宣帝天保元年改封恭

聖侯後周靜帝大象元年改封鄒國公食邑倶如故

第三十一代長孫渠子襲公卒年六十四

第三十二代英悊長孫子仍封奉聖侯無子

隋

起高祖辛丑

至恭帝丁丑

第三十二代嗣悊英悊弟隋文帝時仕爲涇州司兵參軍

遷太子通事舍人仍封鄒國公煬帝大業四年改封紹聖侯食邑一千戶卒年七十

唐起高祖戊寅至哀帝甲子

第三十三代德倫嗣悊子唐高祖武德九年改封褒聖侯食邑如故太宗貞觀十一年詔朝會位同三品卒年七十一

第三十四代崇基德倫子中宗嗣聖十二年襲侯神龍元年授朝散大夫卒年五十六

第三十五代璲之字藏暉崇基子元宗開元五年襲封褒聖侯授四門博士郡王府文學蔡州長史二十七年改

封文宣公食邑如故兼除兗州長史遷都水使者
第三十六代萓璲之子襲封文宣公行兗州泗水令
第三十七代齊卿萓子德宗建中三年襲公行兗州功曹
參軍轉青州司兵參軍李師道判陷於東平以卒
第三十八代惟晊齊卿子憲宗元和十三年東平平歸曾
授兗州司兵參軍襲封文宣公卒年六十五
第三十九代策惟晊子明經及第歷少府監主簿國子監
丞襲封文宣公遷國子博士卒年五十七時兵後有爵無祿宣宗大
中元年以絹百縑充祭祀
第四十代振字國文策之子懿宗咸通四年狀元及第除

秘書省校書郎河東鹽運判官監察御史左補闕水部員外郎襲封文宣公卒年七十四

第四十一代昭儉振子任南陵尉授廣文館博士兗州司馬賜緋遷秘書省襲公行曲阜令卒年六十

第四十二代光嗣昭儉子以蔭補齋郎哀帝天祐二年以兵典不得嗣公授泗水令主廟祀尋爲灑掃宗戸孔末所害年四十二

五代 梁 唐 晉 漢 周

起乙丑 至己未

第四十三代仁玉字溫如光嗣子生甫九月而光嗣見害母張氏逃出自實抱之育於外家旣長曾人爲直於官

乃抵孔末罪仁玉年十九長七尺餘後唐時任曲阜令襲封文宣公後周太祖廣德二年幸孔林召見賜五品服兼監察御史卒年四十五贈兵部尚書號爲孔氏中興祖

宋 起太祖庚申至幼主乙亥 遼金附

第四十四代宜字不疑仁玉子宋太祖乾德四年授曲阜主簿遷廣州軍事推官司農丞領星子關市兼星子令擢太子右贊善大夫襲封公進殿中丞從北征督餉卒於巨馬河年四十六

第四十五代延世字茂先宜子以父死勤事賜同學究出

身授曲阜主簿歷闕縣長葛令襲封公行曲阜令卒年
三十八
第四十六代聖佑延世子九歲授同學究出身大中祥符
元年年十一從東封進太祝奉祀郎遷大理寺丞天僖
五年以光祿寺丞襲文宣公行仙源令卽曲阜也遷贊善大
夫太子中舍卒年三十五無子
第四十六代宗愿延世次弟延澤子仁宗天聖中以叔父
道輔蔭補太廟齋郎遷國子監主簿寶元二年襲公行
仙源令至和二年改封衍聖公累遷尚書比部員外郎
通判濰州卒於官年六十三

第四十七代若蒙字公明宗愿子熙寧元年襲衍聖公元祐元年改奉聖公坐事廢

第四十七代若虛字公實宗愿次子元符元年襲奉聖公卒子不當嗣

第四十八代端友字子交若蒙子崇寧　年襲封衍聖公建炎　年扈高宗南渡寓三衢終郴州知州卒

第四十八代端操端友弟金權襲封衍聖公於曲阜主魯祠祀

第四十九代玠字錫老端友子一說端友無子卽端操之子南宋紹興二年襲衍聖公於衢

第四十九代璠字文老端操子廢齊阜昌二年襲封衍聖公於魯金皇統二年以齊廢議封而卒年三十八贈光祿大夫

第五十代搢玠子高宗紹興二十四年襲衍聖公於衢

第五十代拯字元濟璠子金皇統二年七歲襲公於魯卒年二十六無子以弟總承襲

第五十代總字元會璠次子金大定三年襲公於魯卒年五十三贈光祿大夫

第五十一代文遠字紹先搢子宋熙寧四年襲公於衢

第五十一代元措字夢得總子金章宗明昌二年年十一

襲封公視四品授中議大夫十七行曲阜令遥授東平府通判遘蒙古亂從狩汴梁授太常博士行太常承進知集賢院遥授泰定軍節度使兗州管內觀察等使兼行太常少卿遷光祿大夫太常卿癸巳金平蒙古仍封衍聖公歸里卒無子

第五十一代元用字俊卿端友弟端立之子琥琥子拂之次子也（拂長子名元孝）金遷都以元措從之汴寶慶元年元用權襲衍聖公於曾行仙源令主祀事二年攺濟州通判兼京東西道安撫司蒙古太師國王木華黎取山東仍封衍聖公從北征卒於軍

第五十二代萬春字耆年文遠子宋襲公於衢

第五十二代之全元用子宋命代父襲公於魯兼仙源令

蒙古授封亦如之兼曲阜尹累階奉訓大夫金平還爵

於元措止為曲阜尹元措卒復襲封公卒年五十二

第五十二代之厚拂長子元孝之子贈亞中大夫魯郡侯

卒

元起太祖丙寅至順宗乙亥

第五十三代洙字景清萬春子宋襲封衍聖公於衢元至

元十九年宋亡召赴闕辭爵授國子監祭酒提舉浙東

學校無子歸老於衢因正嗣絕南封遂罷

第五十三代湞元措之從子之固子端操之六世孫也襲封公八年宗人以不學攻斥之爲濰州尹以卒無子

第五十三代治字世安之全子奉直大夫知密州事成宗時襲封衍聖公行曲阜令事　子思誠不得嗣以朝列大夫濮州尹卒

第五十三代浣之厚子封曾郡侯

第五十四代思晦字明道端友之第三弟端立子珖珖子拂拂子元孝元孝子之厚之厚子浣之子也三氏學舉茂才授范縣教諭調寧陽仁宗朝襲之全爵衍聖公授中議大夫月俸鈔五百緡鈴四品印泰定四年授中議

大夫尋改給三品印卒年五十四贈中奉大夫河南江北等處行中書省參知政事追封魯郡公謚文肅

第五十五代克堅字景夫思晦子後至元之元年襲封衍聖公六年進階中奉大夫從二品賜銀印召同知太常禮儀院以子希學襲公爵拜中臺治書侍御史改山東道肅政廉訪使起爲集賢直學士改禮部尚書知貢舉遷陝西行臺侍御史改國子祭酒謝病歸召爲賛善大夫集賢學士再起山東廉訪使俱不赴明洪武初元召之至京師待以賓禮而不名俾食公祿不視事卒年五十五

明起太祖戊申至懷宗甲申

第五十六代希學字士行克堅子後至元十五年因父遷秩詔襲公爵兼秘書卿洪武元年改賜階資善大夫正二品別給銀印每入朝班亞上相始至中使勞慰館饋殊等卒年四十七賜祭

第五十七代訥字言伯希學子洪武十七年襲封公詔不稱資善大夫銜以玉軸誥文給之時革丞相每入朝令列文臣首卒年四十三賜祭

第五十八代鑑字昭文訥子建文四年襲公明年卒賜祭時永樂尚在燕藩亦遣使致祭

第五十九代彥縉字朝紳鑑子名字皆仁宗所命十歲襲封公上特遣太監金英等郊迎館穀諭賜大紅正一品服一襲服入朝班列文臣首賜第東安門北每日遣中使供給羊酒併金鈔二萬貫及歸詔文武大臣郊餞以賓禮送之代宗景泰元年帝視學召入觀禮賜金鑲犀帶大紅鶴袍三年來朝復賜三臺銀印織金麒麟服白玉束帶卒年五十五諭祭治喪葬賻卹優厚

第六十代承慶字永祚彥縉長子未襲先卒年二十一景泰六年追贈衍聖公

第六十一代弘緒字以敬承慶長子景泰六年八歲襲公

賜鶴袍玉帶如例以其軀小去二袴俾藏之以爲榮成
化中坐事削爵弘治中詔復冠帶卒年五十七
第六十一代弘泰字以和承慶次子兄弘緒奪爵時緒子
聞韶尚在襁褓成化十七年代兄襲公時上加先聖廟
祭禮樂孝宗初上幸太學俱詔入觀禮賜宴冠帶如例
又改賜第于慶壽寺之北卒年五十四賜諭祭者五勑
工部營葬
第六十二代聞韶字知德弘緒子弘泰卒法當襲爵以弘
治十六年封公上賜麒麟服白玉帶黃金盆正德初上
幸太學召入觀禮賜宴冠服韡帶寶鈔如故事嘉靖初

上兩幸太學召賜亦如之卒年六十五賜祭葬加禮

第六十三代貞幹字用濟聞韶子嘉靖二十五年襲公賜勑約束其宗人以入朝卒于京師年三十有八上命禮部尚書賜祭凡九工部治葬行人護喪歸

第六十四代尚賢字象之貞幹子嘉靖三十五年以父卒京師卽命襲爵時方髫齔勑山東撫按諭其族人謹視之隆慶中始受命視事神宗初入朝賜宴優賚加厚卒年五十八賜祭如禮　子亂椿字懋齡未襲先卒以嫡姪亂植嗣爵

第六十五代亂植尚賢之姪天啓中襲公加太子太傅懷

宗六年入朝賜宴冠帶輿服並加一等旋進少保甲申
歲卒 國朝順治二年詔封太子太傅仍爵衍聖公
皇清起
第六十六代興燮字對寰胤植子順治二年襲封衍聖公
入朝位次貝勒貝子進少保兼太子太保賜第甚盛勅
百官慰安
第六十七代毓圻字昱宸興燮子康熙十三年襲封衍聖
公朝覲禮畢
皇上以其年幼命左右大臣掖之登 殿賜宴賜坐蟒貂金
銀鞍馬各一事仍加太保兼太子太保至康熙二十三

年甲子

法駕東巡駐蹕闕里復加太子太師賜曲柄龍蓋一大蟒袍

一

聖澤之遠

帝眷之隆蓋至此而無以加矣

國學禮樂錄卷之二

國學禮樂錄卷之三

列傳四配

復聖顏子

顏子名回字子淵魯人郳國之後也武王克商封陸終之裔曹挾於邾其後懿甫顏有功於周子友居郳封小邾爲魯附庸因以顏爲氏世爲魯卿士友子爽數傳至無繇娶齊姜氏生回天姿明睿甫成童卽從於孔門少孔子三十九歲篤學造道家貧居於陋巷簞食瓢飲人不堪其憂而顏子不改其樂及門受業者三千人獨稱顏子賢曰回也其庶乎屢空又曰回也非助我者也於吾言無所不說蓋

其天姿學力未達聖人一間故孔子平日每屬望以傳道之任定公十五年從孔子適衞過陳道經於匡匡人見夫子以爲陽虎率徒圍之顏子與夫子相失既而匡人知爲孔子圍乃解顏子始追及焉夫子曰吾以女爲死矣對曰子在回何敢死魯哀公壬子從孔子適蔡楚昭王以幣聘孔子孔子將往會陳蔡大夫發徒役圍孔子於野絶糧七日子路慍見孔子講頌絃歌不衰顏子入見孔子曰回詩云匪兕匪虎率彼曠野吾道非耶吾何爲於此顏子曰夫子之道至大故天下莫能容雖然夫子推而行之不容何病不容然後見君子夫道之不容是吾醜也道脩而不用

是有國者之醜也不容何病不容然後見君子孔子欣然而笑曰有是哉顏氏之子使爾多財吾爲爾宰明年癸丑復從孔子反乎衞又明年甲寅乃反乎魯顏子之爲人天質之美下聖人一等而其深潛純粹之氣渾然不露圭角識者擬之和風慶雲且聞道又最早觀其喟然嘆曰仰之彌高鑽之彌堅瞻之在前忽焉在後聖道之所謂神惟顏子體認最切有非他人所能言者旣而又曰夫子循循然善誘人博我以文約我以禮明善誠身之學顏子蓋眞積而力行之逮夫欲罷不能旣竭吾才如有所立卓爾雖欲從之末由也已此則所謂大而化焉進此則神不可知矣

是故問爲邦夫子則語以治天下之道問仁子曰克己復禮爲仁其傳授心法切要之言惟顔子始得聞之故夫子曰回之爲人也擇乎中庸得一善則拳拳服膺而弗失之矣又曰回也其心三月不違仁魯哀公丙辰顔子年二十九髮盡白越三年己未年三十二卒夫子哭之慟曰噫天喪予天喪予悼道無傳若天喪己也他日見於哀公問弟子孰爲好學孔子對曰有顔回者好學不遷怒不貳過不幸短命死矣今也則亡未聞好學者也厥後嘗思之曰自吾有回門人日益親又曰惜也吾見其進也未見其止也其繫大易至復之初九曰顔氏之子其殆庶幾乎卒葬魯

城東防山之陽娶宋戴氏生子歆自漢明帝以來祀孔門弟子七十二人顔子位皆第一至魏正始二年詔以大牢祀孔子於辟雍以顔子配北魏孝文帝太和十九年拜顔氏二人官唐太宗貞觀二年蹐稱先師睿宗朝贈太師開元二十七年封兖公宋眞宗祥符二年加封兖國公元文宗至順元年追贈兖國復聖公至明景泰三年令顔氏嫡孫世爲五經博士至嘉靖九年議去封爵表稱復聖顔子博士襲爵如舊方今

聖天子在上表章封廕典禮有加上有祟儒重道之

君下有象賢繼武之臣顔氏之裔其誠應運而興蔚然廊廟

者乎猗歟休哉

贊曰

天禀純粹一元之春精金美玉和風慶雲博文約禮超入聖門百王治法萬世歸仁

宗聖曾子

曾子名參字子輿魯南武城人鄫國之後也禹孫少康封其次子曲烈於鄫經殷周革命封國不易至魯襄公六年甲午邾人莒人滅鄫鄫世子巫奔魯遂去邑而爲曾氏去邑去傍阝也巫後數傳至點點生參少孔子四十六歲孔子在楚奉父之命之楚而受學焉性至孝家貧食力徹衣躬耕日

不舉火而歌聲若出金石魯君聞而致邑焉固辭不受甘貧樂道力食以養親每食必有酒肉將徹必請所與問有餘必曰有意在樂親之志也平居常耘瓜誤斬其根父晳援杖擊之仆地有頃而蘇蹷然而起進曰大人得毋傷乎退鼓瑟而歌欲父聽而知其平也夫子聞之曰委身以待暴怒陷父不義孝如之何曾子曰參罪大矣遂造孔子謝過及後出薪於野客至家母以手搤臂曾子即馳至問母臂何恙母言客至搤臂以呼汝耳前南遊楚時一日忽心動即白夫子告歸拜見母母曰吾曩者思汝遂齧其指子知之乎曾子以心動告夫子聞之曰至哉曾參之孝也精

感萬里年二十齋欲聘以爲卿不就曰吾父母老食人之
祿則憂人之事吾不忍遠親而爲人役也耕於泰山嘗雨
雪不得行思父母作梁父吟焉及其學於聖門賦性椎魯
顓悟遠不逮顏氏子然日三省其身於聖人之道每事必
身體而力行之以求至乎其極故孔門一貫之傳惟曾子
獨得其宗又復潛心禮記與孔子論辨凡王朝家國之禮
經常權變之宜靡不反覆詳詰嘗侍坐孔子與論明王七
教三至之道曾子再拜受教既而母卒事後母愈敬謹及
門推其純孝孔子乃與之講明孝道自天子至於庶人莫
不各有當盡之道爰著爲孝經一書以授曾子年二十七

計事夫子僅十年而孔子已卒廬於冢上服心喪三年他
日子夏子張子游以有若似聖人欲以所事孔子事之彊
曾子曾子曰不可江漢以濯之秋陽以暴之皜皜乎不可
尚已乃自設教於南武城公明宣陽膚之徒從學者甚衆
爰著爲大學一書以授孔子之孫子思而聖門之傳於此
乃有統系蓋曾子之爲人敦厚質實其學專以躬行爲主
而其制行立身又專以輕富貴守貧賤不求人知爲大諸
凡垂教立言皆以忠信誠實爲本是以從之遊者所聞雖
或甚淺亦不失爲謹厚脩潔之人所記雖或甚疎亦必有
切於日用躬行之實行年三十祇事後母侍養不衰妻蒸

梨不熟曾子怒曰此小物耳而不用命况大事乎遂出之
其子元請再娶曾子曰昔高宗以後妻殺孝已尹吉甫以
後妻放伯奇我上不及高宗中不及吉甫庸能免於非乎
遂終身不娶厥後親没南遊於越仕爲大夫嘗嘆息曰吾
嘗仕爲吏祿不過鍾釜猶欣欣而喜者樂道養親也今仕
於越得尊官堂高九仞轉轂百乘然猶北向而泣者悲不
見吾親也每讀喪禮泣下沾襟曰往而不可返者親也木
欲靜而風不休子欲孝而親不待是故椎牛而祭不如雞
豚之逮親存也其孝思之誠至於如此年六十三疾病召
門弟子曰啓予足啓予手詩云戰戰兢兢如臨深淵如履

薄氷而今而後吾知免夫小子蓋其平日嘗引夫子所言身體髮膚受之父母不敢毀傷重自保守其身及其將死因以其所保之全示門人遂言其所以保之之難如此至於將死而後知其得免於毀傷也既而疾篤曾元抱首曾華抱足曾子曰夫華多實少者天也言多行少者人也夫飛鳥以山爲卑而層巢其顛魚鼈以淵爲淺而穿穴其內然所以得者餌也君子苟能無以利害身則辱安從至乎官怠於宦成病加於小愈禍生於懈惰孝衰於妻子慎之哉既而明夕樂正子春坐於牀下曾元曾華坐於足童子執燭隅坐童子曰華而睆大夫之簀歟子春曰止曾子聞

之瞿然曰斯季孫之賜也我未之能易也元起易簀元曰夫子之病革矣不可以變也幸而至於旦請敬易之曾子曰爾之愛我也不如彼君子之愛人也以德細人之愛人也以姑息吾何求哉吾得正而斃焉斯已矣反席未安而卒葬於魯南武城境夫子嘗稱之曰孝德之始也弟德之序也信德之厚也忠德之正也參行夫四德者也自漢以來從祀孔子位次十哲至唐高宗追贈太子少師加太保躋配享位次顏子封郕伯宋改武城侯旋加郕國公元加宗聖郕國公明嘉靖九年改稱宗聖曾子十八年詔以嫡孫世爲翰林院五經博士如顏孟二氏例至今

皇上復加意表章絲綸褒贊儒臣寵秩休命世承斯文未墜
將與天地無紀極也非至孝而爲大賢親承聖道之寄者
烏能食報如此其至者乎

贊曰

守約以博學恕以忠聖門之傳獨得其宗一貫之旨三
省之功格致誠正萬世所宗

述聖子思子

孔伋字子思伯魚之子孔子之孫也父早卒逮事王父潛
心力學研究性命之理毅然以斯道爲巳任年十六適宋
宋大夫樂朔與之言學樂朔不悅率其徒攻之遂圍子思

宋君聞之駕而救子思乃免於是反魯哀公壬戌孔子卒子思承父之重服喪三年遂受業於曾子曾子嘗謂之曰伋吾執親之喪也水漿不入口者七日子思曰先王之制禮也過者俯而就之不及焉者跂而及之故君子之執親喪也水漿不入口者三日杖而後能起焉君子以爲知禮繆公即位以公儀休爲政泄柳子思爲臣公問曰何道可以利民子思曰君有惠百姓之心則莫如除一切非法之事毀不居之室以賜窮民奪嬖寵之祿以賑困匱無令人有悲怨而後世有聞見抑亦可乎繆公終不能用自是致爲魯臣退而脩講授之業述父師之意作爲中庸爰筆之

書以授孟子其書始言一理中散爲萬事末復合爲一理放之則彌六合卷之則退藏於密故曰中者天下之正道庸者天下之定理乃孔門傳授心法其味無窮皆實學也蓋其得統於夫子者如此後復遊於衞衞亦卒不能用乃復反魯時魯康公之丙子子思年蓋六十矣越二年戊寅卒於家葬先聖墓南數十步宋徽宗崇寧元年封爲沂水侯大觀二年從祀先聖端平二年詔升祀堂上列於十哲之間度宗咸淳三年加封沂國公躋配享元文宗至順元年加贈沂國述聖公明武宗正德元年詔以衍聖公嫡次子世襲翰林院五經博士奉子思祀世宗嘉靖九年改稱

述聖子思子　國朝因之至
今上甲子
駕幸曲阜詣　先聖墓大賚孔氏宗族復賜爲生員者孔毓
璋等四人官恩禮之篤曠古未有先聖一脈以大聖而啓
大賢夫所謂
上帝眷命爲萬世師者有子之言曰自生民以來未有盛於
夫子者也信矣夫
贊曰
精一之傳誠明之學聖門嫡派斯道有托發育洋洋鳶
飛魚躍愼獨之訓示我先覺

亞聖孟子

孟子名軻字子輿一字子車魯公族孟孫之後也世居於鄒故爲鄒人父激公宜娶仉氏夢神人乘雲攀龍鳳自泰山來將止於嶧凝視久之忽見片雲墜而寤時閭巷皆見五色雲覆孟氏居而孟子生焉三歲喪父母賢德挾其子以居始舍近墓孟子之少也嬉戲爲墓間事踴躍築埋孟母曰此非所以居子也乃去舍市乃嬉戲爲賈衒事母曰亦非所以居子也遂徙舍學宮之旁其嬉戲乃設俎豆揖讓進退母曰此眞可以居子矣遂居之稍長就學而歸母方織問曰學何所至矣孟子曰自若也母以刀斷其織孟

子懼跽問其故母曰子之廢學若我斷斯織矣孟子懼旦夕勤學不息既長乃於魯請見子思子思與之語甚悅其志年二十娶妻田氏自是學於東魯道既通將聘列國時周顯王之三十三年乙酉值梁惠王卑辭厚幣以招賢者於是至梁王問利孟子道仁義王問雪耻孟子告以安民王以爲迂遠而濶於事情不能用也遂客於魏都王寅惠王卒子襄王立孟子一見之知其不足有爲遂去魏適齊見宣王宣王以爲上卿於始見首問以霸功孟子爲陳王道而王道之要曰保民保民之道曰以不忍人之心行不忍人之政擴而充之足以王天下保四海親賢樂利教養

禮樂唐虞三代之治可坐而致當此之時宣王頗好文學遊說之士而孟子所言不過曰孝弟仁義而已初不爲曲學以阿世也王亦疑其迂濶亦不能用孟子因不受職爲臣王遂以爲客卿初宣王十七年乙巳燕王噲讓國於其相子之國大亂齊王因欲併燕遂有其國孟子曰不可夫燕虐其民王往而征之民以爲將拯已於水火之中也若殺其父兄繫累其子弟毀其宗廟遷其重器倍地而不行仁政是動天下之兵也王速出令反其旄倪止其重器謀於燕衆置君而後去之則猶可及止也孟子屢說齊王而不悅於是去齊反魯未幾母卒歸葬魯焉後魯平公以樂

正子言將見孟子嬖人臧倉沮之自是之宋之滕之任皆以國小不能行其道而孟子獨以宣王可與有爲之資始終惓惓於齊然齊王頗見嚴憚隆以賓師而未得所以尊禮之道當是之時天下方務於合縱連横以攻伐爲賢而處士楊朱墨翟爲我兼愛之言盈天下孟子乃述唐虞三代之德是以所如不合遂於宣王之末年致爲臣而歸退而與及門萬章公孫丑之徒序詩書述仲尼之意作孟子七篇爲文三萬餘言趙氏曰凡二百六十一章三萬四千六百八十五字生平教人學問無非欲人專求放心而自其造道入聖之本體有非後儒所能及者則曰仁義天性非由外鑠又曰愛親敬長

良知良能又曰我知言我善養吾浩然之氣又曰仁人心也義人路也舍其路而弗由放其心而不知求哀哉又曰夫義路也禮門也惟君子能由是路出入是門也大抵戰國之世運丁周衰人不知有正學處士横議儒墨異同之辨起是非相勝非一日也獨孟子以剛明睿智之才出於道學陵彝之後非堯舜之道不陳於王前非孔子之行不行於身思以道援天下紹復先王之舊緒以正人心息邪說距詖行放淫辭其自任可謂至矣然天下諸侯王方惑於功利恃强挾衆而驟以仁義之言誘之宜其視爲迂濶而不足於用也故轍環於齊魯晉宋之郊而道終不行亦

其勢然矣然當世衰道微雖膏澤不下於民其志不施於事業而無君無父之教不行於天下而民免於禽獸則其爲功不小矣韓子謂孟子之功不在禹下洵足爲知言也年七十四卒於家生子名睪字仲子葬於鄒縣東三十里四基山之西麓宋神宗元豐六年追封鄒國公七年配享孔子元文宗至順元年加贈鄒國亞聖公明景泰三年官其嫡孫世爲五經博士世宗嘉靖九年改稱亞聖孟子

國朝因之方今

聖天子崇道重儒兩

幸闕里　駐蹕鄒嶧特出

宸鑒以孟子命世亞聖之才有功聖道甚大屢降
德音脩飭林墓蔭其苗裔眷禮特隆豈不偉哉

贊曰

哲人既萎亞聖斯作距詖闢邪正論諤諤堯舜之性仁
義之學烈日秋霜泰山喬嶽

國學禮樂錄卷之三

列傳十哲

先賢閔子 東五哲

閔子名損字子騫魯人少孔子五十歲天性純孝爲人容貌端潔而表裏洞然幼喪母爲後母所苦冬月以蘆花衣之以代絮其所生二子則衣之以綿父嘗令騫御車體寒失轡父責之騫不自理引咎而已既而父察知之欲出後母騫跽言曰母在一子單母去三子寒父嘉其言遂止母亦悔悟待三子如一焉年甫弱冠即從事聖門坦然樂道而忘勢終身不仕大夫不食汚君之祿季氏召爲費宰弗

往謝使者曰善爲我辭焉如有復我者則吾必在汶上矣
及居親三年喪畢見於孔子與之琴使之絃切切而悲作
而曰先王制禮不敢過焉孔子曰閔損哀未盡能斷之以
禮不亦君子乎家語曰閔子以德行著名夫子稱其孝焉
卒葬鸞山之南唐元宗開元八年從祀孔子二十七年追
封費侯宋眞宗祥符二年加封琅琊公度宗咸淳三年改
封費公明世宗嘉靖九年改稱先賢閔子　國朝因之我
皇上德合舜文性成仁孝於康熙三十八年
廵狩方岳駐蹕闕里注念先賢閔子純孝無間冠哲孔門
爰出

睿衷覃錫閔氏嫡孫衍籍世襲博士一員如仲氏秉貞一
例
聖恩所及潛德益光斯其爲以天爵寵先賢而以仁孝風
天下者乎於乎至矣
贊曰
子騫達者誾誾成性德冠四科孝先百行人無間言道
亦幾聖公袞增封均乃天慶
先賢冉子
冉子名雍字仲弓伯牛之宗族也少孔子二十九歲以德
行著名嘗問仁子曰出門如見大賓使民如承大祭已所

不欲勿施於人在邦無怨在家無怨仲弓曰雍雖不敏請事斯語矣筮仕於魯問刑政之用聽訟之方獄成及禁之事他日爲季氏宰問政子曰先有司赦小過舉賢才曰焉知賢才而舉之曰舉爾所知爾所不知人其舍諸蓋仲弓之爲人寛洪簡重而短於口才故或人以仁而不佞少之而夫子獨許之以可使南面仲弓因問子桑伯子子曰可也簡仲弓曰居敬而行簡以臨其民不亦可乎居簡而行簡無乃太簡乎子曰雍之言然没於魯唐開元中從祀廟庭追封薛侯宋祥符中加封下邳公明嘉靖中改稱先賢冉子　國朝因之

先賢端木子

端木子名賜字子貢衛人也少孔子三十一歲爲人通達而辯名聞於諸侯少從事孔子嘗鬻貲於曹魯之間七十子之徒賜最爲饒益每有億度輒中當世之務所言無不應者故夫子嘗曰賜不受命而貨殖焉億則屢中然及門所稱聰明穎悟之士自顏子而外惟子貢一人是以夫子恒以回與賜相比絜之嘗問於夫子曰賜也何如子曰女器也曰何器也曰瑚璉也定公十二年癸卯從夫子遊於衛衛用以宰信陽將行辭於孔子孔子曰勤之慎之治民莫若平臨財莫若廉廉平之守不可攺也匿人之美斯爲

薇賢揚人之惡斯爲小人內不相訓而外相謗非親睦也
言人之美若巳有之言人之惡若巳受之擇言出之令口
如耳故君子無所不愼焉子貢再拜受教以行十四年乙
巳仕於魯爲大夫明年丙午邾隱公來朝子貢觀焉邾子
執玉高其容仰定公受玉卑其容俯子貢曰以禮觀之二
君者皆將死亡焉夫禮生死存亡之體將左右周旋進退
俯仰於是乎取之朝祀喪戎於是乎觀之今正月相朝而
皆不度心巳忘矣何以能久高仰驕也卑俯替也驕近亂
替近疾君爲主其先亡乎夏五月定公卒後邾子奔齊孔
子曰賜不幸而言中也丁未哀公元年從夫子將西適晉

及河聞趙鞅之殺二大夫也遂執轡以告孔子曰丘聞之刳胎殺夭則麒麟不至其郊覆巢破卵則鳳凰不翔其邑鳥獸之於不義尚知避之況於人乎遂不濟而返復居於衛明年戊申衛世子蒯聵與出公輒爭國子貢以爲亂邦不居乃從夫子復反於魯癸丑七年公會吳於鄫吳太宰嚭召季康子康子使子貢辭焉十二年公會吳於橐皐吳子使太宰嚭請尋盟公不欲使子貢對焉乃不尋盟郎之會衛辭吳盟吳人藩衛侯之舍子貢乃束錦以行見太宰嚭嚭乃舍衛侯十五年魯及齊平子服景伯如齊子貢爲介反仕於魯魯國之法贖人臣妾於諸侯者皆取金於府

子貢贖之辭不受金孔子聞之曰賜失之矣自今以往魯國不復贖人於諸侯矣子貢聞而謝之十六年辛酉孔子卒哀公誄之子貢曰君其不沒於魯乎生不能用死而誄之非禮也稱予一人非名也君再失之哀公卒死於越子貢之爲人明敏才辯亞於大賢自受學聖門結駟連騎束幣帛以聘享諸侯所至國君無不分庭與之抗禮及其晚年益自進德親受一貫之傳觀其嘆曰夫子之文章可得而聞也夫子之言性與天道不可得而聞也其稱夫子者曰見其禮而知其政聞其樂而知其德由百世之後等百世之王莫之能違也自生民以來未有夫子也曉叔孫州

仇曰譬之宫墻夫子之墻數仞不得其門而入不見宗廟之美百官之富又曰他人之賢者丘陵也猶可踰也仲尼日月也無得而踰焉語陳子禽曰夫子之不可及也猶天之不可階而升也夫子之得邦家者所謂立之斯立道之斯行綏之斯來動之斯和其生也榮其死也哀如之何其可及也其見道之深信聖之篤至於如此則游夏之徒亦莫能及殆不特居言語之科而已孔子沒喪事皆主於子貢服心喪三年喪畢羣弟子相訣去則哭各復盡哀或復留惟子貢廬於冢上凡六年然後去歷相魯衛而終於齊所著有詩傳一卷唐元宗時從祀廟庭追封黎侯宋眞宗

加封黎陽公度宗改封黎公明嘉靖中改稱先賢端木子
國朝因之至康熙三十八年我
皇上法駕南巡
覃恩闕里追念先賢端木親承一貫性道與聞又其功在
聖門尊師翊道服勤不衰爰降
德音勑以裔孫謙與閔氏衍籀同世襲五經博士
新恩所播歡動宮墻豈非在先賢爲百世之榮光而在
今日爲千秋之曠典者乎猗歟至矣

先賢仲子

仲子名由字子路魯之汴人也少孔子九歲性孝勇有强

力志抗直初見孔子冠雄雞冠佩豭豚拔劒而舞之曰古之君子固以劒自衞乎孔子曰古之君子忠以爲質仁以爲衞不出環堵之室而知千里之外有不義則以忠化之侵暴則以仁固之何待劒乎子路曰由乃今聞此言請攝齊以受教遂儒服委質因門人請爲弟子他日鼓琴孔子聞之謂冉有曰夫先王之制音也奏中聲以爲節流入於南不歸於北故君子之音溫柔居中以養生育之氣乃所謂治安之風也小人之音則不然亢厲微末以象殺伐之氣乃所以爲亂亡之風也昔者舜彈五絃之琴歌南風之詩其興也勃焉紂好爲北鄙之聲其廢也忽焉今由也曾

無意於先王之制而習亡國之音豈能保其七尺之軀哉
冉有以告子路懼而自悔靜思不食以至骨立夫子曰過
而能改其進矣乎他日從孔子遊於農山顏子子貢與焉
詔以言志子路曰由願赤羽若日白羽若月鐘鼓之音上
震於天旍旗繽紛下蟠於地由當一隊而敵之必也攘地
千里搴旗執馘唯由能之夫子曰勇哉既而適衛行辭於
夫子請以言贈子曰不彊不達不勞無功不患無親不信
無從不恭無禮愼此五者而已子路受教以行逮歸而親
沒見於孔子曰傷哉貧也生無以爲養死無以爲禮也子
曰啜菽飲水盡其歡心斯謂之孝乎斂手足形旋葬而無

槨稱其財爲之禮貧何傷乎居喪三年哭泣哀毁容骨枯槁夫子教之以無過情而適禮魯昭公十九年從孔子一車兩馬以適周廟有欹器焉孔子使子路取水試之滿則覆中則正虚則欹孔子喟然而歎曰嗚呼烏有滿而不覆者哉子路曰敢問持滿有道乎子曰持滿之道抑而損之德行寬裕守之以恭土地廣大守之以儉位祿尊盛守之以卑人衆兵强守之以畏聰明睿知守之以愚彊記博聞守之以淺夫是之謂抑而損之也子路正容而歎曰至哉言乎二十五年從孔子如齊與聞韶樂定公元年反魯八年公山弗擾以費畔召子欲往子路止之明年庚午孔子

爲魯司冦使子路爲宰墮三都收其甲兵叔孫氏墮郈季氏墮費孟氏之宰公斂陽獨不肯墮成圍之弗克旣而爲季氏宰季氏祭逮昏而奠終日不足繼以燭有司不敬跛倚以臨他日祭子路與焉室事交於戸堂事交於階質明而始行事晏朝而徹孔子聞之曰孰謂由也而不知禮是時魯有溺者子路拯之其家拜之以牛子路弗受孔子曰魯人必不拯溺矣子路曰由聞諸夫子曰人者天地以之生物爲心也非圖報也子曰是也前言戲之耳十四年齊人歸女樂以阻孔子子路促之行遂去之衛適宋匡人簡子見孔子以爲陽虎以甲士圍之子路怒奮戟欲與之戰

孔子止之曰夫詩書之不講禮樂之不脩是丘之過也若以述先王好古法而爲咎則非丘之罪也命之歌子路彈琴而歌孔子和之三終而圍解遂過宋適鄭至陳留三年適衛主顏讐由家如晉不果復從夫子自陳適蔡如葉葉公問以孔子子路不對旣復反蔡時楚昭王聘孔子陳蔡大夫圍之絶糧七日夫子鼓琴而歌子路援戚而舞三終而出明日免於厄復去楚反衛孔子主蘧伯玉家衛以子路爲蒲宰三年孔子過之稱善者三旣而反魯爲哀公之十四年時小邾射以句繹奔魯曰使子路要我吾無盟矣使子路子路辭季康子使冉有謂之曰千乘之國不信其

盟而信子之一言子何辱焉對曰魯有事於小邾不敢問故死其城下可也彼不臣而濟其言是義之也由弗能矣嘗見於孔子曰負重致遠者不擇地而休家貧親老者不擇祿而仕昔者由事二親之時常食藜藿之食爲親負米百里之外親沒之後南遊於楚從車百乘積粟萬鍾累茵而坐列鼎而食願食藜藿爲親負米之時而不可得也枯魚銜索幾何不蠹二親之壽忽若過隙草木欲長霜露不使賢者欲養二親不待言訖泣下嗚咽沾襟子曰由也事親可謂生事盡力死事盡哀者也厥後仕於衛衛莊公方與輒爭國夫子語以正名子路未喻於出公十三年爲孔

悝宰莊公因孔姬以入於孔氏迫孔悝強盟之遂刼以登臺欒寧將飲酒炙未熟聞亂使告子路召獲駕乘車行爵食炙奉出公以犇魯子路將入遇子羔將出曰門已閉矣子路曰吾姑至焉子羔曰弗及不踐其難子路曰食焉不避其難子羔遂出子路入及門公孫敢門焉曰無入爲也子路曰是公孫也求利焉而逃其難由不能也有使者出乃入曰太子焉用孔悝雖殺之必或繼之且曰太子無勇若燔臺必舍孔叔太子聞之懼下石乞壺黶敵子路以戈擊之斷纓子路曰君子死纓不免遂結纓而死孔子聞衛亂曰柴也其來由也死矣已而果死孔子哭之痛曰自吾

有由惡言不入於耳於是哭子路於中庭有人弔者孔子拜之既而衞使者至進使者而問故使者曰醢之矣遂命覆醢大約子路之爲人英斷果決而勇於有爲故魯論記之曰子路有聞未之能行唯恐有聞又曰子路無宿諾夫子稱之曰片言可以折獄者其由也歟又曰由也升堂矣未入於室也孟子曰子路人告之以有過則喜曾西之言曰吾先子之所畏也子路葬於蒲其子崔旣長白孔子欲報父仇夫子曰行矣狐黶知之曰君子之勇不掩人之不備須後日於城西決戰其日黶持蒲弓木戟與崔戰而死唐開元中從祀孔子追封衞侯宋眞宗加封河內公度宗

改封衞公明嘉靖中改稱先賢仲子　國朝因之至我

皇上

天縱聖明特出　睿鑒以仲子追隨　先聖周流車馬跋涉未嘗暫離其衞道之功獨多爰出曠典詔以仲子嫡孫世襲五經博士一人如顏孟四氏例載在

勅命與天匹休嗚呼崇德報功固

帝王之盛典而承休膺命亦賢哲之光榮仲子在天之靈千九百餘年亦可以大慰矣夫嗚呼烈哉

先賢卜子

卜子名商字子夏衞人少孔子四十四歲受業於夫子篤

信謹守以文學著名家貧衣若懸鶉見於夫子問曰詩云豈弟君子民之父母何如斯可謂民父母矣孔子曰必達於禮樂之原以致五至而行三無此之謂民之父母矣子夏曰何謂五至孔子曰志之所至詩亦至焉詩之所至禮亦至焉禮之所至樂亦至焉樂之所至哀亦至焉哀樂相生志氣塞乎天地此之謂五至子夏曰何謂三無子曰無聲之樂無體之禮無服之喪此之謂三無子夏曰敢問何詩近之乎子曰夙夜基命宥密無聲之樂也威儀棣棣不可選也無體之禮也凡民有喪匍匐救之無服之喪也奉三無私以勞天下天無私覆地無私載日月無私照奉此

三者以勸天下此三王之德所以參於天地也子夏蹶然而起負墻而立曰弟子敢不承命乎他日孔子讀易至於損益喟然而嘆子夏避席問曰夫子何嘆焉孔子曰夫自損者必有益之自益者必有決之是以嘆也子夏曰然則學者不可以益乎孔子曰非道益之謂也道彌益而身彌損夫學者損其自多以虛受人故能成其滿博哉天道成而必變凡持滿而能久者未嘗有也日中則昃月中則缺天地盈虛與時消息是以聖人不敢當盛調其盈虛不令自滿所以能久也子夏曰商請志之而終身奉行焉他日讀詩既畢孔子問曰爾亦何大於詩也對曰詩之於事也

昭乎若日月之明燎乎若星辰之爛上有堯舜之道下有三王之義雖居蓬戶之中彈琴以咏先王之風亦可以發憤忘食矣子曰嘻商也始可與言詩已矣哀公八年甲寅始仕於魯爲莒父宰問政子曰無欲速無見小利欲速則不達見小利則大事不成他日見於哀公公問安國保民之道既又問夫子以世子之禮及喪禮蓋子夏學於聖門規模窄狹而氣象謹嚴故嘗問孝夫子語以色難又嘗謂之曰女爲君子儒無爲小人儒然至於篤信聖人質實謹守有非凡爲學者所能及觀其論學曰賢賢易色事父母能竭其力事君能致其身與朋友交言而有信雖曰未學

吾必謂之學矣又曰博學而篤志切問而近思仁在其中矣又曰百工居肆以成其事君子學以致其道論仕曰仕而優則學學而優則仕信而後勞其民未信則以爲厲巳也信而後諫未信則以爲謗巳也其造道立言至於如此所以夫子嘗有言曰吾死之後則商也日益賜也日損曾子曰何謂也子曰商也好賢巳者處賜也說不若巳者處故曰與正人居如入芝蘭之室與不正人居如入鮑魚之肆久而與之俱化矣是以君子必慎所與處也年二十八孔子卒服心喪三年歸敎授於西河西河之民疑以爲孔子後返於衛見讀史志者曰晉師伐秦三豕渡河子夏曰

非也巳亥耳讀者問諸晉史果然於是衛人皆相信曰子夏聖人也年四十五戊寅遊於魏文侯師尊之與田子方段干木西門豹之徒相佐致治文侯嘗問之曰吾端冕而聽古樂則唯恐臥聽鄭衛之音則不知倦敢問古樂如彼新樂如此何也子夏曰君所聞者樂也所好者音也樂與音相近而不同君之所好其溺音乎文侯曰敢問溺音從何出也子夏曰鄭音淫志宋音溺志衛音煩志齊音驕志此四者皆淫於色而害於德是以祭祀弗用也文侯曰信哉厥後因道不行乃退老於西河喪其子哭之失明曾子弔而讓之子夏投其袂而拜曰吾過矣吾過矣吾離羣而

索居亦已久矣子夏習於詩能通其義著爲爾雅相傳今毛詩序子夏之遺說也或曰子夏受易春秋於孔子公羊穀梁皆從之學春秋者也又禮喪服一篇子夏傳之唐太宗貞觀二十一年從祀廟庭元宗二十七年追封魏侯宋眞宗大中祥符二年加封河東公度宗咸淳三年改封魏公明世宗嘉靖九年改稱先賢卜子　國朝因之

先賢冉子 西五哲

冉子名耕字伯牛魯人少孔子七歲以德行稱亞於顏閔定公十年辛丑孔子爲司空以伯牛爲中都宰布教施化四方則之嘗從阨於陳蔡之間餒甚而儒服彈琴不輟嘗

設教於洛終身不仕不幸而遘惡疾孔子往問之自牖執其手曰亡之命矣夫斯人也而有斯疾也斯人也而有斯疾也後以不及門追思悼之公孫丑謂冉牛閔子顔淵優於德行又曰具體而微白虎通云冉牛危言正行而遭惡疾朱子曰此乃有生之初氣稟一定而不可易者孟子所謂莫之致而至者也張南軒曰如顔閔之死乃可謂命蓋其脩身盡道謹疾又無憾而止於是則曰命而已輔氏曰天既與之以如是之德而復使之有是疾則於栽培之理蓋亦有不得其常者矣唐開元中從祀廟庭追封鄆侯宋眞宗加封東平公度宗改封鄆公明嘉靖中改稱先賢冉

子國朝因之

先賢宰子

宰子名予字子我魯人長於言語嘗問孔子以鬼神之名及五帝之德孔子告之後又嘗使於楚昭王問之宰我曰切見夫子道行則樂其治不行則樂其身方見天下道德寖息志欲與而行之天下誠有欲治之君夫子固猶爲之何必遠辱君之貺他日歸以告孔子子貢曰予之言行事之實未盡夫子之美也子曰言貴實使人信之舍實何稱乎是賜之華不若予之實也又曰吾於予取其言之近類也於賜取其言之切事也近類則足以喻之切事則足以

懼之蓋宰予之爲人能言而或不逹故夫子嘗曰以言取人失之宰予魯論所載晝寢問短喪對哀公問社從井救人等語夫子蓋屢警之然其智足以知聖人自有不可沒者觀其言曰以予觀於夫子賢於堯舜遠矣非信之深烏足以云之仕齊爲臨淄大夫唐開元中從祀追封齊侯宋眞宗加封臨淄公度宗改封齊公明嘉靖中改稱先賢宰子　國朝因之按左傳無宰予與田常作亂之文然有闞止亦字子我而田闞爭寵子我爲田常所殺戰國策及諸子以爲宰我蓋字相涉之誤也

先賢冉子

冉子名求字子有仲弓之宗族少孔子二十九歲有才藝

優於政事嘗仕爲季氏宰進則理其官職退則受教聖門
哀公三年秋季桓子病召康子曰我卽死爾必相魯相魯
必召仲尼康子以公之魚言乃召冉有明年冉有爲季氏
宰將與齊戰於郊克之康子曰子之於軍旅學之乎性之
乎冉有曰學之於孔子康子乃以幣迎孔子於陳十一年
齊師伐魯及淸季康子謂冉有曰若之何對曰一子守二
子從公禦諸境康子曰不能冉有曰然則居封疆之間康
子告二子二子不可冉有曰若不可則君無出一子帥師
背城而戰魯之羣室衆於齊之兵車一室敵車優矣子何
患焉季氏之甲七十冉有以武城人三百爲已徒卒次於

雩門之外及齊師戰冉有用矛以帥衆遂入齊師獲甲首八十齊人宵遁是年孔子在衛冉有言於季孫曰國有聖人而不能用欲以求治是猶却步而欲及前人不可得已今孔子在衛衛將用之已有才而以資鄰國難以言智也季孫以告哀公公從之遂召孔子終弗能用蓋冉子之爲人多才藝而優於牧民故夫子語季孫曰求也藝於從政乎何有語武伯曰千室之邑百乘之家可使爲之宰也但其資稟謙退見義不能勇爲當是時季氏旅泰山用田賦伐顓臾僭禮樂夫子皆望求救正而激厲切責之然卒明大義不使季氏陷於大惡以保其家而事其國者未必非

平日勸導之力也故孔子曰大夫有爭臣三人雖無道不失其家季氏無道極矣然而不亡者以冉有季路爲之宰也卒於魯唐元宗從祀廟廷追封徐侯宋眞宗加封任城公度宗改封徐公明嘉靖中改稱先賢冉子　國朝因之

先賢言子

言子名偃字子游吳人少孔子三十五歲自吳之魯受業於孔子問禮自是退而學禮他日孔子與於蜡旣賓事畢出遊於觀之上喟然而嘆子游侍曰夫子何歎也孔子曰昔大道之行與三代之英吾未之逮也而有志焉大道之行天下爲公今大道既隱天下爲家子游曰今之在位莫

之由禮何也子曰我觀周道幽厲傷之吾舍魯其何適矣夫魯之郊禘非禮也周公其衰矣杞之郊也禹也宋之郊也契也是天子之事守也周公攝政致太平而與天子同是禮也王肅曰也讀如耶 夫禮者君之柄所以別嫌明微儐鬼神考制度列仁義立政教安君臣上下者也唯聖人為知禮子游再拜受教他日問喪之具夫子曰稱家之有無喪事與其哀不足而禮有餘也不若禮不足而哀有餘也祭祀與其敬不足而禮有餘也不若禮不足而敬有餘也夫子卒季康子謂子游曰鄭子產死鄭之人丈夫舍玦珮婦人舍珠珥巷哭三月不聞竽瑟之聲仲尼之死吾不聞魯國

之愛夫子何也子游曰譬子產之於夫子其猶浸水之與天雨乎浸水所及人得而知之也天雨所及人不得而知之也葢子游之在聖門特習於禮以文學著名其宰武城能以禮樂化民又能甄識賢者而澹臺滅明由是進於聖門巍然爲羣弟子之冠要其學道之效自有不可及者卒於吳唐開元中從祀廟庭追封吳侯宋祥符中加封丹陽公度宗改封吳公明嘉靖中改稱先賢言子 國朝因之
今上康熙四十四年南巡言子七十三世裔孫言德堅恭迎
聖駕奏進宗譜蒙 恩召對 賜文開吳會匾額旋
命禮臣議覆 欽授五經博士於戲尊賢之典遠軼千古矣

先賢顓孫子

顓孫子名師字子張陳人也少孔子四十八歲爲人有容貌資質寬冲博接從容自負不屑屑於尺寸之行然專意務外求聞達於諸侯初從事聖門志學干祿夫子教之曰多聞闕疑慎言其餘則寡尤多見闕殆慎行其餘則寡悔言寡尤行寡悔祿在其中矣他日從遊於蔡問行子曰言忠信行篤敬雖蠻貊之邦行矣言不忠信行不篤敬雖州里行乎哉立則見其參於前也在輿則見其倚於衡也夫然後行子張書諸紳自是敬服聖教學能鞭辟近裏着巳後又問達子語之以質直而好義察言而觀色慮以下人

問政子語之以居之無倦行之以忠蓋因其所不足而語之如此陳閔公十三年始適魯謁哀公七日而公不禮因託僕夫而去哀公聞而謝之張卒不見既而問入官與禮於夫子再拜受教煥若發矇焉他日侍於夫子夫子筮卦得賁喟然嘆興子張進而問曰師聞賁吉而嘆何也子曰賁非正色也是以嘆之吾思夫丹漆不文白玉不雕寶珠不飾何也質有餘者不受飾也今者得賁是色相間者也是以嘆也既而有父之喪公明儀相焉問稽顙於孔子子曰拜而後稽顙顙乎其順也稽顙而後拜頎乎其至也三年之喪吾從其至矣他日喪既除見於夫子子予之琴調之

而和彈之而成聲作而曰先王制禮不敢不至也夫子曰君子哉子張之在聖門才高意廣不免爲苟難又其容貌矜莊益務表暴於外故子貢問師與商也孰賢子曰師也過商也不及子游曰吾友張也爲難能也然而未仁曾子曰堂堂乎張也難與並爲仁矣此或始受學之日爲然及其與聞聖道日有進于高明如問仁夫子則告之恭寬信敏惠行是五者於天下爲仁問從政則告之尊五美屏四惡之可以從政此皆聖賢之心法王道之綱紀有非及門所與聞者至其所言如士見危致命見得思義祭思敬喪思哀其可已矣又曰執德不弘信道不篤焉能爲有焉能

爲無其論交則曰君子尊賢而容衆嘉善而矜不能由此觀之公孫丑所謂有聖人之一體蓋實有信然焉者及其病召申詳而語之曰君子曰終小人曰死吾今日其庶幾乎宛然曾子易簀之命沒之日曾子有母之喪齊衰而往哭之其殯也公明儀爲之志焉唐元宗開元二十七年追封陳伯從祀廟廷宋眞宗大中祥符二年加封宛丘侯徽宗政和元年改封潁川侯度宗咸淳三年加封陳國公昇十哲位改稱陳公明嘉靖九年稱先賢顓孫子　國朝因之

禮部爲欽奉

上諭事禮科抄出該本部題前事內開康熙五十一年二
月初四日滿漢大學士九卿等奉
上諭朕自沖齡卽好讀書亦好寫字一切經史靡不徧閱成誦在昔賢哲所著之書間或字句與中正之理稍有未符或稍有疵瑕者後儒卽加指摘以爲理宜更正惟宋之朱子註明經史闡發載籍之理凡所撰釋之文字皆明確有據而得中正之理今五百餘年其一句一字莫有論其可更正者觀此則孔孟之後朱子可謂有益於斯文厥功偉矣朕既深知之而不言其誰言之于朱子宜如何表章崇奉爾等與九卿會同具議以聞欽此

欽遵臣等公同集議得仰惟我
皇上統紹勳華道宗鄒魯禮明樂備治定功成勤勞萬幾
間有餘暇手不釋書心惟志學
躬聖神文武之德契濂洛關閩之傳寶額親題昭文明于
天壤雲章永煥樹儀表于人間彰顯遺徽甄錄嗣裔
既光前而耀後洵振古而超今而尤于朱子之全集
沉潛研極實踐敦行嘗謂朱子發明聖道軌于至正
高不入于虛寂卑不雜于刑名使六經之旨大明聖
學之傳有繼孔孟以來爲功弘鉅今
特諭臣等集議優崇之典臣等謹查朱子在　孔廟東廡

先賢之列相應仰遵
諭旨移于　大成殿十哲之次配享
先聖以昭我
皇上表章先賢之至意等因具題奉
旨依議欽此欽遵到部該臣等議得將朱子木主升配吉
日交與欽天監選擇去後今准欽天監選擇得本年
六月十五日丁卯未時將木主升配吉等語欽惟我
皇上念朱子發明聖道軌于至正有益斯文爲功弘鉅
特諭九卿集議優崇之典移于　大成殿十哲之次升配
理應告祭其祭祀供獻等項并泒遣行禮官員交與

太常寺辦理祝文交與翰林院撰擬木主神龕陳設等項交與工部照十哲例製造今朱子木主既升配

大成殿內其所遺原位不可空缺應將以下木主挨次移升可也等因具題奉

旨依議欽此欽遵到部相應劄行國子監今朱子木主既升配　大成殿其所遺原位將東西兩廡木主挨次遞升可也

先賢朱子

朱熹字元晦號晦菴徽之婺源人也父韋齋先生諱松字喬年甫弱冠擢進士第爲福建延平尤溪縣尉以高宗建

炎四年庚戌九月十五日甲申生熹於尉之官舍自幼頴
異嘗從羣兒戲沙中獨端坐畫八卦韋齋先生大奇之因
授以孝經公一閱卽援筆題其上曰不如是便非人年十
四從父知饒州韋齋先生疾亟屬熹曰籍溪胡原仲憲白
水劉致中勉之屏山劉彥冲子翬三人吾友也學有淵源吾所
敬畏吾卽死汝往事之公奉以告而稟學焉致中誨之如
子因以女妻之紹興十七年丁卯熹年十八舉建州鄉貢
十八年戊辰登王佐榜進士第二十年春如婺源展墓二
十一年授泉州府同安主簿尋罷歸聞延平李先生侗字愿中
得伊洛之正宗往從之延平因授以中庸一書令求喜怒

哀樂未發以前氣象遂盡得其學築室武夷山中其工夫以居敬爲主而自勉以教人者大要不外於窮理致知反躬實踐之訓一時四方有志之士皆願從之游高宗聞其賢巳卯八月召監潭州南嶽廟不至壬午七月詔求直言熹上封事大畧言帝王之學必先格物致知則自然意誠心正而可以應天下之務又曰四海利病繫斯民之休戚斯民之休戚繫守令之賢否監司者守令之綱朝廷者監司之本云云上不能用明年癸未輿隆元年孝宗卽位以熹爲武學博士旣而罷之丁亥乾道三年訪張栻於長沙因與栻論中庸大義八年十二月修資治通鑑綱目成九

年右僕射陳俊卿樞密使劉珙右丞相梁克家交薦其賢
上曰熹安貧守道廉退可嘉召主管台州崇道院甲午淳
熙二年呂祖謙訪熹於寒泉精舍編次近思錄因送祖謙
至鵝湖陸九淵兄弟來會三年五月行丞相事龔茂良薦
於朝召除秘書郎或讒之遂力辭不至改主管武夷山冲
祐觀五年四月召知南康軍時郡逢歲旱公講求荒政百
凡備禦民賴全活因訪唐李渤白鹿洞遺址請於上詔復
其舊爲學規俾守之己亥夏不雨詔求直言熹上疏言恤
民之本在人主正心術以立紀綱而君心不能自正必親
賢臣遠小人講明義理閉塞私欲然後可得而正今百官

咸失其職而陛下所親信者不過一二近習之臣上以蠱惑陛下之心志下則招集天下士大夫之無恥者竊權盜柄使陛下號令黜陟不復出於朝廷而出於一二人之門臣恐莫大之禍近在朝夕而陛下獨未知之上讀之大怒會趙雄從旁釋之得解乃詔爲提舉江西常平茶鹽辛丑九月浙東大饑右丞相王淮薦之改授提舉浙東常平茶鹽公事熹卽日單車就道召入對首陳災異之由與修政任人之說凡七事帝深納之及至部卽移書他郡募米商蠲其征米遂輳集旣而日訪民隱按行境內郡縣官吏憚其風采至自引去所部肅然帝謂淮曰朱熹政事却有可

觀淮言修舉荒政是行其所學民實被惠宜進職以徵之
乃進熹直徽猷閣下其倉社法於諸路九年九月徙熹提
點江西行獄熹行部至台知州唐仲友爲其民所訟熹按
得其實而仲友與王淮同里姻婭已除江西提刑未行而
熹論之淮匿其奏不以聞熹論益力章前後凡六上淮不
得已奪仲友新命以授熹熹辭不拜淮因銜之遂差奉祠
台州崇道院管勾十年六月監察御史陳賈請禁僞學意
在沮熹疏上帝從之十五年六月以熹爲兵部郎官未至
而罷是時王淮既罷周必大薦熹爲江西提刑入奏事或
要於路曰正心誠意之論上所厭聞慎勿復言熹曰吾生

平所學惟此四字豈可隱默以欺君乎及入對即以存天理遏人欲爲言帝曰久不見卿今當處卿清要不復以州縣爲煩也除兵部郎官熹以足疾乞祠兵部侍郎林栗與熹論易西銘不合劾熹爲浮誕宗主侍御史胡晉臣上章極言栗喜同惡異乃貶栗知泉州而熹亦除直寶文閣奉祠嵩山崇福宮時廟堂知上眷厚憚其復入未幾上果悟速召熹且促召具封事投匭以進熹即上書言輔翼太子選任大臣振舉紀綱變化風俗愛養民力修明軍政六事爲文三千餘言疏入夜漏下七刻上已就寢亟起秉燭讀之終篇明日除主管太乙宮兼崇政殿說書執政忌之請

辭乃改授秘閣修撰仍奉新祠明年巳酉帝傳位皇太子是爲光宗二月即位詔除江南轉運副使冬十二月撰大學或問章句成明年庚戌紹熙元年改知漳州請行經界法帝從之而寓公豪右更爲異議沮之明年除荆州湖南路轉運副使漳州經界竟報罷四年十二月詔知潭州甲寅五年孝宗皇帝崩帝有疾太皇太后詔嘉王擴即位是爲寧宗八月召熹爲煥章閣待制兼侍講熹在道聞上事上皇朝禮有缺而小人離間兩宮即草疏言陛下當求所以得親歡者爲建極導民之本思所以振朝綱者爲防微慮遠之圖不報他日侍便殿奏四事其一言事親之道二

言帝王之學三言湖南財計四言湖北徭役侵擾文二千餘言帝俯納之熹平日進對務盡誠意以感動帝心至冬十月韓侂冑請內批罷右正言黃度上從之於是言路壅塞正士排斥無遺熹因講畢奏疏極言四事侂冑大怒乘間言熹不可用即日手批罷熹官右丞相趙汝愚上疏乞留不聽中書舍人陳傅良封還籙黃起居郎劉光祖等交章留之皆不報熹在朝四十六日進講者七內引奏事者再急於致君知無不言言無不盡頗見嚴憚既去侂冑益無忌憚丁卯慶元元年十一月竄故相趙汝愚於永州行至衡州暴卒十二月復詔熹爲煥章閣待制熹辭從之熹

是時家居草封事數萬言極陳姦邪蔽主之禍因以明汝愚之寃繕寫已畢其子弟諸生更迭進諫以爲必且買禍熹不聽門人蔡元定請蓍龜決之遇遯之同人熹默然取奏藁焚之更號遯翁二年十二月胡紘沈繼祖連章劾奏熹十罪且言其徒蔡元定佐熹爲妖事在不赦疏上詔削其官竄元定於道州熹時年已七十有一自登第五十年仕於外者僅九考立朝纔四十六日時攻僞學日急士之以儒自名者無所容身從遊之士特立不顧者屏伏嵒壑依阿巽懦者更名他師過門不入而熹日與諸生講學不輟庚申六年三月病巳未夜爲諸生說太極圖庚申夜復

說西銘辛酉改大學誠意章爲公絶筆甲子移寢中堂正坐整衣冠良久而逝是日大風拔木洪水崩山諸生近者奔訃遠者爲位而哭所著有易本義啓蒙蓍卦考誤詩集傳大學中庸章句或問論語孟子集註太極圖通書西銘解楚辭集註辨證韓文考異所編次有論孟集議孟子指要中庸輯畧孝經刊誤小學通鑑綱目宋名臣言行錄家禮近思錄河南程氏遺書伊洛淵源錄儀禮經傳通解行於世壬戌十月寧宗追復公煥章閣待制謚曰文庚午五月贈公大中大夫寶謨閣直學士辛未夏國子司業劉爚請開僞學禁請刊公四書於太學丁亥理宗寶慶二年春

正月贈公太師追封信國公公子在時爲工部侍郎入對
帝有與卿父生不同時之歎辛丑紹定三年春正月詔改
封徽國公淳祐元年詔從祀　孔子廟庭元順宗至正二
十二年改封齊國公明洪武中詔以公子孫世襲五經博
士嘉靖中詔改稱先儒朱子崇禎十五年改稱先賢位躋
七十子之下漢唐諸儒之上　國朝因之方今
聖天子在上崇儒重道典禮有加公之子孫世襲休命邀眷
特隆已
御書白鹿講堂匾額遣官賫祭
復念朱子昌明聖教表彰六經接孔孟之心傳集賢儒之

美善
特頒朱子全書刊行天下更
命禮臣升躋神位祔配　文廟十哲之下千秋曠典亘古所
無非甚盛德孰能當此者乎猗歟休哉
文治之光俎豆之典至矣蔑以加矣

國學禮樂錄卷之四

國學禮樂錄卷之五

列傳東廡先賢

先賢澹臺子

澹臺滅明字子羽武城人少孔子三十九歲因子遊之言得見孔子其狀貌甚惡孔子以爲材薄旣已受業退而修行益自砥礪言動不苟南遊至江從弟子三百人設取予去就名施於諸侯孔子聞之曰吾以言取人失之宰予以貌取人失之子羽孔子卒遂居於楚友教士大夫一時荆漢之俗皆斌斌爲北方之學焉今吳郡南有澹臺湖豫章進賢縣有澹臺門皆其南遊遺跡云唐開元中追封江伯

從祀宋祥符中加封金鄉侯明嘉靖中改稱先賢澹臺子

國朝因之

先賢原子

原子名憲字子思宋人少孔子三十六歲清淨守節貧而樂道嘗居於魯環堵之室茨以蒿萊蓬戶甕牖桷桑而無樞上漏下濕匡坐而絃歌子贛聞之結駟連騎排藜藿入窮閻中紺而衣素軒不容巷而往見之原思楮冠藜杖而應門正冠則纓絕振衣則肘見納履則踵決子贛曰嘻先生何病也原憲仰而應之曰憲聞之無財之謂貧學而不能行之謂病憲貧也非病也若夫希世而行比周而交學

以爲人教以爲已仁義之匿車馬之飾憲不忍爲之也子贛逡巡面有慙色不辭而去原憲乃徐步曳杖行歌商頌而反聲淪於天地如出金石陶然終身有以自樂而無求於人焉孔子爲魯司寇時憲嘗爲孔子宰貧而辭粟殆幾于獨行者矣孔子没遂隱於衛唐開元中追封原伯從祀廟庭宋眞宗加封任城侯明嘉靖中改稱先賢原子　國
朝因之

先賢南宮子

南宮子名适又名縚字子容魯孟僖子之子懿子之弟仲孫閱也居南宮因姓焉又曰南宮敬叔云魯昭公七年公

如楚鄭伯勞於師之梁孟僖子爲介不能相禮及楚又弗能荅郊勞僖子恥之病將卒召其大夫曰禮人之榦也無禮無以立吾聞曾有達者曰孔丘聖人之後也我若獲没必屬閱與何忌於夫子使事之而學禮焉懿子遂與南宮敬叔師事孔子孔子以其謹於言行嘗稱其邦有道不廢邦無道免於刑戮又曰君子哉若人尚德哉若人其于詩也日三復白圭孔子以其兄之子妻之唐開元中追封郯伯從祀廟庭宋眞宗加封龔丘侯徽宗以犯諱改封汝陽侯明嘉靖中改稱先賢南宮子　國朝因之

先賢商子

商子名瞿字子木魯人少孔子二十九歲孔子嘗使之齊瞿年長無子其母欲爲之再娶室請之孔子孔子筮之曰無憂也瞿年四十後當有五丈夫子已而果然瞿特好易孔子傳之志焉瞿嘗爲孔子筮曰子有聖智而無位孔子曰天也命也鳳鳥不來河無圖出天之命也瞿傳易楚人馯音寒臂子弘列代相傳者不絕至今之言易者皆祖於瞿焉唐開元中追封蒙伯從祀廟庭宋真宗加封須昌侯嘉靖中改稱先賢商子 國朝因之

先賢漆雕子

漆雕子名開字子若史記云字子開蔡人鄭氏曰魯人少孔子十一歲

習尚書不樂仕孔子曰子之齒可以仕矣子若報其書曰吾斯之未能信子說又嘗稱之曰君子哉漆雕氏之子其言人之美也隱而顯言人之過也微而著程子謂曾點漆雕開已見大意又曰曾點開闊漆雕開深穩唐開元中追封滕伯從祀廟庭宋眞宗加封平輿侯明嘉靖中改稱先賢漆雕子　國朝因之

先賢司馬子

司馬犂耕史記作耕字子牛宋人向魋之弟也魯哀公十四年向魋作亂其弟子頎子車亦與同惡入于曹以叛宋宋景公使左師向巢伐之巢不能克魋奔衛巢奔魯牛致其邑

與琲焉而適齊魋自衛奔齊陳成子使爲次卿牛又致其邑而適吳吳人惡之而反于魯時因兄弟濟惡每懷憂懼嘗自言曰人皆有兄弟我獨亡子夏以君子敬而無失與人恭而有禮四海之內皆兄弟之言寬之趙簡子執陳成子恆皆召之頃卒于魯郭門之外阬人魯人作阬氏○一葬諸丘輿唐開元中追封向伯從祀廟庭宋眞宗加封楚丘侯徽宗以犯諱改封綏陽侯明嘉靖中改稱先賢司馬子國朝因之

先賢有子

有子名若字子有魯人少孔子三十六歲爲人彊識好古

明習禮樂其言行氣象有似夫子魯哀公八年吳伐我微虎欲宵攻王舍私屬徒七百人三踴于幕庭卒三百人有若與焉十二年魯有螽災十三年螽連年用兵于邾又有齊警公以年饑用不足爲患以語有若有若以行徹對公頷之孔子卒門弟子思孔子甚子夏子游子張乃以有若似聖人欲以所事孔子事之彊曾子曾子不可乃止蓋有子爲人天姿粹清而又篤學弗倦其言論凡四見論語其辭約其旨博明體達用聖門弟子非實見其表裏粹然與聖人無異其孰能敬服而師事之哉年三十四卒其喪也悼公弔焉子游擯唐開元中追封汴伯從祀廟庭宋咸平

三年加封平陰侯明嘉靖中改稱先賢有子　國朝因之

先賢巫馬子

巫馬子名施字子旗（本史記○家語作巫馬期字子期論語同）陳人少孔子三十歲爲人篤志好學嘗與子路析薪于韞丘之下子賤爲單父宰鳴琴不下堂而治既而期亦宰單父戴星而出戴星而入日夜不處以身親之而單父亦治期因問于子賤子賤曰我任人子任力任人者佚任力者勞子其勞乎後從于孔子孔子命從者皆持蓋已而果雨期問曰旦無雲既日出而夫子命持雨具敢問何以知之孔子曰詩不云乎月離于畢俾滂沱矣昨暮月宿畢以此知之自是期益

留心典籍博學多識焉唐開元中追封郇伯從祀廟庭宋
眞宗加封東阿侯明嘉靖中攺稱先賢巫馬子　國朝因
之

先賢顏子

顏子名辛字子柳魯人少孔子四十六歲唐開元中追封
蕭伯從祀宋眞宗咸淳三年加封陽穀侯明嘉靖中攺稱
先賢顏子　國朝因之

先賢曹子

曹卹字子循蔡人少孔子五十歲志稱樂道明義唐開元
中追封曹伯從祀宋咸平初加封上蔡侯明嘉靖中攺稱

先賢曹子　國朝因之

先賢公孫子

公孫子名龍史記作寵字子石楚人家語作衛人少孔子五十三歲自楚來學在及門年最幼嘗登吳山四望喟然而歎息曰嗚呼悲哉世有明於事情不合於人心者有合于人心不明於事情者今欲明事情恐有抉目剖心之禍欲合人心恐有頭足異所之患由是觀之君子道狹耳誠不逢其明主狹道之中又將險危閉塞無可從出者豈不悲哉後返乎荊南方之學賴其教焉唐開元中追封黃伯從祀宋加封枝江侯明嘉靖中改稱先賢公孫子　國朝因之

先賢秦子

秦子名商字不慈左傳作丕茲史記作子丕石室圖作字子愿魯人少孔子四十歲其父堇父與孔子父叔梁大夫俱以力聞唐開元中追封上洛伯宋加封高施侯明嘉靖中改稱先賢秦子

國朝因之

先賢顏子

顏子名高家語名刻字子驕少孔子五十歲孔子適衛高爲僕衛靈公與夫人南子同車出而令宦者雍渠參乘使孔子爲次遊過市孔子恥之高曰夫子何恥之孔子嘆曰吾未見好德如好色者也後復御孔子過匡匡人疑是陽虎圍

之已知是孔子乃解去唐開元中封高爲瑯琊伯從祀廟庭宋加封雷澤侯明嘉靖中改稱先賢顏子　國朝因之

先賢壤駟子

壤駟子（家語作穰駟複姓）名赤字子從（史記作子徒）秦人唐開元中追封北徵伯從祀廟庭宋眞宗咸平初加封上邽侯明嘉靖中改稱先賢壤駟子　國朝因之

先賢石子

石子蜀（史記爲石作蜀）字子明秦人唐開元中追封郈邑伯宋眞宗加封成紀侯明嘉靖中改稱先賢石子　國朝因之

先賢公夏子

公夏子名守史記作首字子乘一字子元史記字棄唐開元中追封元父伯宋加封鉅平侯明嘉靖中改稱先賢公夏子 國朝因之

先賢后子

后子名處從史記家語作石子字里之從家語史記字子里齊人唐開元中追封營丘伯從祀廟庭宋加封膠東侯 國朝因之

先賢奚子

奚子名蒧史記名容蒧石室圖作奚容複姓名蒧字子偕史記作子皙曾人史記作衛人奚仲之後也唐開元中追封下邳伯從祀廟庭宋加封濟陽侯明嘉靖中改稱先賢奚子 國朝因之

先賢顏子

顏子名祖（家語名相）字子襄魯人唐開元中追封臨邑伯從祀孔廟宋眞宗加封富陽侯明嘉靖中改稱先賢顏子 國朝因之

先賢句子

句子名井疆衛人字子野（從闕里志家語字子强）○唐開元中追封淇陽伯從祀廟庭宋加封滏陽侯明嘉靖中改稱先賢句子 國朝因之

先賢秦子

秦子名祖字子南秦人志稱彊力志學唐開元中追封少

梁伯從祀廟庭宋加封鄄城侯明嘉靖中改稱先賢秦子

國朝因之

先賢縣子

縣子懸同名成字子横史作子祺魯人唐開元中追封鉅野伯從祀廟庭宋眞宗加封武城侯明嘉靖中改稱先賢縣子

國朝因之

先賢公祖子

公祖子名句茲家語無句字字子之魯人唐開元中追封期思伯從祀廟庭宋眞宗加封即墨侯明嘉靖中改稱先賢公祖子　國朝因之

先賢燕子

燕子名伋家語作級字子思山東兗州府人唐開元中追封漁陽伯從祀宋加封汧源侯明嘉靖中改稱先賢燕子　國朝因之

先賢樂子

樂子名欬家語名欣字子聲魯人唐開元中追封昌平伯從祀廟庭宋真宗加封建成侯明嘉靖中改稱先賢樂子　國朝因之

先賢狄子

狄子名黑字晳之家語字皙之一字子析衛人唐開元中追封臨濟

伯從祀廟庭宋眞宗加封林慮侯明嘉靖中改稱先賢狄子　國朝因之

先賢孔子

孔子名忠從史記○家語作孔弗字子篾孔子兄孟皮之子孔子之姪也嘗爲單父宰勤于爲治唐開元中追封汶陽伯從祀廟庭宋眞宗加封鄆陽侯明嘉靖中以稱孔子無别先聖改稱先賢孔忠子　國朝因之

先賢公西子

公西子名蒧字子上家語字子尚魯人唐開元中追封祝阿伯從祀廟庭宋眞宗加封徐城侯明嘉靖中改稱先賢公西

子　國朝因之

先賢顏子

顏子名之僕字叔（家語字子叔）魯人唐開元中追封東武伯從

祀廟庭宋眞宗加封宛句侯明嘉靖中改稱先賢顏子

國朝因之

先賢施子

施子名之常字子常（史作子恆）魯人唐開元中追封乘氏伯從

祀廟庭宋眞宗加封臨濮侯明嘉靖中改稱先賢施子

國朝因之

先賢申子

申棖從論語魯人家語作申績字子周史記作申黨字周文翁石室圖又作申堂獨宋邢昺論語注疏曰申棖孔子弟子在家語史記名字不同其實一也唐開元中追封棖魯伯黨邵陵伯竝從祀宋眞宗加封棖文登侯黨淄川侯至明孝宗時職方何孟春始言其重世宗嘉靖中乃信經不信傳去黨存棖改稱先賢申子國朝因之

先賢左子傳春秋

左丘明魯人楚左史倚相之後也親受經于孔子故其傳春秋或先經以始事或後經以終義或依經以辨理或錯經以合異隨意而發其例之所重舊史遺文略不盡舉非

聖人所修之要故也身爲國史躬覽載籍必廣記而備言
之其文緩其旨遠將令學者原始要終尋其枝葉究其所
窮然後爲得也又采錄前世穆王以來下訖魯悼智伯無
不備載以爲國語其文不主于經故號曰春秋外傳云後
孔子没丘明因盲失明遂以春秋傳授魯申公申公遞傳
至賈護劉歆歆白左氏春秋得其正傳可立專門講肄哀
帝納之左氏始得立于學宮唐太宗貞觀二十一年從祀
孔廟宋眞宗祥符元年追封瑕丘伯徽宗政和六年改封
中都伯明嘉靖九年改稱先儒左子崇禎十五年議改宋
儒周二程張朱邵六子爲先賢進位漢唐諸儒之上以左

丘明親受經於聖人亦改稱賢位七十二賢之下六子之
上　國朝因之按此典惟行之於國學自闕里廟堂及天下府州縣學其位次尚仍舊未改

先賢張子

張載字子厚郿人其先世家大梁祖復真宗朝給事中集
賢學士父迪字吉甫仁宗朝殿中丞出知涪州早卒諸孤
皆幼遂不能歸僑寓于鳳翔郿縣橫渠嶺之南遂家焉載
少孤自立志氣不羣年十八慨然以功名自許上書謁范
文正公公一見知其遠器因勸讀中庸載誦其書雖愛之
猶未以爲足也於是又訪諸老釋絫年盡究其說知無所
得反而求之六經嘉祐初坐虎皮講易京師聽從者甚衆

一夕二程子至載與論易乃語門弟子曰比見二程深明易道吾所不及汝輩可師之卽撤座輟講因與二程共語道學之要渙然自信曰吾道自足何事旁求乃盡棄異學醇如也是時文彥博以故相判長安聞載名聘以束帛延之學宮使士子矜式嘉祐二年舉進士第爲祁州司法參軍調雲巖令以敦本善俗爲先尋遷渭州僉判神宗熙寧二年御史中丞呂公著薦之朝上召入見問以治道載以漸復三代爲對帝悅以爲崇文院校書一日見王安石問以新政載曰公若與人爲善則孰敢不盡如教玉人琢玉則人亦故有不受命者矣執政嘿然自是語多不合寖不

悅尋命按獄浙東獄成還朝明年四月弟戩時爲監察御史裏行屢抗言安石變亂成法得罪貶知公安載乃謁告西歸遂移疾不出居于橫渠故廬終日危坐斂衣蔬食與諸生講學其學以易爲宗以中庸爲體以孔孟爲法黜怪妄辨鬼神爲關中士人宗師熙寧十年秦鳳帥呂大防薦之乞召還舊職詔知太常禮院既而與有司議禮不合以疾歸行次臨潼而卒年五十八貧無以殮門人共買棺舁其喪還葬于涪州墓南之兆子厚平日用心常欲率今之人復三代之禮觀其言曰仁政必自經界始縱不能行之天下猶可驗之一鄉方與學者議古之法共買田一區畫

爲數井上不失公賦退以正其經界分宅里立斂法廣蓄儲興學校成禮俗救菑恤患敦本抑末皆有志未就所著正蒙西東銘行于世學者稱爲橫渠先生程子謂西銘理一分殊擴前聖所未發與孟子性善養氣之論同功寧宗嘉定十三年賜謚曰明理宗淳祐元年追封郿伯從祀孔庭明嘉靖九年改稱先儒張子崇禎十五年改稱先賢位躋七十子下　國朝因之今我

皇上天縱聖學心契濂洛關閩之旨於程朱二氏舊襲翰林博士外特出

睿裁褒榮先儒恩錫後裔張氏嫡孫一時煥承

綸綍自此以後瑤章金簡 休命世膺我
國家之尊賢重道行與日月並光照也於戲至哉
朱子贊曰
蚤悅孫吳晚逃佛老勇撤皐比一變至道精思力踐妙契疾書西銘之訓示我廣居
先賢程子
程頤字正叔與兄顥隨父大中先生守廣漢因遊成都遇以篾箍桶者手執周易一卷目視二子曰若嘗學此乎因指未濟以示曰二陽皆失位二子渙然有省翌日再過之而其人已去頤年十四五言動舉止便學聖人時周敦頤

司理南安大中先生攝通守事因命二子往受學焉仁宗皇祐二年頤年十八上書闕下乞召對面陳所學不報因游太學時海陵胡瑗以顏子所好何學論試諸生得頤所試大驚卽延見處以學職旣而舉進士嘉祐四年廷試報罷遂不復試治平元豐間大臣屢薦不起呂公著爲言于朝召爲南京國子監教授固辭元豐八年哲宗卽位司馬光呂公著共疏其行義望擢不次使士類有所矜式名爲秘書省校書郞及入對改崇正殿說書因上劄子言陛下春秋方富雖睿聖出于天姿而輔養之道不可不至大率一日之中接賢士大夫之時多親宦官宮妾之時少則

氣質變化自然而成矣元祐元年頤奉職四月例以暑熱
罷講頤奏言輔導少主不宜疎略乞令講官以六三日上
殿問起居因得從容納誨以輔聖德五月差同孫覺顧臨
看詳學制頤所定大槩以爲學校禮義相先之地請改試
爲課有所未至則學官召而教之置尊賢堂以延天下道
德之士鐫解額以去利誘省繁文以專委任厲行檢以厚
風教及置待賓吏師齋立觀光法如是者數十條又上疏
太后言今日至大至急之計惟是輔養上德使跬步不離
正人乃可以涵育薰陶成就聖德今間日一講解釋數行
爲益旣少又自四月罷講至于中秋殆非古人旦夕承弼

之意又讀講官例兼他職請亦罷之使得積誠意以感上心皆不報二年三月上疏奏邇英閣暑熱乞就崇正延和二殿講讀一日講罷未退上忽起憑檻戲折柳枝頤進曰方春發生不可無故摧折時在經筵每進講色甚莊厲繼以諷諫然多用古禮蘇軾謂其不近人情深嫉之於是二家門人各分置黨與以相攻激會帝患瘡疹不出頤曰二聖臨朝上不御殿則太皇太后不當獨坐且上疾而宰相不知可乎翌日呂公著等以頤言奏聞遂詣問疾帝不悅于是御史中丞胡宗愈等連章力詆頤不宜在經筵乃罷出管勾西京國子監是時洛黨以頤爲首蜀黨以蘇軾爲

首四年頤既罷講職旋以丁父憂致仕七年服除簽書樞密院事王巖叟言于朝欲與館職擬除判登聞鼓蘇軾進曰頤入朝必不肯靜右諫議大夫范祖禹抗言曰程頤經術行義天下共知司馬光呂公著豈欺罔者耶乞召勸講必有補聖明不聽八年太皇太后高氏崩冬十月哲宗始親政明年改元紹聖宰執講諫等官盡革元祐故臣目爲黨籍章惇蔡卞爲相誅斥正類殆無虛日頤亦放歸田里四年十一月詔削籍編管涪州渡漢江中流船幾覆舟中人皆號哭頤獨正襟安坐如常人問之曰心存誠敬耳徽宗即位移峽州尋復判西京國子監未幾以直秘閣致仕

建中靖國二年仍追所復官除名致仕共蔡京黨范致虛
復上言乞下河南盡逐學徒毋得著書聚論頤于是遷居
龍門之南止四方學者五年中書侍郎劉逵請帝碎元祐
黨碑寬上書邪籍之禁帝從之復頤議郎致仕大觀元年
九月卒于家年七十五生平于書無所不讀其學本于誠
以大學論語中庸孟子爲標指而達于六經動止語默一
以聖人爲師卒得孔孟不傳之學爲諸儒首倡所著書有
易春秋傳當世學者出其門爲最多寧宗嘉定十三年賜
謚曰正理宗淳祐元年追封伊陽伯從祀廟庭元文宗至
順二年加封洛國公明嘉靖九年改稱先儒程子崇禎十

五年改稱先賢位躋七十子下　國朝因之方今
聖人在上崇道右文以先生之家舊襲博士一員
特出睿衷謂道統常明不昧二程子交有其功爰著爲
功令明道伊川二家各以嫡孫分襲五經博士一員
文命所頒聲教洋溢而伊川先生亦復彰往行于千秋沐
新恩于奕禩縉紳俎豆將與天地無窮期也於乎盛哉

朱子贊曰

規圓矩方繩直準平允矣君子展也大成布帛之文菽
粟之味知德者希孰識其貴

國學禮樂錄卷之五

國學禮樂錄卷之六

列傳 西廡先賢

先賢宓子

宓子名不齊字子賤魯人少孔子四十九歲仕魯爲單父宰乃請其耆老賢者而與之共治焉三年孔子使巫馬施往觀政巫馬施乃微服入單父反以告孔子曰宓子之德至使民闇行若有嚴刑于旁何行而得此孔子曰吾嘗與之言曰誠于此者形乎彼宓子行此術于單父也他日孔子謂子賤曰子治單父而衆悅何施而得之也對曰此地有賢于不齊者五人不齊師之而稟度焉孔子曰昔堯舜

聽天下務求賢以自輔夫賢者百福之宗也神明之主也
惜乎不齊之所治者小也厥後齊攻魯單父父老請曰麥
已熟矣今迫齊寇民不及刈穫請縱人出自刈可以益食
且不資寇子賤不聽俄而麥畢資于齊寇季孫聞之怒使
人讓之子賤曰今年無麥明年可樹今不耕者得穫是樂
有寇也且一歲之麥於魯不加强喪之不加弱令民有自
取之心其創必數世不息季孫乃服嘗復于夫子曰自仕
單父無所亡有所得者三始誦之今得而行之是學益明
也祿俸所共被及親戚是骨肉益親也雖有公事而兼以
弔死問疾是朋友益篤也孔子喟然歎曰君子哉若人魯

無君子者斯焉取斯家語稱子賤有才智仁愛百姓人不忍欺所著書有宓子十六篇唐開元中追封單父伯從祀宋眞宗加封單父侯明嘉靖中攺稱先賢宓子　國朝因之

先賢公冶子

公冶子名長字子長齊人家語云魯人游于聖門其爲人無所考嘗陷于縲絏孔子謂非其罪以其子妻之及後魯君聞其賢嘗使爲大夫辭弗受唐開元中追封莒伯從祀廟庭宋眞宗加封高密侯明嘉靖中攺稱先賢公冶子　國朝因之

先賢公晳子

公晳子名哀（家語作公析哀）字季沉（史記作季次）齊人系出姬姓衛公子黑背字子析之後也爲人潔清不滓鄙天下多仕于大夫家者終身未嘗屈節爲人臣孔子貴之曰天下無行多爲人臣惟季次賢未嘗仕焉太史公曰季次原憲讀書懷獨行君子之德義不苟合當世四百餘年而弟子志之不倦此可以知其賢矣唐開元中追封郳伯從祀廟庭宋眞宗加封北海侯明嘉靖中改稱先賢公晳子 國朝因之

先賢高子

高子名柴字子羔齊人敬仲高傒十代孫也少孔子四十

歲長不盈五尺爲人篤孝而有法少居魯知名于孔子之門自見孔子未嘗越禮足不履影夫子之影啓蟄不殺方長不折執親之喪泣血三年未嘗見齒孔子以爲難仕于衞爲士師孔子曰善哉爲吏其用法一也公以行之其柴乎時衞亂蒯聵挾孔悝以登臺子羔出遇子路于門子羔止之子路曰否遂入赴難夫子聞衞變遂決之曰柴也來由也其死矣已而果然他日復仕魯爲成宰成人有其兄死而不爲衰者聞子羔至遂爲衰成人曰蠶則績而蟹有匡范則冠而蟬有緌兄則死而子羔爲之衰厥後子羔寢疾慶遺入請曰子之病革矣如至乎大病則如之何子羔曰吾

聞之生有益于人死不害于人吾縱生無益于人可以死害于人乎哉我死葬我不毛之地可也唐開元中追封共城伯從祀廟庭宋眞宗加封共城侯明嘉靖中改稱先賢高子　國朝因之

先賢樊子

樊子名須字子遲魯人少孔子四十六歲樊皮之後也少仕於季氏學於聖門屢以仁知爲問夫子皆詳語之嘗從遊於舞雩問崇德修慝辨惑夫子以其切於爲己因善之魯哀公十一年齊伐魯及清武叔蒐乘冉求帥左師樊須爲右季孫曰須也弱冉有曰年雖少能用命焉師及齊師

戰於郊齊師自稷曲師不踰溝樊遲曰非不能也不信子
也請三刻而踰之如之衆從之師入齊軍獲甲首八十齊
人宵遁夫子聞之曰義哉唐開元中追封樊伯從祀廟庭
宋眞宗加封益都侯明嘉靖中改稱先賢樊子　國朝因
之

先賢商子

商子名澤字子秀史作子季魯人唐開元中追封睢陽伯從祀
廟庭宋眞宗加封鄒平侯明嘉靖中改稱先賢商子　國
朝因之

先賢梁子

梁子名鱣一作鯉齊人字叔魚少孔子三十九歲家語傳其年三十未有子欲出其妻商瞿謂曰子未也昔吾年三十八無子吾母欲爲吾更取室夫子使吾之齊母欲請留夫子曰無憂也瞿過四十當有五丈夫子今果然吾恐子自晚生耳未必妻之過也從之二年而有子唐開元中追封梁伯從祀廟庭宋眞宗加封千乘侯明嘉靖中改稱先賢梁子　國朝因之

先賢冉子

冉孺字子魯家語名儒字子魚魯人少孔子五十歲志稱勤學好問唐開元中追封紀伯從祀宋咸平三年加封臨沂侯明

嘉靖中改稱先賢冉子　國朝因之

先賢伯子

伯虔魯人字楷史記字子析少孔子五十歲唐元宗追封聊伯從祀廟庭宋眞宗加封沭陽侯明嘉靖中改稱先賢伯子　國朝因之

先賢冉子

冉子名季字子產魯人志稱姿性淵妙敏於問荅唐開元中追封東平伯從祀孔廟宋加封諸城侯明嘉靖中改稱先賢冉子　國朝因之

先賢漆雕子

漆雕子名徒父家語作漆雕從字子有家語字子文魯人嘗仕於魯有治術唐開元中追封須句伯從祀廟庭宋加封高苑侯明嘉靖中改稱先賢漆雕子　國朝因之

先賢漆雕子

漆雕子名哆家語作侈字子斂魯人唐開元中追封武城伯從祀廟庭宋眞宗咸平三年加封濮陽侯明嘉靖中改稱先賢漆雕子　國朝因之

先賢公西子

公西子名赤字子華魯人少孔子四十二歲姿質斌雅習於禮容應對孔子嘗使之言志對日宗廟之事如會同端

章甫願爲小相焉其志於禮樂如此後又爲孔子使齊皆因其所長者而使之也及孔子之喪公西子爲志焉飾棺牆置翣設披周也設崇殷也綢練設旐夏也蓋用三王之制以尊師且備古也唐開元中追封郜伯從祀廟庭宋真宗加封鉅野侯明嘉靖中改稱先賢公西子　國朝因之

先賢任子

任子名不齊字子選（史記作子巽）楚人唐開元中追封任城伯宋加封當陽侯明嘉靖中改稱先賢任子　國朝因之

先賢公良子

公良孺（一作儒）字子正陳人爲人賢而有勇孔子周行嘗以

家車五乘從他日孔子適衛路出於蒲會公叔氏以蒲叛衛而止之公良子喟然歎曰昔吾從夫子遇難於匡伐樹於宋今又遇困於此命也夫與其見夫子仍遇於難仍我鬭死挺劍而合衆將與之戰蒲人懼與之盟而出公良子之在聖門隨從之功蓋亞於仲氏云唐開元中追封東牟伯宋加封牟平侯明嘉靖中改稱先賢公良子 國朝因之

先賢公子

公子名肩定從文翁石室圖○家語名肩史記作公堅字子中家語字子仲魯人唐開元中追封新田伯從祀廟庭宋加封梁父侯明嘉靖中

改稱先賢公子　國朝因之

先賢鄡子

鄡單（家語作縣亶史記作鄡單）字子家（家語字子象）衛人鄡單縣亶姓名互異疑當從家語今乃本史記稱鄡單鉅鹿鄗縣人今順德府有鉅鹿縣有鄗縣未詳其志唐封縣亶銅鞮伯宋加封聊城侯明嘉靖獨從史記改稱先賢鄡子　國朝因之

先賢罕父子

罕父子（家語作宰父）名黑字子黑（史記作子索闕里志作罕父索）唐開元中追封乘丘伯從祀廟庭宋真宗加封祁鄉侯明嘉靖中改稱先賢罕父子　國朝因之

先賢榮子

榮子名旂字子祺（家語作子期）魯人唐開元中追封雲樓伯從祀廟庭宋真宗加封厭次侯明嘉靖中改稱先賢榮子

國朝因之

先賢左子

左子名人郢（家語作左郢）字子行（史記字行）按左人應複姓唐開元中追封臨淄伯從祀廟庭宋真宗加封南華侯明嘉靖中改稱先賢左子　國朝因之

先賢鄭子

鄭子名國（從史記家語作薛邦）字子徒（家語字子從）魯人唐開元中追封

滎陽伯從祀廟庭宋加封朐山侯明嘉靖中改稱先賢鄭子　國朝因之

先賢原子

原子名亢（家語作桃又作志）字子籍魯人唐開元中追封萊蕪伯從祀廟庭宋眞宗加封樂平侯明嘉靖中改稱先賢原子

國朝因之

先賢廉子

廉子名潔字子庸（家語字子曹）衞人唐開元中追封莒父伯從祀廟庭宋眞宗加封胙城侯明嘉靖中改稱先賢廉子

國朝因之

先賢叔仲子

叔仲子名會（史記作噲）字子期魯人（史記作晉人）少孔子五十歲與孔璇（史記作孔孺）年相比每孺子之執筆記事于夫子二人迭侍左右唐開元中追封瑕丘伯從祀廟庭宋加封博平侯明嘉靖中改稱先賢叔仲子　國朝因之

先賢公西子

公西子名輿如（從史記○家語作公西輿）字子上魯人唐開元中追封重丘伯從祀廟庭宋加封臨朐侯明嘉靖中改稱先賢公西子　國朝因之

先賢邽子

邽子名巽家語作邽選石室圖作國選字子歛魯人唐開元中追封平陸伯從祀廟庭宋加封高唐侯明嘉靖中改稱先賢邽子

國朝因之

先賢陳子

陳亢字子亢一字子禽陳人少孔子四十歲性魯鈍少智慧兄子車死于衞其妻與其家大夫謀以妾殉葬子禽曰殉葬非禮也于是弗果用唐開元中追封潁伯從祀廟庭宋眞宗加封南頓侯明嘉靖中改稱先賢陳子　國朝因之

先賢琴子

琴張（家語俱作琴牢）從孟子。論語字子開亦字子張衛人嘗與宗魯爲友宗魯死將往弔之仲尼曰齊豹之盜而孟縶之賊也女何弔焉琴張乃止後與子桑戶孟子反游三人相與爲友子桑戶死未葬孔子聞之使子貢往弔焉或編曲或鼓琴相和而歌曰嗟來桑戶乎嗟來桑戶乎而已反其眞而我猶爲人猗子貢敢問臨尸而歌禮乎二人相視而笑曰是惡知禮意哉子貢反以告孔子曰彼遊方之外者也以生爲附贅縣疣以死爲決疣潰癰又惡知死生先後之所在哉孟子曰如琴張曾皙牧皮者孔子之所謂狂矣唐開元中追封牢　伯張南陵伯並從祀孔廟宋眞宗祥符中去

牢存張加封頓丘侯徽宗以犯諱改封陽平侯明嘉靖中改稱先賢琴子　國朝因之

先賢步叔子

步叔子複姓名乘字子車齊人唐開元中追封淳于伯從祀廟庭宋眞宗加封博昌侯明嘉靖中改稱先賢步叔子　國朝因之

先賢秦子

秦子名非字子之魯人唐開元中追封汧陽伯從祀廟庭宋眞宗加封華亭侯明嘉靖中改稱先賢秦子　國朝因之

先賢顏子

顏子名澮字子聲魯人唐開元中追封朱虛伯從祀廟庭宋眞宗加封濟陰侯明嘉靖中改稱先賢顏子　國朝因之

先賢周子

周敦頤字茂叔道州營道縣人父名輔成嘗爲桂嶺縣令以宋眞宗天禧元年丁巳生茂叔於州之營樂里初名敦實避宋諱改敦頤自幼而孤依於舅氏龍圖學士鄭珦字之如子仁宗景祐三年以舅氏蔭奏補試將作監主簿慶曆四年改授洪州分寧主簿有獄久不決敦頤至一訊立

明部使者薦調南安司理參軍洛人程珦攝通守事視其氣貌非常人詢其學因與爲友使其二子顥頤往受學焉時南安獄有囚法不當死轉運使王逵欲深治之敦頤獨與之辨囚賴以免移桂陽令至和元年遷大理寺丞知南昌縣南昌人相謂曰是能辨分寧獄者吾屬得所訴矣改太子中舍移柳州轉簽書合州判官進殿中丞遷國子博士通判虔州其初判合州時趙抃時爲使者人或讒敦頤抃信之及來守虔州敦頤適通判事抃熟視其所爲乃更執其手曰今日乃知周茂叔也尋轉虞部員外郎移永州英宗治平四年攝邵州事薦爲廣南東路轉運判官轉虞

部郎中提點本路刑獄以洗寃澤物爲已任熙寧初以疾求知南康軍因家廬山蓮花峰下其麓有溪因取營道所居濂溪爲之號而築堂其上學者宗之稱爲濂溪先生生平所著有太極圖明天理之根源究萬物之始終著通書四十篇發明天理之蘊言約而道大文質而義精得孔孟之本大有功于學者居嘗爲人言聖希天賢希聖士希賢志伊尹之所志學顏子之所學過則聖及則賢不及則亦不失於令名二程子從之遊每令尋孔顏所樂何事朱震進易傳表曰陳摶以先天圖傳种放放傳穆修修傳周敦頤其謚議曰先生博學力行會道有元脉絡貫通百世之

下孟氏之後欲觀聖道者必自濂溪始熙寧六年卒于家年五十七生子二曰壽曰燾燾寶文閣待制理宗淳祐元年封汝南伯謚曰元從祀孔子廟庭元文宗至順二年加封道國公明嘉靖九年改稱先儒周子萬曆二十七年躋先生父輔成從祀啟聖公崇禎十五年詔同二程張朱邵五子改稱先賢進位七十子之下漢唐諸儒之上 國朝因之至今

皇上遠紹聖學表章往緒特出 曠恩官其嫡孫世五經博士夫所謂崇道右文振古而一遇者乎於戲懿哉

朱子贊曰

道喪千載聖遠言湮不有先覺孰開我人書不盡言圖不盡意風月無邊庭草交翠

先賢程子

程顥字伯淳其先世居中山自高祖羽徙居河南至曾祖希振祖遹皆以宋舊臣世居洛陽父珦字大中以祖蔭補黄陂尉令後遷守龔州娶壽安縣君侯氏生伯淳及頤正叔伯淳生而神爽十歲能爲詩賦年二十六舉仁宗嘉祐二年進士及第授京兆府鄠縣主簿再調江寧府上元主簿一切苛切煩重之法可力罷者悉除去之英宗治平四年移澤州晉城令專尚德化民以事至縣者必告以孝弟

忠信在縣三年民愛之如父母去之日哭聲震野神宗熙寧二年改著作郎以御史中丞呂公著薦授太子中允權監御史裏行帝素知其名數召見從容咨訪一日召對甚久日官報正午庭中人曰御史不知上未食乎前後進說甚多大要以正心窒慾求言育才爲先務以誠意感動人主常勸帝防未萌之欲及勿輕天下士帝俯躬曰當爲卿戒之是時王安石方以新法見任倡諫議者皆被黜謫一日顥被召赴中書議事安石方怒言者厲色待顥顥徐曰天下事非一家私議願明公平氣以聽之安石爲之愧屈尋以論新法不便乞罷許之出爲西京路同提點刑獄固

辭改授簽書鎮寧軍節度判官後又出知扶溝坐獄逸責監汝州酒稅嘗與人言曰新法之行亦吾黨激成之當時自愧不能以誠意感上心遂致今日之禍豈可獨罪王安石也是時上念顥不巳會修三經欲召顥同修安石不可有自洛至者上必問曰程顥安在眞佳士也元豐二年春召顥判武學命下數日李定何正臣等交章劾其異學且論其首沮新法遂復罷之同知樞密院事呂公著上疏論曰程顥立身行巳素有本末所除武學亦非仕宦要津而小人斷斷必以爲不可者直欲梗塞正路其所措意非特一二人而巳疏奏不納顥仍歸故官哲宗卽位召爲宗正

寺丞未至而卒享年五十有四文彥博采輯衆論題其墓曰明道先生弟頤復爲文以序之寧宗嘉定十三年賜謚曰純理宗淳祐元年追封河南伯從祀　孔子廟庭元文宗至順二年加封豫國公明嘉靖九年改稱先儒程子崇禎十五年改稱先賢進位七十子之下諸儒之上歷今嫡孫世襲翰林院五經博士　國朝崇重之典恩賚之篤抑又有高過歷朝者洵至盛矣

朱子贊曰

揚休山立玉色金聲元氣之會渾然天成瑞日祥雲和風甘雨龍德正中厥施斯溥

先賢邵子

邵雍字堯夫其先范陽人本姬姓系出召公故世爲燕人幼隨父古徙共城仁宗天聖中古卜隱于蘇門山下雍廬百源之上布裘蔬食躬爨以養父母年三十復從徙河南嵩縣之鳴皋山父卒因葬于伊水上遂家焉初太祖時華山處士陳摶以易學授种放放以授穆修修以授李之才雍居共城時丁母憂適之才攝共城令聞雍好學即造其廬曰子亦聞物理性命之學乎雍對曰幸受教願先生微開其端毋竟其說與語三日豁然開明乃師事之受河圖洛書伏羲八卦六十四卦圖象雍伏而學之數年探賾索

隱妙悟神契曠乎有所自得於是走吳楚客梁晉過齊魯涉淮海汶泗久之而歸曰道其在是矣乃以洛邑居天下之中可以觀四方之士始定居焉在洛幾三十年蓬蓽環堵不蔽風雨躬耕以事其親居之裕如學於家未嘗彊以語人而就問者日衆與鄭公富弼相知最早弼初入相謂門下士田棐曰謂我問邵堯夫可出當以官職起之不即命爲先生處士雍謝曰若進豈能禁吏責旣退又安用名爲弼乃止尋因明堂祫享赦詔天下舉遺逸時王拱辰尹洛以雍應詔除試將作監主簿不就居洛中丞相富公司馬君實呂晦叔二程子嚴敬重之爲市園宅居之乃自名

其處曰安樂窩讀書燕居其下英宗治平四年雍與客散步天津橋聞杜鵑聲慘然不悅曰洛陽舊無杜鵑今始有之不二年上用南士爲相多引南人專務變更天下自此多事矣後王安石執政行新法卒如其言神宗熙寧二年復下詔求隱逸中丞呂誨侍御史吳克太常博士祖無擇交薦雍除穎州團練推官固辭不允旣受命卽引疾去於是始爲隱者之服烏帽緇褐見卿相不易也初行新法天下騷然門生故舊仕官四方者皆欲投劾去雍曰此正賢者所當盡力之時新法固嚴能寬一分則民受一分之賜矣投劾何益乎熙寧十年夏感微疾司馬君實及張子厚

二程子晨夕候之七月四日卒年六十七生平天性高邁於書無所不讀諸子百家之學皆究其本原而釋老技術之說一無所惑其志晚尤喜爲詩平易而近于理其與人言必依于孝弟忠信而一接以誠程子嘗曰吾從堯夫先生遊聽其議論誠内聖外王之學非振古之豪傑其孰能之卒之日程伯子爲墓銘稱其純一不雜汪洋浩大就其所至可謂安且誠矣所著有皇極經世書觀物内外篇漁樵問對傳于世生二子長伯溫次仲良溫歷官轉運副使世其家學著皇極觀物等書孫溥嶶猷閣待制博秘書郎傳知郡守先生初贈秘書省著作郎哲宗元祐元年門下

侍郎韓維請于朝賜謚康節度宗咸淳三年從祀孔子追

封新安伯明嘉靖九年改稱先儒邵子崇禎十五年改稱

先賢進位七十子下　國朝因之康熙三十八年

皇上復念邵子經世之學有功聖教　詔以裔孫文學世襲

五經博士褒功重道之典曠古所無於戲至矣

朱子贊曰

天挺人豪英邁蓋世駕風鞭霆歷覽無際手探月窟足

躡天根閒中今古靜裏乾坤

國學禮樂錄卷之六

國學禮樂録卷之七

列傳東廡先儒

先儒公羊子傳春秋

公羊高周末齊人深慕春秋尊王討賊之義遂喟然曰天下大綱凜然秋日遂往西河受春秋于卜子夏盡得其學作爲春秋公羊氏傳以授其子平遞傳至東海嚴彭祖魯人顔安樂故後漢公羊有嚴氏顔氏之學仲舒以公羊顯于朝歷傳至李育育授羊弼弼授何休休作解詁其學遂大行于世唐太宗貞觀中從祀孔子宋真宗咸平三年加封臨淄伯明嘉靖中改稱先儒公羊子　國朝因之

先儒子國子　傳古文尚書

孔安國字子國先聖十一世孫也父忠爲漢博士封褒成侯少學詩于申公受尚書于伏生年四十仕武帝朝爲諫議大夫遷侍中博士時魯共王壞孔子宅于壁中得所藏虞夏商周諸古書皆蝌蚪文字人莫能曉悉還之安國乃集諸門人刻意考論古今文字撰衆師之義凡五十九篇爲四十六卷悉上送官承詔作傳引序各冠其首列爲篇次以授都尉朝朝授膠東庸生謂之尚書古文之學齊建武中吳姚與方于太桁市中得其書奏上于是始列于學宮安國由博士遷臨淮太守年六十卒于家唐貞觀時從

祀孔子宋眞宗追封曲阜伯明嘉靖中改稱先儒子國子

國朝因之

先儒毛子傳詩

毛萇字默一字長公漢趙人善說詩漢初有魯齊韓三家竝立萇自謂子夏所傳初子夏作詩序以授魯申遞傳至毛亨萇受亨詩爲獻王博士每說詩獻王悅之取詩傳加毛字以別齊魯韓三詩也萇所著有毛詩故訓二十卷詩傳十卷平帝時立于學宮萇授貫長卿遞授至衞宏光武時爲議郎萇唐貞觀時從祀孔子宋眞宗追封樂壽伯明嘉靖中改稱先儒毛子國朝因之

先儒高堂子 傳儀禮

高堂生字伯漢魯人齊公族也系出齊卿高敬仲之後以其食采于高堂因氏焉或又謂之高唐氏云漢興諸學者多言禮而魯高堂生爲最初不願仕力舉爲博士遂傳儀禮及博士禮十七篇至武帝時又有禮古經出于魯淹中而河間獻王好古愛學收集餘燼得而獻之合五十六篇並威儀之事唯高堂生能言之儒林傳云漢興傳禮者十三家惟高堂生五傳至戴德戴聖而禮大明云唐貞觀時從祀孔子宋咸平初追封萊蕪伯明嘉靖初改稱先儒高堂子 國朝因之

先儒杜子傳周禮

杜子春字時元東漢緱氏人通周官自秦禁學天下無能曉者西漢時有李氏得其書上于河間獻王闕冬官一篇購以千金不得遂取考工記補成六篇奏之成帝時黃門郎劉歆表而出之王莽時置博士以行於世子成受業劉歆因以教授鄉里明帝永平初年巳九十猶能講習其義時鄭衆賈逵往受其業二子發明其說著周禮解後馬融作周官傳以授鄭康成康成作周官註微言奥義皆疏析闡發炳若日星葢其說皆祖于春焉唐貞觀中從祀孔子宋眞宗追封緱氏伯明嘉靖中改稱先儒杜子　國朝因

之

先儒韓子

韓愈字退之南陽人後魏安定桓王茂七世孫也父仲卿爲武昌令有美政終秘書郎退之生三歲而孤隨伯兄會貶官嶺表會卒嫂鄭氏養之年七歲日記數千言比長盡通六經百家之學舉進士第調四門博士貞元十九年遷監察御史上疏論宮市德宗怒貶陽山令改江陵法曹叅軍憲宗元和初拜河南令遷職方員外郎未幾坐事復爲博士愈以才高數絀乃作進學解以自諭執政覽之奇其才改比部郎中史館修撰轉考功知制誥進中書舍人時

憲宗將平蔡命御史中丞裴度宣慰淮西行營及還具言賊可滅狀愈亦上言淮西三小州殘弊困劇之餘而當天下之全力其破敗可立而待然所未可決者在陛下斷與不斷耳執政不喜改太子右庶子及度以宰相節度彰義軍奏愈行軍司馬愈請乘遽告入汴說韓弘使叶力元濟平遷刑部侍郎憲宗十四年遣中使往鳳翔迎佛骨愈上表切諫乞付有司投畀水火上大怒將加極刑持表以示宰相裴度崔羣曰愈雖狂然實發於忠悃宜寬容以開言路乃貶愈爲潮州刺史至潮表謝帝得表頗感悟欲復用之宰相皇甫鎛忌之不得調時潮人方患鱷魚愈至爲文

祝之魚遠遁既而移袁州尋召拜國子祭酒日與生徒會講倡明孔孟之道嗣轉兵部侍郎穆宗皇慶二年正月鎮州亂殺成德節度田弘正而立王廷湊廷湊因以兵圍牛元翼于深州朝廷乃命愈宣慰其軍愈至厲聲責廷湊廷湊慮衆變疾麾使出因曰今欲廷湊何爲愈曰神策六軍如牛元翼者不少但朝廷顧大體不可棄耳公死圍之何也廷湊曰卽出之愈曰若爾則無事矣會元翼亦潰圍出廷湊不追之因與愈宴禮而還愈歸奏帝大悅以愈爲京兆尹既莅事六軍不敢犯法私相謂曰是尚欲燒佛骨何可犯也尋轉吏部侍郎長慶四年卒年五十七贈禮部尚

書謚曰文當是時文章委靡道德不競而佛教之亂民惑世自天子至於庶人莫不神而信之獨韓子惡其蠹財惑衆竭力排之倡明絕學著爲原道等篇後儒嘗論之曰唐承五代之後文弊質窮至正元和間有韓愈氏出遂以六經之文爲諸儒倡粹然一出于正其道自比孟軻皇皇于仁義可謂篤行君子矣昔孟子拒楊墨去孔子纔二百年愈排二家乃去千有餘歲撥亂世而反之正功與齊而力倍之學者尊以爲泰山北斗所謂功不在禹下者其言良非誣矣故蘇文忠曰文起八代之衰道濟天下之溺忠犯人主之怒勇冠三軍之帥豈非參天地關盛衰浩然而獨

存者乎宋仁宗元豐七年詔從祀孔子廟庭追封昌黎伯明嘉靖九年改稱先儒韓子　國朝因之

明儒王守仁贊曰

斯文在茲不絕如髮維公挺生聖道勃發異端旣排昏昧乃揭億萬斯年天地日月

先儒司馬子

司馬光字君實陝州夏縣人父池字和中幼孤家貲數十萬悉推諸父而自力學讀書舉進士第授永寧主簿還知光山縣再轉知鳳翔府累官知諫院上表固辭仕終天章閣待制生三子次卽光仁宗寶元初年二十中進士甲科

除奉禮郎時以父池在杭州乃求簽書蘇州判事旣而丁兩艱服除簽書并州武城軍判官改大理評事補國子直講樞密副使龎籍薦爲館閣校勘同知禮院景祐六年以同判尚書授知諫院光入對首言臣昔通判并州所言三章願陛下果斷力行帝沉思良久曰得非欲選宗室爲繼嗣者乎此忠臣之言但人不敢及耳因上三劄子一論君德曰仁曰明曰武二論御臣曰任官曰信賞曰必罰三論揀軍言養兵之術在精不在多又進五規曰保業曰惜時曰遠謀曰謹微曰務實開陳剴切凡千餘言帝皆納之是時上養宗室子二人於宮中久未定嗣光上疏固請帝爲

感動以光疏送中書光因見韓琦等曰諸公不及今定議異日禁中半夜出寸紙以某人爲嗣則天下莫敢違如昔時定策國老天子門生者諸公可不爲寒心乎琦等拱手曰敢不盡力琦入對乃以疏進帝遂定議以濮安懿王子宗實爲皇子賜名曙越二年卽位是爲英宗治平二年詔議濮王典禮光獨奮筆曰爲人後者爲之子不得顧私親入奏曰濮安懿王雖與陛下有天性之親然陛下所以負扆端冕萬世相承者皆先帝德也宜準親屬稱皇伯而不名時范鎭呂誨范純仁傅堯俞等亦以此義固爭而歐陽修牽引附會罷貶言者四年春正月帝崩神宗卽位以光

爲御史中丞光上疏論心術之要言甚切至九月光請編

資治通鑑賜頴邸舊書二千四百二卷熙寧元年王安石

既不次進用時執政以河朔災傷國用不足乞南郊勿賜

金帛光曰救災節用當自貴近始安石因論理財光駁之

曰此蓋桑弘羊欺武帝之言耳既而安石執政新法肆行

一日邇英進讀至曹參代蕭何帝曰漢守何法不變可乎

光對曰寧獨漢法也使三代之君常守禹湯文武之法雖

至今存可也光又言青苗之弊帝是其言詔以爲樞密副

使光固辭曰陛下用臣若徒以位祿榮之而不取其言是

以天官私非其人也陛下罷制置條例司追提舉官不行

青苗助役手實等法雖不用臣臣受賜多矣疏凡七上乃收還誥勑五月光乞差前知龍水縣范祖禹同修通鑑許之九月光求去上止之因言安石逐呂公著蘇軾等求去益力乃以端明殿學士出知永興軍以著書局自隨既而徙知許州入覲不赴四年四月請判西京留臺光上疏曰臣之不才最出羣臣之下先見不如呂誨公直不如范純仁程顥敢言不如蘇軾孔文仲勇決不如范鎮今陛下惟安石是信附之者以爲忠良攻之者以爲邪慝今臣所言陛下之所謂讒慝者也若臣罪與范鎮同乞依鎮例致仕若罪重於范鎮竄誅敢逃久之乃從其請光既歸洛自是

絶口不論事元豐七年資治通鑑成上自周威烈王二十三年下終五代合三百五十四卷歷十九年乃成至是上之詔以爲資政殿學士降詔獎諭曰前代未有此書過荀悅漢紀遠矣光居洛十五年天下以爲眞宰相田夫野老皆號爲司馬相公婦人孺子亦知其爲君實也帝崩赴闕哭臨衞士望見皆以手加額曰司馬相公來矣所至民遮道聚觀馬至不得前進曰公無歸洛留相天子活百姓也光懼亟還太后遣內侍勞光問新政所當先光請開言路詔榜朝堂於是上封事者千數因起光知陳州未幾留爲門下侍郎是時天下之民引領拭目以觀新政光上言新

法之弊改之當如救焚拯溺遂罷保甲諸法哲宗元祐元年以光爲尚書左僕射兼門下侍郎晉河內公時光已得疾而青苗免役將官之法猶在西戎之議未決光歎曰四害未除吾死不瞑目矣遂折柬以屬呂公著爲之旣而詔免朝覲乘肩輿三日一入省光不敢當曰不見君不可以視事詔令子康扶入對遼人聞之勅其邊吏曰中國相司馬矣毋輕生事開邊釁也是時兩宮虛已以聽光爲政光亦欲以身殉社稷躬親庶務居政府才八閱月凡王安石呂惠卿所剏新法爲民害者剗革殆盡時謂有旋轉乾坤之功光年六十八病薨太皇太后哭之慟卽日與帝臨其

喪京師爲之罷市往弔鬻衣以致奠巷哭以過車及如陜葬送者如哭私親都中四方皆畫像以祀冬十月詔追贈太師封溫國公謚文正子康孫植皆爲名臣光孝友忠信恭儉正直自少至老未嘗妄語自言吾生平所爲無不可對人言者徽宗紹聖時京卞當國目爲奸首追貶削奪殆無虛日至高宗建炎中詔復封爵配享哲宗廟庭度宗咸淳三年詔從祀 孔子明嘉靖九年改稱先儒司馬子

國朝因之

朱子贊曰

篤學力行清修苦節有德有言有功有烈深衣大帶張

拱徐趨遺像凜然可肅薄夫

先儒胡子

胡瑗字翼之其先世本長安人後居陵州祠司冦參軍修已卒葬如臯廬墓因家焉父訥爲寧海節度在任生瑗故又爲泰州海陵人七歲善屬文年十三通五經以聖賢自期景祐初詔更定雅樂范仲淹力薦于朝召以布衣對崇政殿與鎮東軍節度推官阮逸同較鐘律節度等謂非古制罷之拜瑗秘書省校書郞范文正公經畧陝西辟州推官以保寧節度推官教授湖州及爲蘇湖二州教授嚴條約以身先之雖大暑必公服終日以見諸生嚴師弟子之

禮解經至有要義懇懇爲諸生言其所以治已而後治乎人者學徒千數日月刮劘爲文章皆傳經義必以理勝又置經義制事二齋因材以教其弟子散在四方隨其人之賢愚皆循循雅飭其言談舉止遇之不問可知爲先生弟子也慶曆四年詔州縣皆立學於是建太學於京師有司請下湖州取其法著爲令以殿中丞致仕皇祐五年更鑄太常鐘磬驛召瑗逸與太常官議秘閣遂典作樂授國子監直講遷大理寺丞瑗既居太學其徒日益衆太學庠舍至不能容取旁官舍處之禮部貢舉歲所得士先生弟子十居四五其高第者知名當時或取甲科居顯仕嘉祐元

年擢太子中允天章閣侍講國子監請仍留主太學事上從之賜緋衣銀魚既而疾不能朝乃以太常博士致仕是時宋運鼎盛瑗獨能倡明道學一新故習門人數千自河汾以後端師範造人材必以瑗爲首學者稱爲安定先生年六十七卒謚文昭明嘉靖九年詔從祀孔子廟庭稱曰先儒胡子　國朝因之

先儒羅子

羅從彥字仲素南劍沙縣人徙家南平少從審律先生吳國華學以累舉恩爲惠州博羅縣主簿後聞同郡楊時得河南程氏學慨然慕之時龜山先生方爲蕭山令遂徒步

往從之游時喜曰今得從彥可與言道矣從彥見龜山三日卽驚汗浹背曰不至是幾虛過一生矣於是築室山中絶意仕進謹守龜山之學嘗采祖宗故事爲尊堯錄一編靖康中擬獻闕下不果其書大要謂藝祖開基列聖相繼若舜禹遵堯治統不變故所述本朝宏規懿範及名臣碩輔論建模畫下及元豐功利之臣紛更憲度貽害國家而痛斥安石之爲作偏撮要提綱無非理亂安危之大者爲文四萬餘言朱子謂龜山先生倡道東南士之游其門者甚衆然潛思力行任重詣極如羅公蓋一人而已徽宗時抱道隱居聚徒教授卒傳其學于同郡李侗厥後朱子又

得李公之傳其道遂彰明于世紹興中卒學者稱之曰豫章先生寧宗嘉定七年郡守劉允濟訪其遺書僅得尊堯錄八卷進之于上請謚曰文質明神宗萬曆四十二年禮部侍郎孫愼行學臣熊尚文交疏于朝詔與李侗並從祀孔子稱先儒羅子　國朝因之

先儒呂子

呂祖謙字伯恭其先世山東萊州人徙壽春自六世祖文靖公夷簡徙開封生正獻公公著公著生滎陽公希哲希哲生好問從高祖南渡遂僑居金華因家焉仕至尚書右丞好問生本中累官中書舍人兼侍講謚文清本中生二

子長祖謙次祖儉祖謙之學本之家庭有中原文獻之傳長師事胡憲又與朱子張栻友講索益精初蔭補入官時方冠娶自始婚日忽閉閤不出踰月纂成博議一書論斷精嚴宿儒信不及也孝宗興隆元年舉進士復中博學宏詞科調宗學教授丁內艱除太學博士改嚴州教授尋復召爲博士兼國史院編修官實錄院簡討乾道八年考試禮部得一卷喜曰此必陸九淵也揭示果然人服其精鑒時淳熙元年上駐臨安校正文海學士周必大以薦祖謙上遂命董其事斷自中興以前類爲百五十卷上之賜名皇朝文鑑明年除著作郎七年祖謙作大事記起於周敬

王三十九年上接春秋絶筆下迄五代至武帝征和三年
未及成書而明年卒朱子謂其考按精博規模宏大議論
純一自有史册以來未之有也八年辛丑七月卒年四十
五生平所學以關洛爲宗旁稽載籍心和氣平不立崖異
一時英偉之士皆歸焉所著有讀書記大事記皆未成書
考定古周易書說閫範官箴辨志錄皇朝文選春秋博議
行於世學者稱爲東萊先生寧宗嘉泰八年賜謚曰成理
宗嘉熙二年改謚忠亮景定二年追封開封伯從祀孔廟
嘉靖九年改稱先儒呂子　國朝因之

先儒蔡子

蔡沉字仲默建陽人西山先生第二子也學悟夙成自勝衣趨拜入則服膺父教出則從朱子游朱子晚年訓傳諸經畧備獨書傳未及爲環視及門求可付者遂以屬沉洪範之數學者久失其傳父西山先生獨心得之然未及論著曰成吾書者沉也沉年甫三十即屏棄舉子業一以聖賢爲師平居凛凛然常恐有負父師之託於是沉潛反覆者數十年然後克就其於書也考序文之誤訂諸儒之說以發明二帝三王羣聖賢之用心於洪範洛誥秦誓諸篇往往有先儒所未及者其於範數則謂體天地之撰者易之象紀天地之撰者範之數易更四聖而象已著範錫神

禹而數不傳沉於二書闡幽發微已精益密隱居九峯當世名卿爭相薦引沉不屑就其文長於論辨詩早慕太白晚入陶韋理宗紹定三年卒年六十四世稱九峯先生明太祖洪武初詔頒所著書傳於學宮制與朱註永定爲法英宗正統元年從祀孔廟追謚文正憲宗成化三年追封崇安伯嘉靖九年改稱先儒蔡子　國朝因之

先儒許子

許衡字平仲河內人也父通避金亂徙開封以宋寧宗嘉定元年戊辰生仲平於新鄭鄉幼有異質七歲入學授章句過目輒不忘一日問其師曰讀書欲何爲師曰取科第

耳曰如斯而已乎師大奇之稍長遂刻意墳典遭世亂逃難岨崍山始得易王輔嗣說後從柳城姚樞得伊洛程氏及新安朱子著書尋移家蘇門日與樞及竇默相師友慨然以道學自任凡喪祭娶嫁必徵於禮以倡其鄉人學者寖盛甲寅宋理宗寶祐二年爲元憲宗之第四年也元太弟忽必烈出王秦中以姚樞爲勸農使召衡爲京兆提學秦人新脫於兵欲學無師聞衡來莫不喜於是郡縣皆建學民大化之庚申景定元年四月元世祖即位召衡至京師命爲國子祭酒未幾謝病歸乙丑世祖命衡議中書省事召至京師累有咨訪明年復乞歸許之因陳時務五事

世祖嘉納之已已命與太常卿徐世隆定朝儀儀成帝臨觀之甚悅又詔與太保劉秉忠定官制八年以爲集賢大學士兼國子祭酒親爲擇蒙古弟子俾教之衡聞命喜曰此吾事也因請徵其弟子十二人爲齋長出入進退嚴如君臣其教人必因所明開其所蔽而納諸善日新月盛不自知其化也時權臣屢毀漢法諸生廩食或不繼衡請還許之居家勤於自治喪葬一尊古制懷孟化之十三年詔王恂定新曆恂以爲曆家知曆數不知曆理宜得衡領之乃召衡以舊職領太史院事衡以爲冬至者曆之本而求曆本者在驗氣乃與太史令郭守敬等製儀象圭表十七

年曆成奏上之賜名曰授時曆頒之天下衡以疾請還特
命其子師可爲懷孟路總管以便養十八年春正月寢疾
語其子曰我平生爲虛名所累竟不能辭官死後愼勿請
謚立碑但書許某之墓令子孫識其處足矣三月卒年七
十三四方學士聞訃皆聚哭衡自幼嗜學穎悟不凡凡經
傳子史禮樂名物星曆兵刑食貨水利之類無所不通善
於教人所著有魯齋文集行於世學者稱爲魯齋先生成
宗大德二年贈司徒謚文正武宗至大二年追封魏國公
加贈太傅開府儀同三司仁宗皇慶二年詔從祀　孔子
廟庭明嘉靖九年改稱先儒許子　國朝因之

先儒王子

王守仁字伯安浙江餘姚人父華成化辛丑進士第一累官南京吏部尚書守仁少穎異年十七謁上饒婁諒與論格物大指毅然有志聖學弘治壬子與孫燧胡世寧同舉於鄉己未會試第二授刑部主事退食必誦五經移病歸越即陽明洞闢書屋講學甲子聘主山東試起補兵部主事正德元年抗疏請誅劉瑾廷杖謫貴州龍場驛丞日夜澄默靜攝恍然悟格物致知之學瑾誅量移廬陵令入覲遷南京刑部主事改吏部驗封遷考功郎中擢南京太僕少卿就改鴻臚卿十一年八月兵部尚書王瓊奇守仁才

擢僉都御史巡撫南贛時寧王宸濠潛蓄異謀而南中盜賊蜂起連兵肆掠守仁檄閩粵會兵破賊因言權輕無以令將士請給旗牌提督軍務瓊奏從其請守仁編伍訓練盡成精鋭次第勦賊平數十年巨寇如拉枯朽進副都御史世襲錦衣衛百戶再進副千戶十四年六月宸濠反殺巡撫孫燧按察副使許逵守仁方勘事福建道經豐城縣令顧佖以告守仁急趨吉安與知府伍文定徵調兵食治器械舟楫檄宸濠罪俾守令各率吏士勤王集衆議曰賊若出長江順流東下則南都不可保吾欲以計撓之少遲旬日無患矣乃多遣間諜檄府縣言邊兵京兵南贛湖廣

兩廣各部兵合十六萬水陸並進直擣南昌又爲蠟書遺僞相敘其歸國之誠令從臾亟發兵東下因縱諜洩之宸濠果疑與僞相等謀則皆勸疾趨南京卽大位宸濠益疑十餘日詗中外兵不至乃悟守仁紿之七月朔留宜春王拱樤居守而刼其衆六萬人襲下九江南康出大江薄安慶守仁聞南昌兵少則大喜趨樟樹鎮知府臨江戴德孺等各以兵會合八萬人直擣南昌拱樤等宫人多焚死守仁安士民慰宗室遣兵設伏分道並進宸濠果自安慶還兵夾擊伏發賊大潰宸濠盡發南康九江兵守仁督師死戰賊復大敗聯舟爲方陣官軍奄至以小舟載薪乘風縱

火燒之其妃以下皆投水死宸濠易舟逃官兵追執之餘衆悉降南康九江亦下凡三十五日而賊平時武宗已親征羣小攘功搆陷百出功久不賞世宗入繼大統詔録守仁功而首輔楊廷和與王瓊不相能守仁前後平賊率歸功瓊廷和不喜會有言國哀未畢不宜舉宴行賞者第拜守仁南京兵部尚書已論功封特進光禄大夫柱國新建伯世襲歲禄一千石然不予鐵券歲禄未幾丁父憂服闋亦不召一時勤王有功諸臣廢斥殆盡守仁累疏辭封乞録諸臣功竟格不行嘉靖六年思恩田州土酋盧蘇王受反起守仁原官兼右都御史總督兩廣兼巡撫守仁至蘇

受乞降撫其衆七萬又因斷籐峽猺賊通連寨峒流毒嶺表與蘇受等夾擊思田八寨積年劇賊盡平桂蕚素忌守仁沮其賞格守仁已病乞骸骨不俟命竟行至南安卒年五十七世稱陽明先生守仁天資絶倫於書無所不窺倡舉良知心學其教人但以致良知爲主謂宋周程二子後惟象山陸氏簡易直捷接孟氏之傳而朱子集註或問之類乃中年未定之說因作朱子晚年定論序以示學者弟子王畿嘗著天泉證道記舉四語云無善無惡心之體有善有惡意之動知善知惡是良知爲善去惡是格物以爲守仁所示宗旨當時闢雜學者極辨四語之失而論者又

以爲此特出於譏非守仁本旨也所著有傳習錄文獻錄
文集語錄行於世守仁卒言者詆其擅離職守詔停世襲
隆慶初追贈新建侯謚文成復予世爵萬曆十二年詔從
祀孔廟稱先儒王子　國朝因之

先儒陳子

陳獻章字公甫廣東新會縣人宣德三年戊申生於新會
之都會村身長八尺目光如曙星右臉有七黑子如北斗
狀穎悟絕倫讀書一覽輒記正統十二年舉廣東鄉試戊
辰辛未再上禮部不第聞江右吳與弼講伊洛之學往從
之游時年二十有七遂棄其學而學焉成化二年游太學

邢祭酒讓試和楊龜山此日不再得詩獻章卽援筆就之邢大驚服名動京師五年復上禮部不第遂歸隱白沙寓居江浦之白馬書院日與婁克讓莊㫤石淮研究性命宗旨如是者垂十年然後別歸廣南十七年江西藩臬聘主白鹿書院教辭不往十八年布政使彭韶督府朱英交薦召至京令就試吏部至則辭疾不就試時年五十六懇辭乞終養特授翰林檢討以歸自是屢薦不起嘗自言曰吾於聖賢之書舍繁求約靜坐久之然後見吾心之體隱然呈露日用應酬隨吾所欲如馬之卸銜勒也其學以靜爲主灑然獨得論者謂有鳶飛魚躍之樂而蘭溪姜麟至以

爲活孟子云弘治十三年卒于家年七十三學者稱爲白沙先生萬曆十三年從祀孔廟稱先儒陳子　國朝因之

先儒胡子

胡居仁字叔心江西餘干縣人幼穎異有大志六七歲時學于家塾言動如老成人年十七八受春秋聞吳康齋講義理之學于崇仁里慨然往從之游於是以古人自期斯道自任其學以主忠信爲本以求放心爲要以聖學成始成終在于敬因以敬名齋處家庭如朝堂對妻孥如賓客端莊凝重履繩蹈矩造次顛沛未嘗少違隱微幽獨之際愈嚴愈密每日必立課程詳書得失自考居家日以悅親

爲事兄每外歸必躬迓于門外有疾亦躬調湯藥家人化之篤宗族訓子弟不倦親死哀毁踰節喪祭悉遵古禮初家食有餘推以與人厥後家益窘甚至簞食瓢飲處之泰然四方摳衣及門者衆於是築書室於梅溪山中聚徒講學語學則曰爲己語治則曰王道嘗受藩臬二司聘主白鹿書院教又嘗以諸生敦請講學貴溪桐源書院餘干尹請講明鄉飲古禮悚聽而行之鄉有彭姓者以非辜坐死乃不避嫌而白於當道竟得脫其里東原坂田高嘗苦旱因區畫水利十條達于夏憲副寅命有司行之民竟獲利居仁五經皆通尤邃于春秋自孟子没後獨推尊二程子

朱子以爲得其正傳所著有居業錄敬齋集等書憲宗成化十二年卒年五十一神宗萬曆十二年詔從祀孔子廟庭稱先儒胡子　國朝因之

國學禮樂錄卷之七

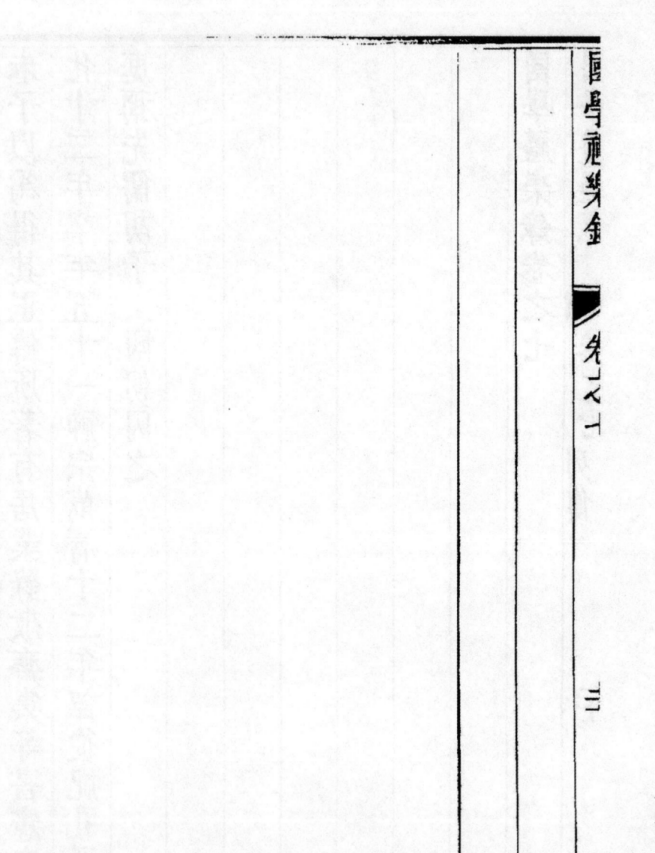

國學禮樂錄卷之八

列傳 西廡先儒

先儒穀梁子 傳春秋

穀梁赤周末魯人尸子曰名俶字元始顏師古曰名喜字子赤昔孔子以春秋授子夏子夏以授穀梁赤赤作傳以授孫卿其後寖微惟魯榮廣皓星公二人學焉昭帝時蔡千秋從廣受學宣帝卽位聞衞太子好穀梁春秋以問丞相韋賢言穀梁本魯學公羊乃齊學也由是穀梁之學大盛唐貞觀中從祀孔子宋眞宗追封龔丘伯徽宗以犯諱改封睢陽伯明嘉靖中改稱先儒穀梁子 國朝因之

先儒伏子傳　今文尚書

伏勝字子賤秦濟南人也故爲秦博士時下詔焚詩書伏生乃壁藏之厥後兵起流亡漢興伏生求其書亡數十篇獨得二十九篇卽以教于齊魯之間孝文帝時欲求能治尚書者天下無有乃聞伏生賢能治欲召之時年巳九十餘老不能行于是乃詔太常使掌故鼂錯往受之爰作尚書傳四十一篇以授同郡張生而伏生孫以治尚書徵不能明也伏生八世孫理爲世名儒高密太傅理子湛仕至大司徒封陽都侯建武六年以平徐異卿功徙封不其侯湛子翕嗣爵歷傳至曾孫無忌無忌子質爲大司農質子

完尚陽安公主女爲獻皇后自西漢平帝時伏氏以儒顯光武時受封爵至獻帝子孫凡八世爲三公襲封侯曹操謀篡弑后國除伏生唐貞觀二十一年從祀孔子宋眞宗追封乘氏伯明嘉靖中改稱先儒伏子　國朝因之

先儒后子　傳禮記

后蒼字近君漢東海郯人少從同郡孟卿受禮最明其業在曲臺校書因說禮數萬言號曰后氏曲臺記授梁人戴德及德從兄子聖西漢世后氏二戴禮並立於學宮劉向考校經籍合二百十四篇戴德刪其繁重爲八十五篇謂之大戴禮戴聖又刪大戴之書爲四十六篇謂之小戴記

漢末馬融傳小戴之學又足月令一篇明堂位一篇樂記一篇合四十九篇而求其精粹深厚雅馴近古者必以曲臺記爲最蒼宣帝朝爲博士官至少府自唐貞觀以來議祀典者多舉先儒獨未及后氏至明嘉靖九年考古求禮始以蒼爲禮之宗詔令從祀孔廟序於漢儒董子之次稱曰先儒后子 國朝因之

先儒董子 傳公羊春秋

董仲舒字寬夫廣川人也少治春秋漢景帝時爲博士下帷發憤潛心力學莫或見其面蓋三年不窺舍園學士家遠近負笈爭師之孝武建元元年詔舉賢良方正之士上

親策問仲舒對以天人三策嘗以開陳王道極言禮樂教化之功自孟子沒後士鮮知尊尚孔子而申韓蘇張之說橫行于世獨至董子一出適丁武皇表章六經之時其所陳說首言道之本原出于天又言養士莫大于太學願興太學置明師以養天下之士數考問以盡其材諸不在六藝之科孔子之術者皆絕其道勿使並進天子喜其對于是盡罷申韓蘇張諸亂國政者之說以仲舒爲江都相事易王王素驕悍仲舒以禮匡王王敬重之嘗語王曰仁人者正其誼不謀其利明其道不計其功是以仲尼之門五尺之童羞稱五霸爲其先詐力而後仁義也王曰善是時

仲舒方亟治公羊春秋遂以春秋災異之變推衍五行究陰陽所以錯行之故中廢爲中大夫著災異之記會遼東高廟災主父偃疾之取其書奏之天子召諸生示其書有刺譏於是下仲舒吏當死詔赦之仲舒乃徙家秦中是時公孫弘希世用事位至三公仲舒以弘爲從諛弘疾之以膠西王尤縱恣數殺害二千石因言於上使仲舒相之王素聞其賢及至優禮之仲舒兩事驕主皆正身以率下及去位家居不問產業專以講學著書爲事朝廷有大議使使就問之其對皆有明法所著書皆明經術之意及上數條教凡百二十三篇而說春秋事復十餘萬言總名曰繁

露皆傳于世仲舒弟子達者以百數而子及孫皆以學至大官元文宗至順元年從祀孔子明太祖洪武二十九年追封江都伯憲宗成化三年改封廣川伯嘉靖中改稱先儒董子　國朝因之

先儒王子

王通字仲淹河津人漢徵君霸之後也世以儒顯父隆開皇初以國子博士待詔雲龍門著興衰要論七篇每奏帝輒稱善後出爲昌樂令秩滿退歸遂不復仕四年通始生九年江東平隆見而異之遂告以元經之事通後受書於李育學詩於夏璵問禮於關朗子明正樂於霍汲攷易於

族父仲華衣不解帶者六年隋文帝仁壽三年通始冠遂慨然有濟蒼生之志西遊長安以布衣謁見帝奏太平十三策帝喜曰此天以生賜朕也下其議於公卿公卿多不悅通知謀不用乃歸龍門教授於河汾之間弟子自遠至者甚衆大業元年徵不至既乃潛心著書蒐討遺籍九年而六經大就太尉僕射楊素甚重通勸之仕通曰通有先人之敝廬足以庇風雨薄田足以具饘粥讀書談道足以自樂願明公正身以治天下使時和年豐通受賜多矣不願仕也嘗語門弟子曰樂天知命吾何憂窮理盡性吾何疑與論治曰無赦之國其刑必平重斂之國其財必貧門

人賈瓊問以息謗曰無辨問止怨曰不爭又曰聞謗而怒者讒之囮也見譽而喜者佞之媒也絶囮去媒讒佞遠矣大業十三年通以疾卒於家門人共議諡曰文中子生二子長曰福郊次曰福畤明嘉靖九年釐定祀典詔從祀孔子廟庭稱曰先儒王子　國朝因之

先儒范子

范仲淹字希文唐宰相履冰後其先邠州人徙家江南遂爲蘇州吳縣人公二歲而孤母適長山朱氏從其姓名說舉進士第爲廣德軍司理參軍迎母歸養改集慶軍節度推官始還姓更其名少有大節富貴貧賤毀譽歡戚不以

動其心常自誦曰士當先天下之憂而憂後天下之樂而樂也監泰州西溪鹽稅遷大理寺丞徙監楚州糧料院母喪去官晏殊知應天府召寘府學上書請擇郡守舉縣令斥游惰去冗僣慎選舉撫將帥凡萬餘言服除以殊薦為秘閣校理天聖七年章獻太后將以冬至受朝天子率百官上壽公言奉親於內自有家人禮顧與百官同列南面而朝之不可為後世法因上疏請太后還政不報出公通判河中府徙知陳州太后崩召為右司諫言事者多暴太后時事公請掩小故以全厚德初太后遺誥以太妃楊氏為皇太后參決軍國事公曰太后母號也自古無因保育

代立者今一太后崩又立一太后天下且疑陛下不可一日無母后之助矣歲大蝗旱命公安撫江淮所至開倉賑之且禁民淫祀奏蠲廬舒折役茶江東丁口鹽錢復條上捄敝十事會郭皇后廢率諫官御史伏閤爭之出知睦州徙蘇明二州拜尚書禮部員外郎天章閣待制召判國子監遷吏部員外郎權知開封府呂夷簡執政進用者多出其門公上百官圖指其次第曰如此爲序遷如此爲不次如此則公如此則私況進退近臣凡超格者不宜全委宰相夷簡不悅他日論建都事詆公迂闊公迺爲四論以獻大抵譏切時政且引漢成帝信張禹不疑舅家致新莽之

禍恐今日亦有張禹壞陛下家法夷簡怒訴公離間君臣引用朋黨公對益切罷知饒州余靖尹洙歐陽修皆以公故坐貶明年夷簡亦罷自是朋党之論興矣公既去論薦者不已歳餘徙潤州又徙越州趙元昊反召為天章閣待制知永興軍改陝西都轉運使會夏竦為陝西經畧安撫招討使進公龍圖閣直學士以副之夷簡再入相帝諭公釋憾公頓首曰臣鄉論葢國家事於夷簡無憾也延州諸砦多失守公自請行遷戸部郎中兼知延州分州兵萬八千為六一將領三千人分部教之更出禦賊用种世衡策城靑澗以據賊衝大興營田且聽民互市招還流亡定堡

障通斥候城十二砦羌漢民相踵歸業久之元昊歸陷將高延德與公約和公爲書戒諭之會任福敗於好水川元昊答書不遜公對使焚書大臣以爲公罪帝不聽降本曹員外郎知耀州徙慶州遷左司郎中爲環慶路經略安撫緣邊招討使改邠州觀察使公言觀察班待制下臣守邊數年羌人呼臣爲龍圖老子今恐爲賊輕辭不拜慶西北馬鋪砦當後橋川口在賊腹中公欲城之賊兵三萬來爭公麾兵血戰賊奔西北戒諸將無追旣而果有伏城成名曰大順環慶寇益少葛懷敏敗於定川關輔搖動公率衆援之人心遂安奏至帝大喜曰吾固知仲淹可用也進樞

密直學士右諫議大夫復置陝西路安撫經畧招討使以公及韓琦龐籍分領之元昊請和召拜樞密副使王舉正懦默諫官歐陽修等言公有相材請罷舉正遂改參知政事公曰執政可由諫官得乎固辭不拜願與韓琦出行邊授陝西宣撫使未行復除參知政事帝銳意太平開天章閣召二府條對公上十事曰明黜陟抑僥倖精貢舉擇長官均公田厚農桑修武備推恩信重命令減徭役天子方信嚮公悉采用之倚以爲治中外想望功業而公以天下爲已任裁削倖濫考覈官吏僥倖者不便謗毀稍行朋黨之論浸聞於上公因與富弼請行邊乃以公爲河東宣撫

使攻者益急公亦自請罷政事以爲資政殿學士陝西四路宣撫使知邠州以疾請鄧州進給事中徙荊南鄧人遮使者請留公亦願留鄧許之尋徙杭州再遷戶部侍郎徙青州會病甚請頴州未至而卒年六十四贈兵部尚書謚文正仁宗親書神道曰褒賢之碑公内剛外和性至孝以母在時方貧後雖貴非賓客不重肉妻子衣食僅充而性好施予汎愛樂義士多出其門下卒之日四方聞者皆歎息爲政尚忠厚所至有恩嘗與韓公協謀必復靈夏橫山地邊上謠曰軍中有一韓西賊聞之心骨寒軍中有一范西賊聞之驚破膽元昊大懼遂稱臣其於兩路得熟羌爲

用邠慶二州民與屬羌皆畫像立生祠祀之其卒也羌酋數百人哭之如父齋三日而去公在睢陽孫明復上謁公補以學職授之春秋孫篤學不舍晝夜後以春秋教授學者道德高邁朝廷召之康定用兵時張横渠年十八慨然以功名自許上書謁公公責之曰儒者自有名教何事於兵因勸讀中庸横渠遂成大儒初在淄州讀書長白山僧舍冬月憊甚以水沃面食不給至以糜粥繼之嘗見白鼠入穴中探之乃銀一甕遂窖掩覆後公貴顯寺僧修造求助於公公以空書復之俾取此藏如言而獲子純仁取麥五百斛於蘇夾丹陽見石曼卿三喪未葬付以麥舟抵家

逃曼卿狀公曰何不以麥舟與之純仁曰巳付之矣公嘗語諸子曰吳中宗族甚衆若獨享富貴而不恤何以見祖宗地下亦何顏入家廟乎乃買近郭艮田數千畝爲義莊以養羣族之貧者嫁娶喪葬皆有贍給自政府出歸蘇有絹三千匹盡散親戚及閭里知舊以少育朱氏用南郊恩乞贈朱氏父太常博士其朱氏子皆爲葬之每歲別有饗祭朱氏他子弟以公蔭補官者三人公四子純祐守將作監主簿純仁相哲宗謚忠宣純禮尚書右丞純粹龍圖閣學士戶部侍郎知河南府其事蹟皆載宋史 周望按公生平忠孝大節光明磊落軒揭天地當時富鄭公稱之爲聖

人石守道比之爲夔卨呂中劉宰論本朝人物皆以公爲第一而朱子亦云天地間氣第一流人物又云本朝道學之盛亦有其漸自范文正以來已有好議論後來遂有周程張子故程子平生依舊尊之其推許公如此至于中庸千數百年雜於禮記中自公揭以示張子匪特橫渠關學與濂洛並稱由公所啓而中庸與論孟大學並列爲四書垂教萬世厥功之鉅豈在孟子下哉我

皇上崇奬名儒特詔從祀文廟西廡立臣工之準則增吾道之羽儀猗與盛矣

先儒歐陽子

歐陽修字永叔廬陵人父觀宋真宗咸平三年進士及第爲泰州判官遷泗州司理嘗秉燭治官書屢廢而歎夫人問之曰此死獄也欲求其生不得爾修方三歲乳者抱立於旁觀指之曰術者謂我歲在戌將死使其言驗卽不見兒之成立也後當以吾言告之明年修四歲早孤母鄭氏教之家貧以荻畫地作書修幼敏悟讀書過目成誦比舉進士中甲科補西京留守推官宋興且百年文章體裁猶仍五季餘習修遊隨州得韓子退之遺藁於廢書簏讀而心慕焉苦心探賾至忘寢食遂以文章名冠天下學者翕然師之景祐初名試遷館閣校勘時范仲淹知開封每進

見輒言時政得失宰相惡之簡呂夷斥守饒陽時集賢校理余靖館閣校理尹洙連章伸留仲淹並落職修乃貽書司諫高若訥責其不能救止不復知人間有羞恥事若訥怒上其書修坐貶夷陵令尋名還舊職遷太子中允與修崇文書目仁宗慶曆二年名知諫院初仲淹之貶同事者以言見逐羣邪因並目爲黨人修於是爲朋黨論以進直言讜論人疾之如仇上特奬其忠直一日顧侍臣曰如歐陽修者何處得來既而夏竦當國杜衍范仲淹韓琦富弼皆相繼罷去修上疏抗言四人天下皆知其賢而一旦罷之諫臣不用敵國之福也疏上邪黨益忌之左遷知滁州尋

又徙潁州時歲凶奏免黃河夫役民賴全活者至萬餘家既而丁內艱至和元年服除入見鬚髮盡白上惻然命判吏部兼監修唐書遂入爲翰林學士嘉祐二年召知貢舉是時進士爭尚詭怪險澁號太學體修所取皆詞義古質其推新體皆不與錄榜出嚣譁羣聚詆斥然文體自是亦少變矣三年代包拯權知開封五年六月上所修新唐書二百二十五卷事增於前文省於舊召拜禮部侍郎兼翰林侍讀學士六年爲樞密副使七年參知政事與韓琦同心輔政故嘉祐之治號稱得人英宗治平二年詔議濮王典禮修議與衆不合言者詆之不已因力求退四年三月

乃以觀文殿學士出知亳州神宗熙寧元年改知青州三年召判太原府辭乃求知蔡州從之修以風節自持旣連被彈駁年六十卽乞謝事前徙青州時上疏請止散青苗錢王安石深惡之修求歸益切叅政馮京請留之安石不可四年六月修上疏力辭許之乃以觀文殿大學士太子少師致仕修昔守潁時樂其土故遂卜居潁之西湖其在滁也作亭瑯琊以醉翁自名又曰吾集古錄一千卷藏書一萬卷有琴一張碁一局而常置酒一壺以吾一老人坐於其間是爲六一居士云所著有新唐書五代史及本論文集等行於世卒時在汝州年六十六初太常議謚曰文

常秩（歐陽門人）曰修有定策之功請加以忠乃謚文忠贈太子太師明嘉靖九年詔從祀　孔廟稱曰先儒歐陽子　國朝因之

先儒胡子

胡安國字康侯崇安人父淵哲宗朝崇議郎安國幼警敏力學嗜道紹聖四年中進士第初廷試考官定其策第一宰執以無詆元祐語抑之哲宗親擢爲第三授太學博士欽宗靖康元年除太常少卿辭既而問對奏言明王以務學爲急聖學以正心爲要語甚剴切時相耿南仲聞其言惡之力間於帝帝不爲動每見臣僚登對卽問識胡安國

否中丞許翰對曰自蔡京得政士大夫無不受其籠絡超
然遠跡不爲所汚如安國者實鮮遂除中書舍人賜三品
八月李綱罷知揚州中書舍人劉珏當制謂綱勇於報國
吏部侍郎彭澥言珏爲綱遊說珏坐貶遠州安國封還詞
頭且論澥越職言事南仲大怒中書侍郎何㮚從而擠之
遂貶知通州或曰事之小者姑置之安國曰事之大者無
不起于細微今以小事爲不言至于大事又不敢言是無
時可言也竟赴貶所旣去逾旬金人薄都城欽宗北狩高
宗紹興二年以給事中召入對因上時政論二十一篇帝
稱善及召見復進言春秋經世大典見諸行事非空言比

方令思濟艱難莫若潛心聖經上說進兼侍講專講春秋
既而宰相呂頤浩薦朱勝非代巳安國力言不可固爭之
遂卧家不出宰相大怒乃勸帝降旨落職提舉仙都觀五
年令纂修所著春秋傳自熙寧以來王安石廢春秋不列
於學宮安國謂先聖所筆削之書天下事物無不備於此
乃傳心之要典而使人主不得聞講說學士不得相傳習
亂倫滅理殆由乎此因潛心二十餘年著爲春秋傳以成
其志紹典八年春二月帝在建康上之帝嘉其說謂深得
聖人之旨又謂宰相趙鼎曰安國所解春秋朕置之座右
率二十四日讀一遍詔加寶文閣直學士八月卒年六十

五謚曰文定安國強學力行以聖人爲標的志在康濟時艱見中原淪没常若痛切於身雖以罪去而愛君憂民之志遠而彌篤然風度凝遠蕭然塵表視天下萬物無一足以攖其心語學者曰知至故能知言意誠故能養氣又曰豈有見理已明而不能處事者蓋自渡江以後儒者進退合義以安國尹焞爲首朱子論之曰公傳道伊洛志在春秋著書立言格君傳後所以明天理正人心扶三綱叙九法者深切著明體用該貫而其正色危言據經論事剛大正直之氣直無愧于古人矣生三子長寅所著論語詳説及讀史管見世稱致堂先生次寧次宏所著有知言皇王

大紀八十卷學者稱五峰先生明太祖洪武初詔以胡安國春秋傳列于學宮正統元年從祀孔廟成化三年追封建寧伯嘉靖九年改稱先儒胡子　國朝因之

先儒楊子

楊時字中立將樂人天性仁孝幼喪母哀毀如成人事繼母尤謹比長潛心經史神宗熙寧九年中進士第時河南二程子講學于熙豐之際河洛之士翕然師之時調官不赴以師禮見程伯子於潁昌相得甚歡其歸也程目送之曰吾道南矣後又見程叔子于洛一日程偶瞑坐時與游酢侍立不去程既覺則門外雪深尺許矣當時號龜山楊

中立爲程門高足久之歷知瀏陽餘杭蕭山三縣皆有惠政而德望日重四方之士不遠千里從之游號曰龜山先生旣而遷荆州教授于是浮沉州縣者垂四十年徽宗宣和元年蔡京客張覺言于京以時薦會路允廸自高麗還言高麗國王問龜山先生安在乃詔爲秘書省著作郎尋轉邇英殿說書時朝廷方圖燕雲時謂燕雲之師宜退守內地以省轉輸之勞募邊民爲弓弩手以殺常勝軍之勢又言都城無高山巨浸以爲阻衛人各異心不可倚仗君臣儆戒正在無虞之時帝首肯之執政不能用欽宗卽位金人內攻時謂執政曰近邊州軍宜堅壁清野勿與之戰

使之自困苦攻戰略地當遣援兵追襲使之腹背受敵則可以制勝矣及金人圍京城詔諸道督兵進援時上言今日之事當以收人心爲先人心不附雖有高城深池堅甲利兵不足恃也今諸路驅烏合之衆來援兵不素練臣謂當立統帥一號令示紀律而後士卒始用命且童貫爲三路大帥棄軍逃歸朝廷置之不罪故梁方平何灌相繼效尤宜亟正典刑以爲不忠之戒童貫握兵三十餘年覆軍殺將馴致今日今者防城仍用閹宦覆車之轍豈可復蹈也乎疏上詔以爲諫議大夫兼侍講時金兵初退議者欲割三鎮以講和時又極言不可曰河朔爲朝廷重地而三

鎭又河朔之要藩自我聖祖百戰而後得之一旦棄之北
庭使敵騎馳驅貫吾腹心臣固以爲不可也疏上帝詔出
師而廷臣多持兩端時抗疏曰聞金人駐磁相破大名劫
虜駈略無有紀極誓墨未乾而遂背之吾雖欲主和議不
可得也夫越數千里而遠犯人國都危道也見勤王師四
面雲集彼懼而歸非愛我而不攻朝廷割三鎭三十州之
地與之是欲助寇而自攻也卒不能用會李綱罷太學生
陳東等及都民數十萬人伏闕上書上乃復綱右丞以時
爲國子祭酒時上言蔡京蠹國害民幾危宗社以繼述神
宗爲名實挾王安石以圖身利故推尊安石加以王爵配

享孔子廟庭今日之禍實安石有以啓之伏望追奪王爵
明詔中外毁去配享之像使邪說淫辭不爲學者之惑疏
上詔罷安石配享猶留從祀當是時諸生習用王氏學取
科第忽聞時言羣論籍籍於是中丞陳過庭等連章攻時
遂罷祭酒以徽猷閣待制致仕時居諫垣僅九十日凡所
論列皆切于世道而其大者則闢王氏排和議論三鎭不
可棄去尤爲有功高宗卽位除時工部侍郎兼侍講時以
老求去遂以龍圖閣學士提舉杭州洞霄宫致仕紹興五
年卒年八十三諡文靖時在東郡所交皆天下士先達皆
以師禮事之暨渡江東南學者推之爲程氏正宗門人胡

宏羅從彥李侗張九成皆克傳其道上承程氏正宗下啓朱子之大成云明孝宗弘治九年追封時將樂伯詔從祀孔子廟庭嘉靖九年改稱先儒楊子　國朝因之

先儒李子

李侗字愿中南劍人幼而穎悟少長聞郡人羅仲素得河洛之學於龜山之門遂往學焉受春秋中庸語孟退而屏居山田結茅水竹之間謝絶世故垂四十年講誦之餘危坐終日以驗夫喜怒哀樂未發以前氣象何如而求所謂中者久之而知天下之大本真有在于是矣由是操存益固涵養益熟精明純一觸處洞然泛應曲酬發必中節其

接後學荅問窮晝夜不勌隨人淺深誘之各不同而要以反身自得爲本建安朱松與侗爲同門友嘗與沙縣鄧廸語及侗曰愿中如氷壺秋月瑩徹無瑕非吾曹所及遂命朱子就學于侗因師事焉晚年閩帥汪應辰安車來迎以求講解侗因往見之至帥治坐語未終而卒年七十一所著有延平問荅及語錄行世學者稱爲延平先生理宗朝追贈[redacted]謚文靖明萬曆四十二年從禮臣孫愼行學臣熊尚文之請詔從祀孔子廟庭稱先儒李子　國朝因之

朱子贊曰

精義造約窮深極微凍解冰釋發于天機仁孝友弟灑落誠明清通和樂展也大成

先儒張子

張栻字敬夫漢州綿竹人唐相九齡弟九皐之後也曾祖紘舉茂才異等知雷州祖咸舉進士父浚登進士第累官右僕射兼知樞密院事南宋中興之功浚爲第一生二子長曰栻次杓栻穎悟夙成以古聖賢自期幼與朱子爲友長從胡宏問河南程氏之學宏一見稱之曰聖門有人矣益自奮厲著希顏錄以自警補蔭承務郎高宗紹興中秦檜用事倡執和議誤國沮公忠獻公數被竄置栻居閒散

孝宗卽位復召浚入朝以爲江淮宣撫使封魏國公浚因
奏栻充機宜以軍事入見時帝駐建康遂召栻赴行在卽
進言曰陛下上念祖宗之讎恥下憫中原之塗炭惕然於
中而思有以振之臣謂此心之發卽天理也願益加省察
而稽古親賢以輔毋使少怠則今日之功可成立矣上大
異之除直秘閣浚起謫籍建康開封督軍治旅栻以少年
周旋其間內贊密謀外參庶務經營綜畫靡有缺遺及宿
州之捷帝手書勞浚曰近日邊報中外鼓舞十年來無此
克捷矣俄而符離（縣名）稍挫湯思退等媒孽百端浚上表求
去上召栻入對言自古有爲之君必君臣協謀以成大功

今臣父以孤蹤動輒掣肘陛下將安用之上念浚功不已復以都督江淮明年八月浚卒贈太師謚忠獻栻丁父艱五年召起爲起居郎入對帝語金以可圖狀栻對曰陵寢隔絕誠臣子不忍言之至痛今日乃欲卑辭厚禮以求於彼則於大義已爲未盡但當下哀痛之詔明復仇之義修德立政用賢養民選將練兵以內修外攘進戰退守通爲一事治其實而不爲虛文則必勝之形隱然可見矣帝深納之除秘閣修撰時宰相虞允文雅重栻數遣人致殷勤栻皆不荅明年薦爲吏部侍郎嘗入對帝言仗節死義之臣難得栻對曰當於犯顏敢諫中求之帝又言難得辦事

之臣栻對曰陛下當求曉事之臣不當求辦事之臣帝首肯之栻在朝僅期月召對至六七所言皆修身務學畏天恤民抑僥倖屏讒諂之論時宰執近倖皆憚之七年三月有詔以知閤門事張說簽書樞密院事栻草疏極言其不可且詣朝堂詰責宰相虞允文曰宦官執政自京黼始近習執政自相公始乃復奏命得中寢允文慙憤明年出知袁州淳熙改元栻家居累年矣上復念栻詔復舊職知靜江府所統州十有五栻爲之簡兵選卒籍其驟黠伉健者以爲用再改知江陵安撫本路栻入境羣盜相率遁去諸州帖然尋詔以右文殿修撰提舉武夷山冲祐觀淳熙七

年春二月卒年四十八病且死猶手疏勸帝親君子遠小人信任防一己之偏好惡公天下之理天下傳誦之栻有公輔之望而天奪之早帝聞之嗟歎不已朱子與黃榦書曰吾道益孤矣所著有論語孟子說太極圖說洙泗言仁諸葛武侯傳經世紀年行於世學者稱爲南軒先生朱子題其像曰擴仁義之端至於彌六合謹義利之辨至於析秋毫拳拳乎其致主之功汲汲乎其幹父之勞仡仡乎其任道之重卓卓乎其立心之高云云　寧宗嘉定二年賜謚曰宣理宗景定二年追封華陽伯從祀孔廟明嘉靖九年改稱先儒張子　國朝因之

先儒陸子

陸九淵字子靜撫州金溪人唐相希聲之八世孫也祖德遷避五代亂始居金谿父賀隱居教授嘗采古禮成書生六子其三即九淵九淵生而穎異自幼靜重如成人年三四歲時問父賀曰天地何所窮際父笑而不答遂深思至忘寢食他日讀書至上下四方曰宇往古來今曰宙忽大省悟曰宇宙內事乃己分內事己分內事乃宇宙內事也又曰東海有聖人出焉此心同也此理同也至西南北海有聖人出焉此心此理亦莫不然千百世之上有聖人出此心此理同也至千百世之下有聖人出此心此理亦莫

不然孝宗乾道八年登進士第淳熙元年授隆興府靖安縣主簿二年與朱晦翁約會鵝湖九淵兄九齡皆在會論辨所學多不合朱以陸之學爲太簡陸以朱之學爲支離皆不懌而去四年丁母憂六年服闋改建寧府崇安縣八年會朱子爲南康守九淵訪之朱與之泛舟而樂遂偕至白鹿洞請登講席九淵爲講君子喻義章聽者至有泣下朱子以爲切中學者隱微深痼之病九年除國子正十年除勑定所刪定官十三年除將作監丞詔主管台州崇道院奉祠還鄉四方學者輻輳每開講席環坐常數百人縣大夫爲設講堂於學宮耆老扶杖往聽一時貴賤老少溢

塞塗巷貴溪有山其形如象遂名之曰象山因聚徒講學於此學者稱爲象山先生是時與朱子論太極圖說屢書往返辨論不合光宗紹熙元年差起知荊門軍其地素無城壁九淵乃修城築壘數旬而就至今倚爲金湯紹熙三年卒於官年五十四謚文安理宗寶慶三年詔錄九淵嫡子孫官明嘉靖九年從祀孔子廟庭稱先儒陸子　國朝因之

先儒眞子

眞德秀字希元浦城人寧宗慶元五年登進士第授南劒州判官繼試中博學宏詞科召爲太學正嘉定元年遷博

士召試學士院改秘書省正字兼簡討玉牒二年遷秘書郎四年進禮部郎五年遷軍器少監陞權直學士是年七月雷雨太廟屋壞德秀上疏請修德彌咎不省六年遷起居舍人七年金人來求歲幣德秀上疏請絕弗與望用忠賢修政事屈羣策收衆心以爲自立之本訓兵戎擇將帥繕城池飭戍守以爲自立之具則國勢日張人心日奮雖強敵在前不能爲患矣反復數千言帝納之遂罷金國歲幣八年遷江東轉運副使德秀辭朝奏請五事一曰宗社之恥不可忘二曰比鄰之道不可輕三曰幸安之謀不可恃四曰導諛之言不可聽五曰至公之論不可忽十四年

上疏言朱熹彭龜年以抗論逐呂祖儉周端朝以上書斥當時近臣猶有爭之者其後呂祖泰之貶非惟近臣莫敢言而臺諫且出力以擠之則嘉泰之失已深於慶元矣更化之初羣賢皆得自奮未幾傅伯成以諫官論事去蔡初學以詞臣論事去劉應龍又繼以封駁論事去是數人者非能大有所矯拂已皆不容於朝臣不知朝廷能自知天下事否也是時史彌遠方以爵祿縻天下士德秀慨然力請出外命知泉州旋遷潭州理宗卽位召爲中書舍人尋擢禮部侍郎直學士院德秀因經筵侍上進曰此高孝二祖儲神燕閒之地仰瞻楹桷當如二祖在上惟學可以明

此心惟敬可以存此心惟親君子可以維持此心上皆虛心開納寶慶元年史彌遠旣誣殺濟王竑德秀入對曰濟王小過未萌而處置若此臣觀舜所以處象則陛下不及舜明甚也帝悔悼久之由是益中彌遠之忌而給事中王槩御史梁成大等相繼交劾乃落職歸浦城修讀書記紹定五年復起知泉州端平元年彌遠卒上始親政御史洪咨夔王遂等力請召崔與之魏了翁眞德秀入朝時聞金兵欲進攻潼關德秀因上封事召爲戶部尚書入見以大學衍義進改翰林學士知制誥因奏三劄反覆陳說以爲祈天永命之戒上每讀一奏竟稱善久之十月詔德秀進

講大學衍義踰年詔知貢舉參知政事進資政殿學士提舉萬壽觀兼侍讀端平二年五月卒詔贈銀青光祿大夫謚曰文忠德秀立朝不滿十載奏疏無慮數十萬言皆洞中切要直聲震朝廷宦游所至惠政深洽不愧其言使正學得明於後世厥功大矣所著有大學衍義讀書記文章正宗行於世學者稱爲西山先生明英宗正統元年詔從祀孔廟憲宗成化三年追封浦城伯世宗嘉靖九年改稱先儒眞子　國朝因之

先儒薛子

薛瑄字德溫山西河津人年十二能詩賦旣壯讀周程張

朱之書歎曰此吾道正脈也遂焚所作詩賦專心性命之學至忘寢食永樂十八年庚子父貞爲河南鄢陵縣教諭命瑄就試河南中第一明年辛丑登進士第宣宗宣德二年擢御史監湖廣銀塲至則黜貪墨正風俗手錄性理大全晨夕展玩或通夜不寢英宗正統元年初設提學出爲山東僉事每臨諸生親爲講解不事嚴厲皆呼之曰薛夫子是時中官王振擅竊與瑄適同梓里因問三楊吾鄉誰可爲大臣者皆薦瑄六年召大理少卿三楊時希振旨語瑄以進用實出振意欲令一就見振謝瑄正色曰安有授官公朝而拜恩私門耶三楊爲之愧屈其後議事東閣公

卿見振多趨拜瑄獨屹立振意專屬瑄特趨揖之瑄亦無加禮始終不爲屈由是銜瑄會指揮某病死其妾欲嫁其私人王山山振姪也妻不肯妾弗得嫁遂誣妻毒殺夫下御史獄坐妻死瑄辨其寃三駁堂狀都御史王文諂事振又曲庇御史劾瑄受賄棄律出人死請廷鞫振喜曰是固應死矣竟坐瑄死罪繫獄瑄怡然曰辨寃獲咎死何媿焉持周易誦讀不輟無何振有一蒼頭哭于廚下振怪問之僕曰近聞薛夫子將臨刑是以哭之不識有何罪遽至此耶既而大臣伸救又瑄家人乞代死得免歸既退居六年造詣益邃十四年給事中程信疏薦起爲大理寺丞瑄守

北門禦邊未幾有土木之變景泰元年督川雲轉餉貴州尋陞南京大理寺卿蘇松飢民貸粟富家不得縱火竄海中王文欲與大獄瑄連章抗辨獲免四年秋召改北大理卿天順元年遷禮部右侍郎兼翰林學士入內閣尋命主考會試事竣轉左越五月引疾致仕行至直沽絕糧居家六年四方從學者甚衆生平每以聖賢爲師終日衣冠危坐望之儼然可畏晚年造詣高明踐履篤實益至純熟其爲文必根于理詩則古淡出于自然所著讀書錄續讀書錄河汾詩集行于世天順八年卒年七十六世稱敬軒先生追贈禮部尚書謚曰文清憲宗成化元年監丞李紳首

請公從祀孔廟劉文安公繼請孝宗弘治九年令春秋專祀于鄉穆宗隆慶六年詔從祀孔子廟庭稱先儒薛子

國朝因之

國學禮樂錄卷之九

列傳 啓聖祠

啓聖公孔氏

啓聖公諱叔梁紇系出微子自宋華督之亂孔氏犇魯遂世爲魯人祖曰防叔是生伯夏伯夏生紇仕魯爲陬邑大夫襄公十年春公會諸侯於祖夏伐偪陽丙寅圍之弗克偪陽人啓門諸侯之士門焉縣懸門發鄹人紇抉之以出門者甲午遂滅偪陽紇娶魯之施氏生九女而無子其妾生孟皮一字伯尼有足病於是乃求婚於顏氏顏氏有三女其季曰徵在顏父問三女曰陬大夫雖父祖爲氏然其

先聖王之裔今其人身長十尺武力絶人吾甚貪之雖年長性嚴不足爲異三子孰能事之徵在進曰從父所制將何問焉父曰卽爾能矣遂以妻之徵在旣往廟見以夫之年大懼不時有男而私禱尼丘之山以祈焉遂生孔子孔子三歲而叔梁大夫卒二十四歲而聖母卒合葬於防山宋眞宗大中祥符元年追封齊國公聖母爲魯國太夫人元文宗至順元年加封啓聖王啓聖王夫人明孝宗弘治元年吏部尚書王恕請立祠廟祀啓聖王以杞國公無繇萊蕪侯點泗水侯鯉邾國公孟孫氏配享永年伯琱獻靖公松從祀禮官議不可遂止十四年侍郎魯鐸復議如前

亦不合嘉靖九年因張璁之議乃詔兩京國子監并天下學校各建啓聖公祠祀叔梁大夫題稱啓聖公孔氏之位而以顔曾孔孟四氏配程朱蔡三氏從祀萬曆中益以周氏　國朝因之

贊曰水精慶胙勇力長驅神監尼阜瑞吐玉書丹山威鳳滄海明珠啓聖百代天壤與俱

先賢顔氏

顔無繇字路從史記○家語作季路淵之父也昔武王克商封陸終之裔曹挾於邾傳至懿甫顔顔子友别封于郳爲小邾子遂以顔爲氏以其附庸于魯世爲魯卿魯國之族最爲蕃

衍友後數傳而至無繇少孔子六歲孔子始教而受學焉爲魯卿士娶齊姜氏生回回年三十二早卒回之妻宋戴氏生子歆唐元宗開元二十七年追封無繇爲杞伯從祀孔廟宋眞宗大中祥符二年加封曲阜侯元順帝元統三年加封杞國公謚文裕追封姜氏杞國夫人謚端獻明嘉靖九年改稱先賢顏氏遷配啓聖祠　國朝因之

先賢曾氏

曾點字子晳（史記作曾蒧字晳）少孔子六歲南武城人曾子之父也少從事孔子當季武子卒大夫往弔點獨倚其門而歌孔子謂之狂後侍坐夫子誘使言志點願偕童冠乘暮春

尋沂水舞雩風浴詠歸之樂夫子與之先儒以為曾點之
學蓋有以見夫人欲盡處天理流行隨處充滿無少欠闕
故其動靜之際從容如此而其胸次悠然直與天地萬物
上下同流晚年疾時禮教不行欲修明之孔子善焉生子
參年十六孔子在楚點卽命往楚受學十餘年卒傳其道
唐元宗開元二十七年追封點宿伯從祀孔子宋眞宗大
中祥符二年加封萊蕪侯明嘉靖九年改稱先賢曾氏遷
配啓聖祠　國朝因之

先賢孔氏

孔鯉字伯魚孔子子也孔子年十九娶于宋之亓官氏一

歲生伯魚魚之生也魯昭公以鯉魚賜孔子榮君之貺故因名曰鯉而字伯魚孔子嘗謂之曰鯉乎吾聞可以與人終日而不倦者其惟學乎他日又語之曰鯉君子不可以不學伯魚于是潛心深思力志于學年三十而髮早白夫子嘗謂之曰女爲周南召南矣乎人而不爲周南召南其猶正墻面而立也與先儒嘗言二南皆修身齊家之事孔子以是教鯉則其平日于大學之道亦可謂大本克立者矣至於詩禮之訓兩于過庭時傳之非其學古有獲其孰能與于斯乎魯哀公乙卯伯魚之母死期而猶哭孔子聞之曰誰與平聲哭者門人曰鯉也孔子曰嘻之甚也伯魚聞

之遂除之哀公嘗以幣召鯉稱疾不行戊午哀公十有二年伯魚年五十先孔子卒宋徽宗崇寧元年追封泗水侯度宗咸淳三年從祀孔子明嘉靖九年改稱先賢孔氏配享啓聖祠　國朝因之

先賢孟孫氏

激公宜孟子之父魯公族孟孫之後也世居於鄒故爲鄒人娶仉音掌氏有賢德生孟子三歲而孤挾之以居嘗三遷其舍以教孟子旣而以刀自斷其織曰子之廢學若我斷斯織矣孟子懼于是力學受業于子思之門遂成大賢元仁宗延祐三年追封孟父孟孫氏爲邾國公母爲邾國宣

獻夫人明嘉靖九年改稱先賢孟孫氏配享啓聖祠　國朝因之

先儒周氏東從祀

周輔成字伯大本姬姓自太王邑于周遂以爲氏漢興封周後于汝南輔成蓋其後也世家營道莫詳其遷徙所自祖名從遠父智强智强生五子其四名輔成卽茂叔父也大中祥符八年賜進士出身終賀州桂嶺令累贈諫議大夫先娶唐氏生礪繼室鄭氏生茂叔明神宗萬曆二十三年禮部覆湖廣撫按郭惟賢等本奉旨是周輔成准從祀啓聖祠稱先儒周氏　國朝因之

先儒朱氏

朱松字喬年徽之婺源人少有俊才爲文汪洋放恣不見涯涘後取六經子史讀之以求天下理亂興亡之故遂慨然益以行道濟時爲已任中進士第胡世將謝克家薦之除秘書正字時趙鼎都督川陜荆襄軍馬招喬年爲屬辟及鼎再相遂除爲校書郎遷著作郎以御史中丞常同薦除度支員外郎史館校勘歷司勳吏部郎秦檜決策議和喬年與同列上章極言其不可檜怒風御史論其懷異自賢乃出知饒州請祠居於家因師事羅豫章先生與李延平爲同門友聞楊龜山所傳河洛之學獨得古先聖賢不

傳之遺意於是益自刻勵痛刮浮華以趨本實日誦大學
中庸之書以用力于致知誠意之地自謂褊急害道因取
古人佩韋之義名其齋以自儆文章行義爲學者師紹興
十三年居饒州疾革手自爲書以家事屬少傅劉公子羽
而訣于籍溪胡憲白水劉勉之屏山劉子翬且顧謂朱子
曰此三人者吾老友也其學皆有淵源吾所敬畏吾即死
汝往父事之及沒年四十有七朱子時年甫十四即禀學
於三君子之門元順宗至正二十一年諡獻靖二十二年
追封齊國公明嘉靖九年從祀啓聖祠稱先儒朱氏　國
朝因之

先儒程氏 西從祀

程珦字伯溫宋人其先曰喬伯爲周大司馬封於程後遂以爲氏曾祖羽贈太子少師祖希振任尚書虞部員外郎父遹贈開府儀同三司吏部尚書世居中山曾祖太宗朝以輔翊功顯賜第於京師居再世而下葬河南遂爲河南人至仁宗朝錄舊臣後以伯溫[redacted]之知龔州時區希範既誅鄉人忽傳其神降言當爲我南海立祠迎其神以往至龔伯溫察其妄乃息徙知磁州又徙漢州嘗晏客開元僧舍酒方行人讙言佛光見觀者相騰踐伯溫安坐不動頃之遂定熙寧法行爲守令者奉命唯恐後伯溫

獨抗議指其未便使者李元瑜怒即移病歸旋致仕累轉大中大夫伯溫爲人慈恕而剛斷平居與幼賤處唯恐有傷其意至于犯義禮則不假也左右使令之人無日不察其饑飽寒燠前後五得任子以均諸父之子孫嫁遣孤女必盡其力所得俸錢分贍親戚之貧者時官小祿薄克己爲義人以爲難方伯溫知虔州興國縣事嘗假倅南安軍周茂叔時爲獄掾不爲守所知伯溫視其氣貌非常人與語果爲學知道者因與爲友乃遣二子從游二子便脫然欲學聖人時年十四五也配壽安縣君侯氏哲宗元祐五年伯溫年八十五卒文彥博蘇頌等九人表其清節詔賜

帛二百官給其葬後追封永年伯明嘉靖九年從祀啓聖祠稱先儒程氏　國朝因之

先儒蔡氏

蔡元定字季通生而穎悟八歲能詩日記數千言父發博覽羣書號牧堂老人以程氏語錄邵氏經世張氏正蒙授季通曰此孔孟正脈也季通深涵其義既長辨析益精登建陽西山絶頂忍饑啖薺讀書聞朱元晦名往師之元晦扣其學大驚曰此吾老友也不當在弟子列遂與講論諸經奥義每至夜分四方來學者元晦必俾先從季通質証焉太常寺少卿尤袤秘書少監楊萬里聯疏薦於朝召之

堅以疾辭築室西山將爲終焉之計時韓侂胄擅政設僞學之禁以空善類言官沈繼祖劉三傑承風連疏詆元晦併及季通寧宗慶元三年季通謫道州聞命不辭家卽就道同其子沉行三千里脚爲流血至舂陵遠近來學者甚衆州縣士子莫不趨席下以聽講說嘗貽書訓諸子曰獨行不愧影獨寢不愧衾勿以吾得罪故遂懈一日謂沉曰可謝客吾欲安靜以還造化舊物閲三日卒時慶元四年也歸葬于西山之麓侂胄旣誅嘉定三年贈廸功郎謚文節季通于書無所不讀於事無所不究義理洞見大原下至圖書禮樂制度無不精妙古書奇辭奥義人所不能曉

者一過目輒解元晦嘗曰人讀易書難季通讀難書易元晦疏釋四書及爲詩傳通鑑綱目皆與季通往復絫訂啓蒙一書則屬季通起藳學者尊之曰西山先生其平生問學多寓於元晦集中所著書有大衍詳說律呂新書燕樂原辯皇極經世太元潛虛指要洪範解八陣圖說元晦爲之序子淵沉皆紹父之學躬耕不仕淵有周易訓解沉別有傳明世宗嘉靖九年從祀啓聖祠稱先儒蔡氏　國朝因之

國學禮樂錄卷之九

國學禮樂錄卷之十

祀典

魯

魯哀公十六年誄孔子曰旻天不弔不憖遺一老俾屏余一人以在位煢煢余在疚嗚呼哀哉尼父無自律 左傳

鄭康成曰尼父者因其字以爲之謚也

丘瓊山曰此後世追謚孔子之始

哀公十七年仍舊宅立廟守塋廟以百戶 闕里志

此給戶守衛之始

魯世世相傳以歲時奉祠孔子冢 史記

漢

高帝十二年上過魯以太牢祠孔子　前漢書

丘瓊山曰此漢以來祀孔子之始

封孔子九代孫騰爲奉祀君　闕里志

此聖裔蔭封之始

詔諸侯王卿相至郡先廟謁而後從政　史記

張海州曰此謁廟蒞政之始

武帝元朔二年拜孔臧爲太常恩賜如三公禮　闕里志

元帝初元元年孔子十三代孫霸以帝師錫爵關內侯食邑八百戸號褒成君徙名數戸籍於長安霸上書求奉孔

子祭祀元帝下詔曰其令師褒成君關內侯霸以所食邑八百戸祀孔子焉故霸還長子福名數于魯奉孔子祀　漢書

丘瓊山曰後世封孔子子孫俾奉其祀者始此

成帝綏和元年詔封殷後以孔子十五世孫吉適子（適讀曰嫡孔吉之嫡子也）何齊爲殷紹嘉侯　前漢書

平帝元始元年六月追謚孔子曰褒成宣尼公改封十六代孫均爲褒成侯食邑二千戸　前漢書　闕里志

丘濬曰此後世尊崇孔子之始亦孔子謚宣之始

東漢

光武建武五年帝過魯使大司空祠孔子　後漢書

建武十四年復孔子十七代孫志爲褒成侯　後漢書闕里志

後漢儒林傳曰初平帝時王莽秉政乃封孔子後孔均爲褒成侯及王莽敗失爵世祖乃復封均子志

明帝永平二年上躬養三老五更於辟雍郡國道州縣邑行鄉飲酒禮於學校皆祀聖師周公孔子　後漢書

永平十五年帝東巡至魯詣孔子宅祠仲尼及七十二弟子親御講堂命皇太子諸王說經　綱目　文獻通考

此後世祀孔子弟子之始謹列弟子姓名於後

孔子家語七十二弟子姓氏

顏回　閔損　冉耕　冉雍　宰予

端木賜　冉求　仲由　言偃　卜商
顓孫師　曾參　澹臺滅明　高柴　宓不齊
樊須　有若　公西赤　原憲　公冶長
南宮縚　公晳哀　曾點　顔繇　商瞿
漆雕開　公良儒　秦商　顔刻　司馬黎耕
巫馬期　梁鱣　琴牢　冉儒　顔辛
伯虔　公孫龍　曹卹　陳亢　叔仲會
秦祖　奚蒧　公祖茲　廉潔　公西輿
宰父黑　公西蒧　穰駟赤　冉季　薛邦
石處　懸亶　左郢　狄黑　商澤

任不齊　漆雕從　燕級　公夏守　句井疆
步叔乘　石子蜀　邽選　施之常　申績
樂欣　顏之僕　孔弗　漆雕哆　懸成
顏相
右魏司馬王肅本
史記仲尼弟子列傳姓氏
顏回　閔損　冉耕　冉雍　宰予
仲由　冉求　端木賜　言偃　卜商
顓孫師　曾參　澹臺滅明　宓不齊　原憲
公冶長　南宮适　公晳哀　曾蒧　顏無繇

商瞿　高柴　漆雕開　公伯寮　司馬耕

樊須　有若　公西赤　巫馬期　梁鱣

顏辛　冉孺　曹䘏　伯虔　公孫龍

已右三十五人頗有年名及受業聞見於書傳其四十有二人無年及不見書傳者紀于左

冉季　公祖句茲　秦祖　漆雕哆　顏高

漆雕徒父　壤駟赤　商澤　石作蜀　任不齊

公良孺　后處　秦冉　公夏首　奚容蒧

公堅定　顏祖　鄡單　句井疆　罕父黑

秦商　申黨　顏之僕　榮旂　縣成

左人郢　燕伋　鄭國　秦非　施之常

顔噲　步叔乘　原亢籍　樂欬　廉潔

叔仲會　顔何　狄黑　邽巽　孔忠

公西輿如　公西蒧

文翁石室圖七十二弟子姓氏

顔回　閔損　冉耕　冉雍　宰予

端木賜　冉求　仲由　言偃　卜商

顓孫師　曾點　曾參　澹臺滅明　高柴

宓不齊　樊須　有若　公西赤　原憲

公冶長　南宮縚　公晳哀　顔由　商瞿

漆雕開　公良儒　秦商　顔刻　司馬耕

巫馬期　梁鱣　琴牢　冉孺　顏辛
伯虔　公孫龍　曹䘏　陳亢　叔仲會
秦祖　奚蒧　公祖茲　廉潔　蘧瑗
宰父黑　公西蒧　褒駟赤　冉季　石處
左郢　狄黑　商澤　任不齊　榮旂
顏噲　秦冉　秦非　漆雕從　燕伋
林放　申黨　步叔褒　石子蜀　施之常
鄭國　樂欣　顏之僕　孔忠　漆雕多
容蒧　顏相
右宋金仁山氏所錄

章帝元和二年帝過魯幸闕里祠孔子作六代之樂帝升廟西面羣臣中庭北面皆再拜帝進爵而後坐大會孔氏男子六十三人命儒者講論語帝謂孔僖曰今日之會於卿宗有光榮乎對曰臣聞明王聖主莫不尊師貴道今陛下親屈萬乘辱臨敝里此乃尊禮先師增輝聖德至于光榮非所敢承帝笑曰非聖者子孫焉有斯言乎遂拜僖郎中賜褒成侯損十八代孫及孔氏男女錢帛有差　杜氏通典　文獻通考

和帝永元四年改封孔子爲褒尊侯及十八代孫爲褒亭侯　闕里志

安帝延光三年帝幸泰山祀于闕里自魯相令丞尉及孔

氏親屬婦女悉會賜帛有差 後漢書

桓帝元嘉二年詔孔子廟置百戶卒史一人掌領禮器春秋享禮出王家錢給大酒直河南尹給牛羊豕各一大司農給米 闕里志

以孔子十八代孫澍爲魯從事終漢世十有一人 闕里志

此漢以來孔子子孫官於鄉之始

靈帝建寧二年詔祀孔子依社稷出王家穀春秋行禮給守塋廟百戶 闕里志

光和元年始置鴻都門學畫先聖及七十二弟子像 闕里志

三國

魏文帝黃初二年復以孔子二十一代孫羨襲封改稱宗聖侯後漢傳曰褒亭侯至獻帝初國絕魏復封令魯修舊廟又於外廣爲屋宇以居學者三國志 闕里志

魏齊王正始二年帝講論語通五年講尚書通七年講禮記通並使太常釋奠以太牢祠孔子於辟廱以顏淵配晉書

丘瓊山曰漢以來釋奠之禮始見於此此前此祀孔子者皆于闕里至是始行于太學

顏子配始見於此

晉

武帝太始三年改封孔子二十三代孫震爲奉聖亭侯詔

大學及魯國四時備三牲以祀孔子　晉書　通典

泰始七年皇太子講經親釋奠於太學太子進爵於先師中庶子進爵於顏子　通考　通典

丘瓊山曰此太子釋奠之始

東晉

元帝大興二年皇太子親釋奠於太學　晉史

明帝太寧三年詔奉聖亭侯孔嶷四時祀孔子如泰始故事　闕里志

成帝咸康元年上親講經行釋奠禮於辟雍　通鑑

穆帝升平元年上講經詔以中堂權立太學行釋奠禮晉史

孝武帝寧康三年上講經行釋奠禮以太學在水南懸遠有司請依穆帝故事權以中堂爲之禮畢會百官六品以上　通典　通考

南北朝

北魏太武帝始光三年起太學於城東祀孔子以顏淵配　魏書

北魏太平眞君十一年車駕南伐至鄒山以太牢祀先聖孔子　魏書

此得禮始立學釋奠先聖先師之意

南宋文帝元嘉三年詔十八代孫孔鮌爲百戶主掌禮器

宋書

元嘉二十二年太子釋奠採晉故事裴松之議應舞六佾宜設軒懸之樂牲牢器幣悉依上公祭畢帝親臨學宴會太子以下悉在　宋書　通考

丘瓊山曰釋奠主六佾軒懸之樂始此

北魏顯祖皇興二年遣中書令高允以太牢祀孔子　綱目

南宋孝武帝孝建元年詔建仲尼廟同諸侯之禮　宋書

北魏獻文帝天安元年詔立鄉學郡置博士二人助教二人學生六十人　通典

北魏獻文帝皇興三年詔賜孔氏四人官　闕里志

北魏孝文帝延興二年詔孔子廟有婦女合雜巫覡淫祀者禁之　魏書

孝文帝延興三年封孔子二十七葉孫乘爲崇聖大夫　闕里志

南齊武帝永明三年有司奏宋元嘉舊事學生到先釋奠先聖先師禮又有釋菜未詳今當行何禮用何樂及何禮器時從喻希議用元嘉故事　通典

孝文帝太和十六年詔宣尼廟别勑有司饗薦之禮　魏書

丘瓊山曰有司饗薦始于此

是年北魏改謚孔子爲文聖尼父　魏書

孝文帝太和十九年如魯城祠孔子改封二十八葉孫靈珍爲崇聖侯拜孔氏四人顏氏二人官　綱鑑　闕里志

此顏子錄後之始

魏立國子太學四門小學於洛陽　綱目

孝文帝太和二十一年賜田以養孔氏子孫　闕里志

此給田之始

南梁武帝天監四年詔立孔廟置五經博士立州郡學　綱目

武帝天監八年皇太子釋奠周捨議請依東宮元會太子著絳紗襮預升殿從者皆服朱衣帝從之　隋書

北齊文宣帝天寶元年改封孔子三十代孫渠爲恭聖侯

闕里志

北齊將講於天子先定經于孔父廟講畢釋奠孔父行三獻禮　隋書

北齊釋奠每歲春秋二仲行禮每月朔制祭酒領博士以下及國子諸學生以上太學四門博士升堂助教以下太學諸生階下拜孔聖揖顏子日出行事郡學則於坊內立孔顏廟博士以下亦每月朝　隋書　通典

丘瓊山曰此後世朔日行禮之始

南梁元帝初在荆州起宣聖廟帝工書善畫自圖畫聖像爲之贊而書之時人謂之三絕　闕里志

此贊孔子之始
北後周靜帝大象二年詔追封孔子爲鄒國公裔孫襲爵如之　周書
陳宣帝大建三年皇太子釋奠先師　隋史
陳後主至德三年釋奠先聖于太學　綱鑑
隋
文帝開皇　年贈孔子爲先師尼父　闕里志
煬帝大業四年改封孔子三十二代孫嗣悊爲紹聖侯
隋書　闕里志
隋制國子寺每歲四仲月上丁釋奠於先聖先師州縣學

則以春秋仲月釋奠　隋書　衍義補

丘濬山曰州縣學定時以春秋二仲釋奠始此

唐

高祖武德二年詔國子監學立周公孔子廟各一所　新唐書　文獻通考

武德七年帝詣國子學釋奠於先聖先師　綱目

唐書云以周公爲先聖孔子配享

武德九年詔改封孔子三十三代孫孔德倫爲褒聖侯　闕里志

太宗貞觀元年詔孔氏子孫並免賦役　闕里志

張海州曰此免賦役之始至周顯德遣使均田抑同編
戶宋太平興國中詔特免之
貞觀二年左僕射房元齡等議武德中詔釋奠於太學以
周公爲先聖孔子配享臣以爲周公尼父俱稱聖人庠序
置奠本緣孔子故五代及隋皆以孔子爲先聖顏回爲先
師别祀周公請停周公以孔子爲先聖顏回配從之衍義補
丘瓊山曰至是始定以孔子爲先聖顏子爲先師
貞觀四年詔州縣皆作孔子廟 新唐書
此郡縣學立廟之始
貞觀十一年詔尊孔子爲宣父命褒聖侯德倫祭服元冕

朝會同三品　新唐書　闕里志

貞觀十四年上釋奠於國子學命祭酒孔穎達講孝經

闕里志

貞觀二十年詔皇太子詣國學釋奠於先聖先師皇太子爲初獻國子祭酒爲亞獻司業爲終獻初釋奠以博士自爲祭主至是中書侍郎褚遂良等奏請國學釋奠令國子祭酒爲初獻祝辭稱皇帝謹遣仍令司業爲亞獻博士爲終獻其諸州刺史爲初獻上佐爲亞獻博士爲終獻其縣學令爲初獻丞爲亞獻無博士以主簿爲終獻若闕並以次差攝州縣獻主旣請遣刺史望准給祭祀明衣國學令

祭以太牢樂用軒縣六佾之舞並登歌一部上丁與大祭祀相遇改用中丁州縣常用上丁無樂牲用少牢　新唐書　衍義補　文獻通考

丘瓊山曰此後世國學遣官釋奠之始前此蓋學官自祭也而州縣以守令主祭亦始于此

貞觀二十一年詔以左丘明卜子夏公羊高穀梁赤伏勝高堂生戴聖毛萇孔安國劉向鄭衆賈逵杜子春馬融盧植鄭元服虔何休王肅王弼杜預范甯二十二人代用其書垂於國冑自今有事於太學並令配享尼父廟堂　唐書　通考

丘瓊山曰此後世以先儒配享之始

高宗顯慶三年詔仲尼廟樂用宣和之舞國子博士范頵

撰樂章　通考

歷代帝王祭祀孔子樂章不相沿襲而今所用者則

仍有明所定者也

明太祖洪武初欽定釋奠文廟樂章　至今因用

迎神　咸和之曲無舞

大哉孔聖道德尊崇維持王化斯民是宗典祀有常精

純益隆神其來格於昭聖容

奠帛　寧和之曲有舞

自生民來誰底其盛惟師神明度越前聖粢帛具成禮
容斯稱黍稷非馨惟神之聽

初獻　安和之曲有舞

大哉聖師實天生德作樂以崇時祀無斁清酤惟馨嘉
牲孔碩薦修神明庶幾昭格

亞終獻　景和之曲有舞

百王宗師生民物軌瞻之洋洋神其寧止酌彼金罍惟
清且旨登獻于三於嘻成禮

徹饌　宣和之曲無舞

犧象在前豆籩在列以享以薦旣芬旣潔禮成樂備人

和神悅祭則受福率遵無越

送神　祥和之曲無舞

有嚴學宮四方來宗恪恭祀事威儀雍雍歆格惟馨神馭還復明禋斯畢咸膺百福

望瘞　曲同送神無舞

右攷大明會典

乾封元年車駕過曲阜祀孔子贈太師　新唐書　綱鑑

總章元年贈顏回太子少師曾參太子少保並配享孔子　通考

丘瓊山曰此後世追贈孔門弟子之始而以曾參配享

亦始於此

○周武氏天授元年封孔子爲隆道公　新唐書

睿宗太極元年加贈顔子太子太師曾子太子太保皆配

享　新唐書

元宗開元七年皇太子齒胄於學謁先聖詔三獻皆用胄

子　新唐書

謹按太子入學齒胄注齒以年相序也胄裔也文王

世子行一物而三善皆得者唯世子而已其齒於學

之謂也陳氏註世子與同學之人讓齒也

開元八年司業李元瓘言孔宣父廟顔子配像立侍據禮

合從坐侍又四科弟子閔子騫等雖列像廟堂不預享祀而范甯等皆霑從祀請列享在二十二賢之上七十子者文翁之壁尚不闕如豈有國庠遂無圖繪請圖形於壁兼爲立贊曾參以孝受經于夫子請享之如二十二賢乃詔顏子等十哲爲坐像悉預祀曾子特爲塑像坐十哲之次圖七十子及二十二賢於廟壁上以顏子亞聖親爲製贊書於石閔損以下令在朝文士分爲之贊題其壁　通典

通考　唐書

開元十三年車駕過曾詣孔子宅親設奠祭遣使以太牢祭其墓　唐書　綱鑑

詔褒聖侯每代長子一人承爵兼賜一子官（闕里志）

開元二十七年詔追諡孔子爲文宣王南向坐（先時學中以周公南面而夫子坐西牖下貞觀中停周公祭而夫子位未改至是二京國子監天下州縣夫子始皆南向）被王者衮冕服（周洪謨曰衮冕之名通乎上下天子之服十二旒十二章一品之服九旒九章）兩京樂用宮懸追贈顏子爲兗公西向配閔子騫冉伯牛冉仲弓宰子我端木子貢冉子有仲子路言子游卜子夏九人爲侯曾子輿等七十三人爲伯東西列侍（通典 唐書）

丘文莊曰文宣之謚始此亦孔子封王弟子封公侯伯之始

改封孔子三十五代孫璲之爲文宣公（新唐書 闕里志）

開元二十八年詔春秋二仲上丁以三公攝事　新唐書

肅宗上元元年歲旱罷中小祀太學仍祀文宣王　新唐書

德宗貞元二年釋奠詔自宰臣以下畢集於國學　闕里志

貞元間每年春秋釋奠祝版御署訖北面而揖時歸崇敬爲膳部郎中奏以爲其禮太重按大戴禮師尚父授周武王丹書武王東面受之請參酌輕重庶得其宜　通考　闕里志

憲宗元和十五年詔文宣王家與一子官　闕里志

武宗會昌五年有事于南郊詔賜孔氏一子官　宣僖兩朝並如之

宣宗大中元年宰臣向敏中請賜百縑充享祀　唐書

五代

唐莊宗長興二年復祀文宣王廟朱梁喪亂祀典寢廢此特復之　宋史

周太祖廣順二年親征至兗如曲阜謁孔子祠旣奠將拜左右曰孔子陪臣也不當以天子拜之周主曰孔子百世帝王之師敢不敬乎遂拜如墓復拜敕禁樵採　通攷

通鑑

宋

太祖建隆元年帝視國子學詔增置祠宇塑繪先聖賢像自爲贊書於孔顏座端令文臣分撰餘贊禮成詔置戟仗於中門外　綱鑑

乾德五年詔以孔宜爲曲阜主薄奉孔子祀　綱鑑

謹按宜孔子四十四代孫文宣公仁玉之子五季以來襲封廢絶至是命宜主祀事

太宗太平興國二年上幸學賜鄉貢進士孔世基官闕里志

太平興國三年詔復孔宜襲封文宣公帝召宜問孔子世嗣宜言歷代以聖人之後不預庸調周顯德中均田遂抑本家爲編戶至今不免詔復其家綱鑑

端拱元年帝幸國學謁文宣王通攷

淳元四年上從監庫吏臣請先聖廟六衙朔望行香宋史

眞宗咸平元年以孔世延襲封文宣公家語附錄

景德三年詔令諸道州府軍監以庫餉支葺所在文宣王

廟　宋史

大中祥符元年東封禮畢如曲阜謁文宣王廟內外設黃麾仗上服鞾袍詣廟行酌獻禮初有司定儀止肅揖上再拜又詣叔梁紇堂命近臣分奠七十二弟子先儒遂如孔林以樹木擁道降輿乘馬至文宣王墓奠拜加謚曰玄聖文宣王追封父叔梁紇齊國公母顏氏魯國太夫人妻亓官氏鄆國夫人二年賜文宣王廟桓圭一令就廟立學頒養孔氏子孫封弟子兗公顏回爲兗國公費侯閔損等九人爲公郕伯曾參等六十二人爲侯追封先儒魯史左丘明等二十一人爲伯內王肅故蘭陵亭侯贈司空杜預故

當陽侯贈司徒五年以玄聖犯聖祖諱改爲至聖 通考 綱鑑

宋史 闕里志

丘瓊山曰此後世從祀諸儒有封爵之始

張朝瑞曰此立學教聖裔之始

上謁廟畢詔孔氏公族併許陪位賜祭田百頃孔延渥等五人同學究出身宣賜孔氏銀三百兩帛三百疋 闕里志

祥符七年詔從王旦言祭天禮畢詣文宣王廟行禮 宋史

天禧元年判國子監孫奭言釋奠舊禮以祭酒司業博士爲三獻新禮以三公行事近年只差獻官二員通攝未副崇祀嚮學之意望令備差太尉太常光祿卿以充三獻詔

可　通考

又詔釋奠儀注及祭器圖令崇文館雕印頒行天下諸路

通考

仁宗天聖元年初即位幸國子監釋奠先聖　闕里志

景祐元年詔釋奠用登歌　衍義補

丘瓊山曰本朝釋奠孔子用登歌堂上堂下之樂咸備

自是盛朝要典

嘉祐六年賜飛白書殿榜并金字篆廟碑差劉溫叟齎至

曲阜初寫碑時上齋沐臨筆其隆重如此　闕里志

慶曆四年帝幸太學謁先聖再拜　通考　宋史

至和二年改封孔子四十六代孫文宣公宗愿爲衍聖公
闕里志

綱鑑云太常博士祖無擇言祖諡不可加後嗣乞更定
美謚乃改封焉

神宗元豐六年追封孟軻爲鄒國公　綱鑑

元豐七年詔以孟軻配食孔子位次顏子荀況楊雄韓愈
並封伯從祀　綱鑑　闕里志

丘瓊山曰此孟子配享孔子之始

哲宗元祐元年令孔子後襲封者專主奉祀睦族不領他
職每遇親祠大禮冬正朝會許赴闕陪位　通考

聖裔赴闕陪位始見于此明朝每逢天子視學必遣

官取衍聖公并三氏子孫赴京分獻觀禮宴賜

元祐六年帝臨國子監釋奠于孔子一獻再拜聽祭酒豐

稷講無逸終篇乃還或曰祖宗視學必有爵命金帛之錫

呂大防曰古者天子視學乃常事也吾欲天子時時幸焉

金爵之賚後日何可繼也聞者乃服　綱鑑

元祐八年勑將元年舊賜祭田一百頃均給族人新賜田

一百頃撥二十頃廟學贍生員二十頃充歲時祭祀十頃

置殿庭簾幙其五十頃歲收租修葺祠宇隨又增賜田一

百大頃免其稅課　闕里志

徽宗崇寧元年詔追封孔鯉為泗水侯孔伋為沂水侯

通考

崇寧三年太常寺言國朝祀儀諸壇祠祭正位居中南面配位在正位之東南西面若兩位亦為一列以北為上其從祀之位又在其後今國子監顏子孟子配享之位卽與閔子騫等從祀之位同作一列雖坐次少出而在文宣王帳座之後於配食之禮未正請改正顏子而下從享位次為圖頒示天下從之　通攷

崇寧四年詔太常寺考正文宣王廟像冠服制度用王者冕十二旒袞服九章令天下學宮如式改正　綱鑑

從國子司業蔣靖之請也

以王安石配享孔子位次孟子　綱鑑

詔辟雍文宣王殿名曰大成帝遂謁大成殿　宋史

大觀元年大司成強淵明言攷禮經士始入學釋菜請自

今每歲貢士始入辟雍並以元日釋菜于先聖從之　通攷

張朝瑞曰漢以來釋菜之禮始見于此夫始教祭菜禮

之以簡爲貴者也南朝宋齊以來迺以釋奠行之幾于

重矣至宋大觀中始定貢士釋菜之儀國朝因之每進

士釋褐及國學朔望日俱行釋菜禮正合始教祭菜之

義

大觀二年詔躋子思從祀 通考

從通仕郎侯孟請也

大觀四年文宣王改執鎮圭廟門增立二十四戟並如王者之制 通攷

是年孔子弟子公夏首后處公肩定顏祖鄡單罕父黑秦商原亢樂欬廉潔十人續贈侯爵從祀 通攷

宋祥符大觀中加封孔門弟子八十二人比家語少縣亶一人多公伯寮秦冉林放申棖鄡單蘧瑗六人

政和元年詔曾參顓孫師南宮縚司馬犂耕琴牢左丘明穀梁赤戴聖八人封爵皆犯聖諱悉更之 通攷

政和三年追封王安石爲舒王子雱爲臨川伯並從祀孔

子廟庭　綱目

政和五年太常寺卿魏漢津製大晟樂成詔下國子學選

諸生肄習以祀先聖　宋史

詔鄒縣孟子廟以樂正子配享追封侯萬章公孫丑浩生

不害孟仲子陳臻充虞屋廬連徐辟陳代彭更公都子咸

丘蒙高子桃應盆成括季孫子叔曹交十七人從祀追封

伯　通攷

政和六年賜堂上正聲大樂一副禮器一副於闕里　闕

里志

宣和四年幸太學奠謁時特賜孔朝端上舍出身　闕里志

宣和六年幸學特賜孔端木進士第永爲舊規

欽宗靖康元年罷王安石配享猶從祀廟庭徹雱從祀　綱鑑

南宋　遼金附

高宗建炎元年孔子四十八代孫衍聖公端友從帝南渡　闕里志

遂居於衢金以端友之弟端操權襲封衍聖公於曾

紹興二年以孔端友之子玠襲封衍聖公於衢　闕里志

紹興七年仙源縣主簿孔若鑑奏免賜田稅課詔從之　宋史

紹興八年賜衍聖公玠衢州田五頃以奉祀事 綱鑑

紹興十年詔文宣王殿與大社大稷並爲大祀 宋史

紹興十四年國學大成殿成帝謁孔子止輦於大成門外入幄羣臣班列於庭帝出幄升東階跪上香執爵三祭酒再拜羣臣皆再拜帝降入幄分奠從祀如常儀遂臨太學

通攷

遼太祖神册三年建孔子廟於遼都次年落成躬謁祭奠

通攷

孝宗淳熙四年幸太學 通攷

去王雱畫像 宋史

金熙宗皇統元年親祀孔子　遼金史

皇統二年勑免孔氏子孫賦役　遼金史

金世宗大定十四年國子監大成殿成詔聖像冕十二旒服十二章兖國公鄒國公像九旒九章上親釋奠登歌雅樂　金遼史

金章宗明昌元年上訪者德賜孔端修進義校尉查舊賜田二百大頃兵革蕩失過半召戶部于近縣貼撥足之　闕里志

明昌二年孔子廟門置下馬牌　闕里志

明昌四年上幸學以襲公年幼賜孔璪權管勾祀事

明昌五年續給地六十餘頃房產四百間　闕里志
泰和元年再撥廟東南地六十四畝有奇助釋奠費　金史
金章宗承安二年春丁親祀孔子以親王攝亞終獻皇族陪祀文武羣臣助奠　金史
寧宗慶元三年定文宣王爲中祀　闕里志
理宗寶慶三年詔贈朱熹太師追封信國公紹定三年改封徽國公　綱鑑
淳祐元年詔追封周敦頤汝南伯張載郿伯程顥河南伯程頤伊陽伯與徽國公朱熹竝從祀孔子廟庭黜王安石從祀　綱鑑

丘瓊山曰此周程張朱從祀之始

按綱鑑寧宗嘉定四年國子司業劉爚奏刊朱子四書集註章句於太學

帝謁孔子遂臨太學 綱鑑

景定二年詔追封張栻呂祖謙爲伯從祀孔子廟庭 綱鑑

度宗咸淳三年帝詣太學謁孔子行舍音釋菜禮以曾參孔伋並顏回孟軻配享升顓孫師于十哲列邵雍司馬光於從祀 綱鑑 衍義補

丘瓊山曰此顏曾思孟配享之始

元

世祖至元十年詔春秋二丁執事官各依品序朝服致祭諸弟子員衣襴衫戴唐巾行禮　元史　綱鑑

至元十九年孔子五十三代孫宋衍聖公洙辭爵授國子祭酒兼提舉淛東學校　闕里志　綱鑑

成宗大德元年勅有司到任先謁孔子以次詣神廟著爲令　綱鑑

大德十一年武宗即位制加孔子號曰大成　衍義補

武宗至大二年春正月定制大成至聖文宣王春秋二丁釋奠用太牢　元史

至大四年詔以銀幣詣闕里祀孔子　衍義補

仁宗皇慶元年遣宦者李邦寧釋奠於孔子　綱鑑

綱鑑邦寧旣受命行禮方就位忽大風起殿上及兩廡燭盡滅燭臺底鐵鐏入地尺許祭器無不拔者邦寧悚息伏地諸執事者皆伏頁久風息乃成禮邦寧因慚悔累日

皇慶二年以許衡從祀孔子　元史　衍義補

延祐三年追封孟子父孟孫氏爲邾國公母爲邾國宣獻夫人　闕里志

以孔子五十四代孫思晦襲封衍聖公　闕里志

延祐七年詔以白金一百五十兩錦綺雜綵表裏各一十

三叚遣說書王存義詣魯以太牢祀孔子帝手香加額以授之　闕里志

泰定帝泰定元年遣使至曲阜以太牢祀孔子　綱鑑

文宗至順元年七月加封孔子父齊國公叔梁紇爲啓聖王母魯國太夫人顏氏爲啓聖王夫人顏子兗國復聖公曾子郕國宗聖公子思沂國述聖公孟子鄒國亞聖公河南伯程顥豫國公伊陽伯程頤洛國公　元史

九月詔以漢董仲舒從祀孔子位列七十二子下　元史

順帝元統三年封顏子父無繇爲杞國公謚文裕　陋巷志

是時無繇已加封至國公伯魚曾晳已封侯爵然尚

在兩廡從祀至激公宜亦追封郕國公矣雖未與從祀而顏曾思三子堂上侑食乃父坐于廡下義殊未安至明周弘謨等議以配享啓聖萬世而下眞覺禮之至而義之盡矣

國學禮樂錄卷之十

國學禮樂錄卷之十一

祀典

明

明太祖洪武元年二月丁未詔以太牢祀孔子於國學仍遣官詣曲阜祭告闕里定列聖登極承著爲制　會典

十一月以孔子五十六世孫希學襲封衍聖公弟希大爲曲阜知縣皆世襲　會典

十二月詔立孔顔孟三氏教授司尼山洙泗二書院命博士孔克仁等授諸子經功臣子弟亦令入學　通紀

洪武四年令進士釋褐詣國學行釋菜禮　會典

是年禮部更定釋奠孔子祭器禮物初孔子之祀像設高座而器物陳於座下弗稱其儀其來已久至是定擬各爲高案其豆籩簠簋悉代以磁器　衍義補

丘瓊山曰宋蘇軾謂古者坐於席故籩豆之長短適與人均今土木之像旣已巍然於上而列器皿於地使鬼神不饗則不可知若其享之則是俯伏匍匐而就食也由是觀之則孔子廟自唐設塑像以來已如此歷宋至元未之有改至是始正之云

洪武七年二月丁酉朔日食丁未祀孔子上丁日食改用仲丁

洪武十五年太學成孔子以下去塑像易木主遣禮臣以

太牢祭　衍義補　吾學編

帝遂視學釋菜皮弁服詣位再拜獻爵復再拜　憲章錄

按洪武皮弁服行釋菜禮正合學記皮弁祭菜之義

至永樂四年將視太學禮官議宋制謁孔子正服靴

袍再拜帝曰見先師禮不可簡乃服皮弁行四拜禮

洪武十七年敕每月朔望祭酒以下行釋菜禮郡縣長以

下詣學行香　衍義補

洪武二十六年頒大成樂於天下府學令州縣如式製造

會典

洪武二十九年春三月壬申詔文廟罷楊雄從祀

從行人司副楊砥言也

建文元年帝祀孔子幸太學　吾學編

成祖永樂四年謁孔子于太學　吾學編

仁宗洪熙元年賜衍聖公孔彥縉宅

宣宗宣德元年登極遣太常寺丞孔克準詣闕里祭告自

先師以下四配十哲兩廡凡九壇俱用太牢　憲章錄

英宗正統二年以宋儒胡安國蔡沈真德秀從祀孔子廟

庭　吾學編

正統三年禁祀孔子於釋老宮令祭物非所產者以所產

代　吾學編

正統九年帝幸學釋奠孔子　憲章錄
景泰元年上卽位遣翰林院侍講吳節以香帛詣闕里祭
告
景泰三年令顏子孟子嫡孫世爲五經博士　闕里志
景泰六年以宋儒朱熹裔孫梴世襲翰林院五經博士
憲章錄
景泰七年以宋儒周敦頤裔孫冕爲翰林世五經博士
憲章錄
英宗天順元年遣工科給事中孫昱詣闕里祭告
憲宗成化元年帝幸太學釋奠孔子　吾學編

成化二年追封董仲舒胡安國蔡沈眞德秀爲伯　會典

成化十三年增孔子樂舞籩豆之數　吾學編

孝宗弘治元年帝視太學釋奠孔子改分獻爲分奠吏部尚書奏請加禮上從之前特用幣改太牢　通紀

弘治六年詔以孔子五十九代孫彥繩世爲翰林五經博士主衢州廟祀　憲章錄

從衢州府知府沈杰議也

弘治九年追封宋儒楊時爲將樂伯從祀孔子廟庭

弘治十二年闕里廟災遣官祭告　闕里志

弘治十七年闕里廟成遣輔臣李東陽祭告　闕里志

武宗正德元年帝視太學謁孔子 闕里志

設子思書院博士一員以襲封衍聖公嫡次子孫爲之 闕里志

正德八年流賊犯闕里遣撫臣祭告 闕里志

世宗嘉靖元年帝視太學謁孔子止輦於欞星門外 闕里志

詔以朱熹守婺源祠十一世孫墅蔭錄翰林院五經博士 文公年譜

初景泰六年詔以朱子建安九世孫梴世襲翰林院五經博士以奉祭祀婺源守祠九世孫楙送國子監讀書至是守臣張芹等復援孔氏曲阜例以請故有是命今

朱氏有兩博士云

嘉靖九年釐正舊號題曰至聖先師孔子神位四配稱復聖顏子宗聖曾子述聖子思子亞聖孟子之位從祀十哲以下及門弟子七十二人皆稱先賢某子之位左丘明以下二十九人皆稱先儒某子之位盡罷公侯伯諸封爵

詔罷祀公伯寮秦冉顏何荀況戴聖劉向賈逵馬融何休王肅王弼杜預吳澄十三人

改祀先賢林放蘧瑗先儒鄭元鄭衆盧植服虔范甯七人於其鄉

進后蒼王通胡瑗歐陽脩陸九淵從祀

改稱大成殿爲先師廟大成門曰文廟減籩豆十二爲十
八佾爲六闕里天下府州縣籩豆十爲八
特立祠祀齊公叔梁紇稱啟聖公孔氏以顏無繇曾點孔
鯉孟孫激配稱先賢程珦朱松蔡元定從祀稱先儒撤無
繇點鯉兩廡從祀　會典　吾學編
從大學士張璁之議是時璁以矯議大禮迎合世宗
寵信無比而聖廟祀典其持論甚正故悉可其奏焉
三月帝釋奠先師遂幸太學　會典
十三年帝視太學釋奠先師服皮弁謁拜用特牲奠帛行
釋奠禮樂三奏文舞八佾從祀及啟聖分奠用酒脯已視

學進諸生橫經布講仍諭敦本尚實勿徒事詞章　通紀
嘉靖十八年令曾子嫡孫世襲翰林院五經博士　通紀
兖州府志
穆宗隆慶元年帝視太學釋奠先師　闕里志
隆慶五年詔以薛瑄從祀孔子廟庭　闕里志
神宗萬曆元年帝釋奠先師遂幸太學
萬曆四年帝幸太學釋奠先師　闕里志
萬曆十二年詔以新建伯王守仁檢討陳獻章布衣胡居
仁從祀孔子廟庭　崇祀錄
萬曆二十三年詔以周輔成從祀啟聖祠

從湖廣撫按郭惟賢等之請也

萬曆四十二年詔以羅從彥李侗從祀孔子羅祀東廡位朱子上李祀西廡位南軒上從學臣熊尚文禮部孫慎行之請也　歷代祀典

熹宗天啟二年妖賊徐鴻儒犯曲阜知縣孔聞禮拒之事聞詔遣官詣闕里慰祭　資治通紀

天啟三年妖賊徐鴻儒平詔脩復孟氏墓廟遣官致祭

天啟五年上視太學行釋奠禮

懷宗崇禎二年帝釋奠先聖于太學

崇禎十四年上視太學釋奠先師　明年二月議改周邵二程張朱六子木主進稱

先賢位列七十子之
下漢唐諸儒之上

定制歲仲春秋上丁皇帝御奉天殿傳制遣大臣以太牢致祭至聖先師孔子于太學南京太學遣祭酒禮三獻樂六奏文舞六佾司府州縣衛學各提調官行事用少牢禮樂如太學是日子夜先祭啟聖公孔氏用少牢太學遣祭酒南京太學司業司府州縣衛學各提調官行事　吾學編

國學禮樂錄卷之十一

國學禮樂錄卷之十二

祀典

國朝

世祖章皇帝順治初年遣官祭告闕里 大清會典 兗州府志

順治二年

帝幸太學行釋奠禮 會典

順治八年

上遣都御史劉昌詣闕里祭告加稱大成至聖文宣先師孔子 從李若琳龔鼎孳之請也 闕里志 祀典

以孔子六十六代孫興燮襲封衍聖公進爵少保兼太子

太保　會典

順治九年

帝視太學行釋奠禮詔孔氏四人顏氏二人入覲觀禮賜

官有差　陋巷志　會典

今上康熙元年

帝視太學行釋奠禮　國朝祀典

康熙七年

上遣光祿寺卿楊永寧詣闕里祭告　闕里新志

康熙九年　詔賜先賢程子後裔程宗昌世襲翰林院五

經博士

康熙十五年　詔賜先賢仲子後裔仲秉貞世襲翰林院
五經博士
康熙十九年　詔賜先賢程子後裔程延祀世襲翰林院
五經博士以程氏二子不應止襲一人特增博士一員令各以其嫡子孫爲之
詔以先儒周敦頤張載後裔世襲五經博士如程朱二氏
例　恩例
康熙二十一年遣僉都御史宋文運詣闕里祭告　祀典
康熙二十二年詔議祀禮
是年十一月初六日國子監祭酒王士禛等一本奏
爲恭請酌定

先師祀典以光一朝之制度以垂萬世之法守事切惟

聖莫盛於仲尼禮莫大於祀典故凡受命之君莫不

奉以爲師崇其秩祀我

皇上親政以來丕崇文教臨雍釋奠誠以道隆則從而隆

不拘乎其位也臣等攷之前代自漢高帝始以太牢

祀孔子至唐宋元而隆以王號明成化弘治間祭酒

周洪謨奏請佾舞當與冕服相稱增以八佾十二籩

豆雖歷代因革損益不同然以

至聖之道歷久而彌尊故凡崇祀之典有隆而無替其

改大祀而爲中祀則嘉靖九年佞臣張璁之議也臣

等伏思孔子德配
天地道冠古今堯舜禹湯文武得孔子而道統不昧於見聞
君君臣臣父父子子而倫彝不泯于宇宙自生民以
來誠未有盛焉者也揣瑀之意不過以孔子生未得
位不當舞八佾不知以位論之則孔子非但不得舞
八佾並不得舞六佾乃歷代之君相與尊崇之有加
無已者以道不以位也且禮樂祭從主者以天子而
祀其師自當用天子禮樂我
皇上文德武功超邁前古褒崇正學誅斥異端作
君作師直接堯舜以來之道統則議禮制度考文上軼

百王下垂億禩此其時矣伏乞

勅下禮臣并廷臣集議

先師祀典樂舞籩豆酌成化弘治年間儀制俾一百五

十餘年缺略之典煌然復昭于盛世尊道重德之禮

特垂範于無窮矣疏上奉

旨該部議奏十二月內部議沮遂不果行至明年甲子

上幸闕里以圜丘禮祀之則尊師之典與

天並隆蓋至此而無以復加矣

康熙二十三年十一月十八日

帝東巡狩　駕幸闕里以圜丘禮親祀至聖孔子於大成

殿奏咸和諸樂

上手書萬世師表四字於闕里聖殿遂頒式天下學宮摹

勒御筆製匾懸之復

賜衍聖公加太子太師孔毓圻曲柄龍蓋一大蟒袍一曲

阜令孔大蟒袍一陪祀諸博士小蟒袍各一

賜十哲兩廡先賢先儒嫡子孫各世襲奉祀生員一名食

九品俸　幸魯盛典

上復詣至聖林墓瞻拜如禮駕御金聲堂是日聖裔舉

人孔尚元監生孔尚任進講經義克副

上意各授國子監博士贊禮生員孔毓璋等四人各授官

有差餘聖裔庠生各賚銀五兩　闕里新志

上駐蹕東魯遣　親王致祭先聖周公墓廟擇公裔東野氏名沛然者爲翰林院五經博士子孫世襲　幸魯盛典

康熙二十五年　御製至聖先師孔子贊頌布天下俾勒石於學宮　國朝盛典

康熙二十六年

上勑禮臣修飭文廟禮制樂器令天下學宮擇鄉郡俊秀習佾舞　國朝盛典

康熙二十八年遣内閣學士彭孫遹祭告闕里

御製顔曾思孟四子贊頌布天下俾勒石於學宮　國朝盛典

康熙三十五年遣光祿寺卿李錦祭告闕里

康熙三十六年遣翰林院侍講學士史夔祭告闕里闕里新志

康熙三十八年

上東巡狩　駕幸闕里

躬祭先聖行釋奠禮翼日如墓祭拜如廟禮　幸魯盛典

詔以先賢閔子後裔閔衍籍端木子後裔端木謙並世襲

翰林院五經博士　南巡盛典

康熙四十一年　詔以先儒邵子後裔邵文學世襲翰林

院五經博士　南巡盛典

康熙四十二年遣詹事府詹事徐秉義祭告闕里

康熙四十三年平定朔漠告成太學立碑釋奠

康熙四十四年

上南巡狩先賢言子裔孫德堅蒙恩召對　詔禮臣議襲

五經博士

康熙四十八年遣侍講學士梅之珩祭告闕里

康熙五十一年

上念先賢朱子發明聖道執於中正厥功甚偉加意褒崇

特命禮臣升祔木主自東廡移於　大成殿十哲之次配

享至聖

康熙五十二年遣戶部右侍郎廖騰煃祭告闕里

康熙五十四年　詔以宋名臣范仲淹身通六經政尚忠
厚
特允從祀　文廟西廡以示崇奬儒臣至意
康熙五十七年遣内閣學士張廷玉祭告闕里
康熙五十八年五月初六日遣禮部員外郎舒瞻賫送
御製中和樂器一分於闕里　先師孔子廟

國學禮樂錄卷之十三

禮經

禮王制四代之學有虞氏上庠下庠夏后氏東序西序殷人右學左學周人兼之

學記古之王者建國君民敎學爲先古之敎者家有塾黨有庠術有序國有學

周禮大司樂掌成均五帝學名之法以治建國之學政而合國之子弟焉凡有道者有德者使敎焉死則以爲樂祖祭於瞽宗

鄭康成曰有道德者若舜命夔典樂教胄子是也死則

以爲樂祖神而祭之也明堂位曰瞽宗殷學也

賈公彥曰祭樂祖必於瞽宗者文王世子云春誦夏絃

太師詔之瞽宗以其教樂在此故祭樂祖亦還在此

王制天子曰辟雍諸侯曰頖宮

陳澔曰辟明也雍和也頖之言班也所以班政教也

大胥春入學舍音釋後采讀作合舞秋頒樂合聲菜放此

鄭康成曰春始以學士入學宮而學之必釋菜禮先師

也菜蘋蘩之屬春使之學秋頒其才藝所爲合舞者等

其進退使應節奏合聲者等其曲折使應節奏也

賈公彥曰頒分也分其才藝高下

呂與叔曰釋菜之禮禮之至簡者也皆不在多品貴其誠也其用有三每歲春合舞則行之月令云仲春命樂正合舞舍采也始立學則行之文王世子云既受器用幣然後舍菜是也始入學則行之學記云始教皮弁祭菜示敬道也

禮記王制天子將出征類乎上帝宜乎社造乎禰禡於所征之地受命於祖（告廟也）受成於學（定兵謀也）出兵執有罪反釋奠於學以訊馘告

陳祥道曰訊者問其首馘者截其耳釋奠於學而告之者以學者文德之地也

月令仲春之月上丁命樂正習舞釋菜天子乃帥三公九卿諸侯大夫親往視之仲丁又命樂正入學習樂

孔穎達曰此仲春習舞則大胥春入學舍菜合舞一也據人所學謂之習舞節奏齊同謂之合舞按大胥秋頒學合聲周禮也月令仲秋無合聲者殷法也故不同

陳澔曰仲春上旬必用丁者以先庚三日後甲三日也習舞釋菜謂將教習舞者則先以釋菜之禮告先師也

陳祥道曰釋奠日用上丁者丁象火也火象文教宣明

曲禮曰內事以柔日故取陰火也

文王世子凡學春官釋奠於其先師秋冬亦如之

鄭康成曰官謂禮樂詩書之官周禮曰凡有道者有德
者使敎焉死則以爲樂祖祭於瞽宗此之謂先師若漢
禮有高堂生樂有制氏詩有毛公書有伏生可以爲之
也不言夏夏從春可知也
陳澔曰釋奠者但奠置所祭之物而已無尸無飲食酬
酢等事主於行禮非報功也
凡始立學者必釋奠於先聖先師及行事必以幣
孔頴達曰諸侯始立學釋奠先聖先師天子亦然
陳澔曰諸侯初受封天子命之敎於是立學所謂始立
學也立學事重故釋奠於先聖先師四時之敎常事耳

故惟釋奠於先師而不及先聖也行事謂始立學而行

釋奠之事必以幣必奠幣爲禮也

劉執中曰周有天下立四代之學虞庠則以舜爲先聖

夏學則以禹爲先聖殷學則以湯爲先聖東膠則以文

王爲先聖各取當時左右四聖成其德業者爲之先師

配享焉此天子立學之法也

凡釋奠者必有合也（朱子曰合樂）有國故（朱子曰國有凶喪之故）則否凡

大合樂必遂養老

鄭康成曰大合樂謂春入學舍采合舞秋頒學合聲時

則天子視學焉遂養老者謂用其明日也

陳澔曰凡行釋奠之禮必有合樂之事若國有凶喪之故則雖釋奠不合樂也常事合樂不行養老之禮惟大合樂之時人君視學必養老也

始立學者既興（作釁）器（句）用幣（句）然後釋菜不舞不授器乃退儐于東序一獻無介（副也）語可也（先時不語禮尚嚴也）教世子

陳澔曰立法之初未有禮樂之器及其制作之成塗釁既畢即用幣於先聖先師以告此器之成繼又釋菜以告此器之將用也凡祭祀用樂舞者則授舞者以所執之器如干戚羽籥之類今此釋菜禮輕既不用舞故不授舞器也諸侯有功德者亦得立學代之學東序夏制

也與虞庠相對東序在東虞庠在西今釋菜于虞庠既畢事乃從而退儐禮其賓于東序之中其禮既殺惟行一獻無介與語亦可也此以上雖不專是教胄子之事然以教世子爲主故以此句總結上文

熊禾曰釋奠有六始立學釋奠一也合四時釋奠五也王制師還釋奠於學六也釋菜有三春入學釋菜合舞一也此釁器釋菜二也學記皮弁祭菜三也秋頒學合聲無釋菜之文則不釋菜也釋幣惟一卽此釁器用幣是也

天子視學大昕鼓徵所以警衆也衆至然後天子至乃命

有司行事興秩節祭先聖先師焉有司卒事反命

陳澔曰天子視學之日初明之時學中擊鼓以徵召學士蓋警動衆聽使早至也凡物以初爲大末爲小故以大昕爲初明也有司教詩書禮樂之官也興舉秩常節禮也卒事反命謂釋奠事畢復命于天子也

始之養也適東序釋奠於先老

陳澔曰天子視學在虞庠之中事畢反明日乃之東序行養老之禮始謂始立學先老先世之三老也

學記大學始教皮弁祭菜示敬道也

吳澂曰古者始入學必釋菜于先聖先師故大學始初

之教有司先服皮弁行釋菜禮蓋示學者以敬先聖先師之道也常服元冠今加服皮弁芹藻之菜簡質而潔皆示敬也

祭法夫聖王之制祭祀也法施於民則祀之以死勤事則祀之以勞定國則祀之能禦大災則祀之能捍大患則祀之

孔穎達曰法施於民若神農后土帝嚳與堯禼及黃帝顓頊之屬以死勤事舜及鯀冥是也以勞定國禹也禦大災捍大患湯及文武是也

陳祥道曰法施於民民功曰庸也以死勤事以勞定國

事功曰勞也禦天之大災捍人之大患治功曰力也

張朝瑞曰按新唐書曰祀典法施於人則祀之如仲尼祖述堯舜憲章文武删詩書定禮樂修春秋使君君臣臣父父子子皆宗之法施於人矣以此推之師儒以道淑人應法施於人之義故凡有功於道學之儒皆與從祀之列焉

祭義祀先賢於西學所以教諸侯之德也

孔穎達曰以先賢有德故祀之令諸侯尊敬有德故云教諸侯之德

陳澔曰西學西郊之學周之小學也王制云虞庠在國

之西郊是也

樂經

易雷出地奮豫先王以作樂崇德

書詩言志歌永言聲依永律和聲八音克諧無相奪倫神
人以和

后夔曰戛擊鳴球搏拊琴瑟以詠下管鼗鼓合止柷敔笙
鏞以間

詩簴業維樅賁鼓維鏞於論鼓鐘於樂辟廱

春秋夫音樂之輿也而鍾音之器也器以鍾之輿以行之
小者不窕大者不槬則和於物物和則嘉成

禮記宮爲君商爲臣角爲民徵爲事羽爲物五者不亂則
無沾滯之音
樂記發以聲音文以琴瑟動以干戚飾以羽旄從以簫管
奮至德之光動四氣之和以著萬物之理是故清明象天
廣大象地終始象四時周旋象風雨五色成文而不亂八
風從律而不奸百度得數而有常大小相成終始相生倡
和清濁迭相爲經故樂行而倫清先鼓以儆戒三步以見
方再始以著往復亂以飭歸奮疾而不拔極幽而不隱是
故情見而義立樂終而德尊
周禮大司樂凡樂圜鐘爲宮黃鐘爲角太簇爲徵姑洗爲

羽雷鼓靁鼗孤竹之管雲和之琴瑟雲門之舞冬日至于地上之圜丘奏之若樂六變則天神皆降可得而禮矣凡樂函鐘爲宫太簇爲角姑洗爲徵南吕爲羽靈鼓靈鼗孫竹之管空桑之琴瑟咸池之舞夏日至於澤中之方丘奏之若樂八變則地祇皆出可得而禮矣凡樂黄鐘爲宫大吕爲角太簇爲徵應鐘爲羽路鼓路鼗陰竹之管龍門之琴瑟九德之歌九磬之舞於宗廟之中奏之若樂九變則人鬼可得而禮矣

左傳晏子曰先王之濟五味和五聲也以平其心和其政也聲亦如味一氣二體（舞有文武）三類（風雅頌）四物（雜用四方之物以成器）

五聲六律七音（變宮變徵）八風九歌以相成也　○變宮聲四十二小分六變徵聲五十六小分八

國語周景王將鑄無射問律於伶州鳩對曰律所以立鈞出度也古之神瞽考中聲而量之以制律度均鐘百官軌儀紀之以三（天地人）平之以六成於十二天之道也夫六中之色也故名之曰黃鐘所以宣養六氣九德也由是之第二曰太簇所以金奏贊陽出滯也三曰姑洗所以修潔百物考神納賓也四曰蕤賓所以安靖神人獻酬交錯也五曰夷則所以詠歌九則平民無貳也六曰無射所以宣布哲人之令德示民軌儀也爲之六間以揚沉伏而黜散越

也元間大呂助宣物也二間夾鐘出四隙之細也（四時間隙之微陽也）三間中呂宣中氣也四間林鐘和展百事俾莫不任肅純嘏也五間南呂贊陽秀六間應鐘均列器用俾應復也

律呂不易無姦物也

禮運曰五聲六律十二管還相爲宮也

周禮大司樂掌成均之法以治建國之學政而合國之子弟焉凡有道者有德者使教焉死則以爲樂祖祭於瞽宗以六律六同五聲八音六舞大合樂以致鬼神祇凡樂事大祭祀宿縣（方祭之前夕列樂器于筍簴）遂以聲展之

樂師掌國學之政以教國子小舞凡舞有帗舞（析五綵之繒爲之）

有羽舞析重翟之羽為之有皇舞兼五彩扇以象鳳凰來儀有旄舞持旄牛之尾以象百獸率舞有干舞執干盾而舞有人舞舉袖而舞教樂儀行以肆夏趨以采齊

大胥掌學士之版春入學舍釋采菜合舞秋頒樂合聲以六樂之會正舞位以序舞者

小胥正樂縣之位王宮縣四面皆縣如宮之有墻也諸侯軒縣去其南面以避王鈇一面而存三面取象于軒卿大夫判縣又去其北面士特縣又去其西面以示特立之義辨其聲凡縣鐘磬半為堵全為肆

元丘葵曰鐘鼓各八同在一簴者謂之堵如宮墻之半也鐘十六為一簴磬十六為一簴謂之肆四面皆

設言其全也

大師掌六律六同以合陰陽之聲大祭祀帥瞽登歌令奏擊拊下管播樂器鼓朄朄音引

小師掌教鼓鼗柷敔塤簫管絃歌大祭祀登歌擊拊下管擊應鼓小祭祀掌六樂聲音之節與其和

瞽矇掌播鼗柷敔塤簫管弦歌鼓琴瑟

眡瞭掌播鼗擊頌磬笙磬掌大師之縣凡磬與鏞聲相應曰頌磬與笙聲相應曰笙磬

典同掌六律六同之和以辨天地四方陰陽之聲以爲樂器凡聲高聲碮裒正聲緩下聲肆陂聲散險聲斂達聲贏

微聲韽回聲衍侈聲筰窄弇聲鬱薄聲甄厚聲石凡爲樂

器以十有二律爲之數度以十二聲爲之齊劑量凡和樂

亦如之

磬師掌教磬教編鐘

鐘師掌金奏

笙師掌教龡竽笙塤籥簫篪篴管

鎛師掌金鼓之奏

典庸器掌藏樂器

樂志

班固漢前志曰黃帝使伶倫自大夏之西崑崙之陰取竹

之嶰谷取其竅厚均者斷兩節間而吹之以爲黃鐘之宮
制十二筒以聽鳳鳴雌雄各六黃鐘之宮皆可以生之是
爲律本

劉昭漢後志曰伏羲作易紀陽氣之初以爲律法建日冬
至之聲以黃鐘爲宮太簇爲商姑洗角林鐘爲徵南呂爲
羽應鐘爲變宮蕤賓爲變徵此聲氣之元五音之正也

太史公曰細若氣微若聲吹以攷聲列以候氣

呂氏春秋曰黃鐘生林鐘林鐘生太簇太簇生南呂南呂
生姑洗姑洗生應鐘應鐘生蕤賓蕤賓生大呂大呂生夷
則夷則生夾鐘夾鐘生無射無射生仲呂三分所生益其

一分以上生去其一分以下生黃鐘大呂太簇夾鐘姑洗仲呂爲上蕤賓林鐘夷則南呂無射應鐘爲下

律書曰律數九九八十一以爲宮三分去一五十四以爲徵三分益一七十二以爲商三分去一四十八以爲羽三分益一六十四以爲角

杜氏通典曰古之神瞽攷律均聲必先立黃鐘之均黃鐘之管以九爲法故用九自乘爲絲管之數其增減之法又以三爲度以上生者皆三分益一以下生者皆三分去一宮生徵徵生商商生羽羽生角此五聲大小之次第也

淮南子曰一律而五音十二律而爲六十音因而六之六

六三十六故三百六十音以當一歲之日故律曆之數天之道也

前漢書曰五聲中商章也物成熟可章度也角觸也物觸地而出戴芒角也宮中也居中央暢四方唱始施生爲四聲綱也徵祉也物盛大而繁祉也羽宇也物聚藏宇覆之也

程氏復心曰樂律自黃鐘至中呂皆屬陽自蕤賓至應鐘皆屬陰此是一大陰陽黃鐘爲陽大呂爲陰太簇爲陽夾鐘爲陰每一陽間一陰又是一小陰陽五音始于宮宮數八十一商數七十二角數六十四徵數五十四羽數四十

八以數之多少爲尊卑故曰宫商角徵羽也

樂器名義

闕里志曰樂器皆古聖人之所制聖人非以其意而制之乃以其理制之理者天而已矣天有八方之氣聖人以金石絲竹匏土革木八方之物而該括八方之氣乃于樂中奏之可以宣八方之氣者以有八方之物在也故八者欲其全器欲其備不全則器缺不備則氣微缺固不足以爲樂之全微亦不足以言樂之妙乃知八音之器不可不備矣備也者合大與小之謂也小者合律吕之倍數故有一倍之器有二倍之器有三倍之器又有四倍之器倍至于

四其氣始全是故鎛鐘特磬者四倍之器也編鐘編磬者三倍之器也頌鐘頌磬者二倍之器也歌鐘歌磬者一倍本數之器也以是琴有大琴小琴瑟有大瑟小瑟簫有管簫篴簫笛有大笛小笛笙有竽笙巢笙塤有頌塤雅塤鼓有路鼗相鼗是皆倍數爲之也葢本數其聲清倍數其聲濁單清失之輕單濁失之重輕重之閒乃天地之所以合德四象之所以合氣中聲之所以妙用故必合大小器而並奏之一合于律吕之和而不見其乖戾此樂之大成所以爲妙焉若單器者小成之用也是故知倍數之理則律吕可求其端樂器可求其始名器雖多皆爲樂中之妙用

而不可無者也

麾旛周官巾車掌木路建大麾以田以封藩國後世協律郎執之以導樂焉

旌節爾雅云和樂謂之節蓋樂之聲節之以鼓樂之容節之以節舞師執之爲綴兆行列進止疾徐之則又曰節制也謹始之意也

（革）部古人取牛馬之革以冒鼓故謂鼓爲革革之爲名去故意也爲羣音首其卦坎其方北其時冬其風廣莫其律黃鐘其聲一其音讙冬至之氣也蓋萬物勞乎坎則革而趨新且坎居子位陰革而一陽生故爲革而首羣

音其聲坎坎如雷坎之爲卦一陽陷于二陰之間雷則陽在陰內不得出奮擊而爲雷革之冒木陽氣在內故屬坎而雷聲也其氣屬水其用兼土葢水土同宮而同旺于子是以鼓有二用先鼓以警戒象水居五行之始擊鼓以收宮象土居五行之終故曰鼓無當于五聲五聲弗得弗和猶水無當于五味五味弗得弗調凡祀天地神祇宗廟有六變八變九變之不同而必用鼓以收宮焉

按先儒序八音以金石絲竹匏土革木爲次周禮則以金石土革絲木匏竹爲次漢律曆志以土匏革竹

絲石金木爲次律呂精義以竹匏土絲金石革木爲

次今闕里志以革爲首音所載互異於義未詳

鼉鼓一名晉鼓又曰臯陶周禮以晉鼓鼓金奏考工記鞾

人爲臯鞠是也又曰鼖鼓鼓役事故凡作樂先用之以

儆戒乃堂下之樂瞽矇司之詩云鼉鼓逢逢矇瞍奏公

懸鼓詩應田縣鼓儀禮謂之建鼓北齊宮懸之制建鼓在

四隅又樂記宗廟用九變之樂鼓用四面以收宮謂之

路鼓卽建鼓也

楹鼓商之制也亦謂之建鼓周禮太僕建路鼓于大寢之

門外儀禮大射建鼓在阼階西南楹鼓蓋爲一楹而四

稜焉貫鼓於端則建之義也隋制棲鷺於上則路之義也以其先倡故又謂之朔鼓

足鼓亦曰應鼓夏后氏之制所以應楹鼓也禮記云夏后氏足鼓殷楹鼓周縣鼓薿鼓則一或加以足或貫以楹或縣以架故皆以建鼓路鼓名焉

鞉鼓一名鞀月令曰修鞀鞞先儒謂小鼓有柄曰鞀大鞀爲鞞爾雅曰大鞉謂之麻小者謂之料儀禮大射鼗倚於頌磬西紘周官播鼗瞽矇眡瞭掌之記曰賜諸侯樂以柷將之賜子男樂以鞉將之薿柷以合樂鞉則兆鼓而已凡樂事先播鞉𩊱則引大鼓者也又孔頴達曰柷

所以節一曲之始其事寛故以將諸侯之命鼗所以節一唱之終其事狹故以將伯子男之命詩言鞉磬柷圉言鞉必及磬是鐘磬作則鞉作矣禮書謂鞉常在前鶇常在後實用編又謂鼓鼗四面所以收宫蓋凡鼓皆用以收宫其起宫者惟警戒之鼜鼓而已大成樂加鼗鼓于楹鼓之前所謂兆鼓也然又前句之終者實開後句之始而鶇止于收一字之終豈非鞉在前而鶇在後乎舊制謂鞉鼓制似鼓司之者掛于項兩手拊之以節樂蓋誤以搏拊爲鼗鼓矣

按儀禮注紘編磬繩也設鼗于磬西倚於紘也

搏拊書傳謂以韋爲鼓謂之搏拊實之以糠白虎通所謂
拊革著以糠是也其設在堂上其用則先歌周禮所謂
登歌合奏擊拊是也大戴禮曰懸一磬而尚拊孫卿子
曰懸一鐘而尚拊則拊在一鐘一磬之東也子夏曰絃
匏笙簧會守拊鼓則衆樂待其動而後作用以收宮即
用以起宮也虞書謂之搏拊明堂位謂之拊搏葢其用
左右手或搏或拊莫適先後也通典謂之撫拍撫之以
節樂也實用編曰若拊鼓應鼓皆鼓之小者堂上用以
節歌拊之爲器韋表糠裏狀則類鼓其聲和柔倡而不
和故可施於堂上葢堂上門內之治以拊爲之父堂下

門外之治以鼓爲之君堂上之樂待以作者在拊堂下
之樂待以作者在鼓鼓小鼓也又謂之應鼓
田鼓亦曰應鼓以其應拊鼓也通典謂應鼓在大鼓側和
大鼓者此堂上之足鼓也實用編曰鼓之小者爲應本
堂下之樂而亦謂應者當堂上擊拊之時則堂下擊鼓
以應之所以然者拊聲和柔而不鏗鏘聞於堂上不能
聞於堂下得應鼓以應之則聲聞堂下人皆知歌之起
止故曰應施於擊拊又施于歌徹以其應拊也或謂每
奏一句將闋楹鼓一擊而搏拊一拍以尾之則誤以足
鼓爲搏拊矣而又誤以搏拊爲田鼓矣詩曰應田縣鼓

先儒解田作𣝗𣝗小鼓也應亦小鼓爾雅曰大鼓謂之鼖小鼓謂之應周禮大祭祀皆鼓𣝗擊應大射有朔鼙應鼙禮書謂應鼓號應鼙朔鼓號朔鼙詩以應配𣝗則朔鼙乃𣝗鼓也以其引鼓故曰𣝗以其始鼓故曰朔儀禮有朔無𣝗周禮有𣝗無朔其實一也大射應鼓在東朔鼓在西朔作則應應之是堂下之樂貴西也朔鼙卽田鼓應鼙卽應鼓田與應制皆小鼓而設在門外有東西之分故其名異葢不獨應堂上之拊而二鼓亦各自爲倡應也

相鼓又謂之節鼓樂記云始奏以文復亂以武治亂以相

訊疾以雅蓋爲文武治亂之節也爾雅云和樂謂之節節即相也晉傳休奕節賦曰口非節不咏手非節不拊江左清樂有節鼓唐雅樂升歌亦用之鄭氏以相爲拊非矣通典謂鼓制如博局中開圓孔適容其鼓擊之以節樂也

按周制有六鼓曰靁鼓曰靈鼓曰路鼓曰鼖鼓曰鼛鼓曰晉鼓以雷鼓救日月以靈鼓攻猛獸以路鼓達窮者與遽令以鼖鼓止軍以鼛鼓止役事以晉鼓止金奏令細攻之晉鼓者即建鼓是也長六尺六寸兩面各徑四尺中間徑六尺六寸六分繪以風雲雷雨之象曰雷鼓

繪以麟鳳龜龍之形曰靈鼓繪以飛鷺之形曰路鼓懸鼓者建鼓兩旁所懸應朔二鞞也楹鼓一名鼛鼓鼛鼓長一丈二尺楹者柱也鼓甚大不可用趺但埋其柱而堅築之故曰楹足鼓者蕢鼓也亦曰蕢足者趺也鼓下用柱柱下用趺故曰足鼓鼗鼓四名一曰朔鞞二曰𣻷鼓三曰懸鼓四曰相鼓是也田鼓即縣鼓乃一器二名拊搏古以熟皮縫成袋實以糠今用木爲腔冒以韋相鼓即雅鼓亦曰節鼓與搏拊相似古亦實以糠

右第一章釋革部名義

（金）部實用編云凡金皆有音惟黃銅之音爲正蓋銅之爲

物至精不爲燥濕寒暑變其節不爲風雨霜露改其形介然有似于君子之行黃金雖華美而有音但其音易變故鑄鐘以銅爲上不特示儉且以垂遠僉載云金生於土而别於土其卦則兌其方則西其時則秋其風閶闔其聲尚羽其音鏗立秋之氣也其制有大有小小成此理大成亦此理蓋大成不過用小成之法積之耳

大鐘亦曰鏞爾雅云大鐘謂之鏞考工記鳧氏爲鐘兩欒謂之銑銑間謂之于于上謂之鼓鼓上謂之鉦鉦上謂之舞舞上謂之甬甬上謂之衡鐘懸謂之旋旋蟲謂之幹鐘帶謂之篆篆間謂之枚枚間謂之景于上之攠謂

之隧單穆公曰先王制鐘大不過鈞重不過石律度量衡於是乎出則樂器待律而後制而律度又待鐘然後生故所制有等而無高下厚薄之偏所容有量而無還回侈弇之過其聲一歸正緩之中聲而已鏞其特懸之鐘非十六器之編鐘也與大鼓相配迎送神則擊之詩所謂鼓鐘送尸者是也書曰笙鏞以間其設葢在門外詩曰賁鼓維鏞鏞鼓有斁其與鼓配也無疑矣先儒謂

凡樂先擊鐘次擊鼓各處擊鐘鼓皆如之

鎛鐘亦曰頌鐘舊制編鐘差小今制次于鏞鐘倍編鐘而爲之者周禮鎛師掌金奏之鼓韋昭釋國語杜預釋左

傳皆以鎛爲小鐘鄭元曰鎛如鐘而大孫炎許脅沈約之徒亦以爲大鐘通典曰鎛如鐘而大儀禮宮懸四面設鎛鐘十二簴各依辰位擊爲節檢而無合曲之義開元禮鎛鐘在編懸間各依辰位今設于宮懸東西編鐘磬之間而南北以鎛磬代之編鐘爾雅云大鐘曰鏞中者曰剽小者曰棧通典曰棧鐘小而編次曰編鐘周禮云凡懸鐘磬半爲堵全爲肆宮懸者謂編鐘編磬之屬懸于筍簴四面環繞象宮墻也謂之四廂金石樂歷代設簴十六架二十四架三十六架不等然皆以編鐘磬爲主也編懸二八十六枚而在一虡謂之堵鐘一堵磬一堵謂之肆

歌鐘鐘之至小者登之于堂上兩楹之間所以和歌與編鐘無異唐段安節云雅部十二鐘每架各編十二各依律呂蓋古凡懸鐘磬不過十二而旋宫備矣實用編曰歌懸在北取近於堂上以和歌四懸之鐘各以十二應十二律至掛于架也又各有半聲如頌鐘取歌鐘爲半聲而推之每懸皆有二十四鐘乃能旋相爲宫而君臣民事物之間乃不相凌犯惟歌鐘無淸聲以合歌蓋歌聲至十二律而窮若加淸聲則歌不去矣今歌章有六字是爲黃鐘淸聲若止十二鐘則不能成章要當依編鐘制以十六枚爲準十二爲正鐘四枚爲淸乃無遺音

也其鐘架與磬同

木鐸通典云大鈴也周禮以金鐸通鼓三禮圖云其匡以銅爲之木舌爲木鐸金舌爲金鐸木鐸振文事書言狥以木鐸是也樂記云天子夾振之鄭氏謂王與大將夾舞者振鐸以爲節鐸雖用之于樂然非王與大將振之也晉荀氏得趙人牛鐸然後能諧樂則古人之爲鐸鐲鐃錞施於聲律皆有當也今大樂有二鐘鐸以導舞木爲柄者謂之單頭鐸金爲柄而兩鐸相屬者謂之雙頭鐸非古制也　按周禮大司徒之屬有鼓人掌教六鼓四金以節聲樂以和軍旅以正田役以靁鼓鼓神祀以

靁鼓鼓社祭以路鼓鼓鬼享以鼖鼓鼓軍事以鼛鼓鼓役事以晉鼓鼓金奏以金錞和鼓以金鐲節鼓以金鐃止鼓以金鐸通鼓此四金軍旅中所用非樂中所用故不屬之春官宗伯

右第二章釋金部名義

石部凡玉類皆石而眞玉爲最美其制法與金異金之聲以圓出石之聲以方出圓用其全參天之數也方用其半兩地之數也鐘制自小而倍大磬制自大而倍小自小而倍大者順其聲韻之發揚以爲一音之始所謂金以聲之也自大而倍小者順其聲韻之收斂以爲一音

之終所謂玉以振之也孟子曰金聲也者始條理也玉振之也者終條理也蓋指一音之始終言之非指一奏之始終也鐘以定其高磬以節其永人知高下之間不可或僭未知永和之間尤不可以或爽故曰歌永言又曰依我磬聲蓋言歌聲與八音皆依磬聲而止乃別起一音也是轉音之間惟依磬聲以爲之遲速磬若急時則無永緩時則過永無永則佻過永則靡故舜命夔擊石拊石百獸率舞又戛擊鳴球以合琴瑟而致神人昭格夫八音皆能感動而獨歸于擊石者蓋磬于八音之條理猶乾統八卦於西北故石之爲物堅重而不動其

卦則乾其時則秋冬之交其方則西北之維其風不周其聲尚角其音則辨葢乾有君之道焉後世鐘磬同擊殊失始終條理之意則磬聲一依于鐘聲不能爲八音之所依石音失權何以配乾位而爲衆音綱紀樂無終條理猶人力之不造于聖也故大成樂以金玉爲始終乃聖學知行兼盡之至理乾道統天之大權也

特磬亦曰離磬樂書曰磬之爲器編之則雜而小離之則特而大而敘之離磬則專簴之特磬非十二器之編磬也實用編應笙之磬謂之特磬卽離磬也特懸者謂一磬之在懸也鎛鐘同義凡鄉射先擊鐘以宣聲俟其音

將闕則擊特磬以收之祭祀大合樂則用於宮懸南北
編鐘磬之間大戴禮曰懸一磬而尚拊則堂上亦有特
磬矣今亡之
編磬與編鐘同上下共十六枚編懸於架
歌磬與歌鐘同亦編懸於架為歌聲一音之終條理其架
鐘磬俱同詩曰簴業維樅賁鼓維鏞又曰設業設簴崇
牙樹羽明堂位云夏后氏之龍簨簴商之崇牙周之璧
翣三代之器盡在是矣禮書曰植者為簴橫者為筍筍
之上有崇牙簴上設業業之上樹羽而端有璧翣鐘簴
飾以羸屬磬簴飾以羽屬而筍皆飾以鱗屬若筍文然

故謂之筍其所植者葢中虛焉故謂之簴先儒曰筍峻也簴舉也又曰簴神獸也此不可攷詩曰簴業維樅樅之爲木松葉栢身身葉皆直則簴業者皆以直木爲之也

右第三章釋石部名義

絲部琴瑟絲飾物而成聲其卦則離其方則南其時則夏其聲尚宮其律㽔賓其風景其音哀夏至之氣也絲必附于木者絲屬火火不離毋故也其屬有琴有瑟古聖以絲加桐而爲琴瑟者以絃之堅直可以象乾之動直桐之虛受可以象坤之動闢八音獨置琴瑟于堂上者

取其撰乾坤之德而合律吕之妙也

琴白虎通曰琴禁也禁止于邪以正人心也廣雅曰琴長三尺六寸六分象三百六十六日五絃象五行大絃爲君寬和而溫小絃爲臣清廉不亂文武加二絃以合君臣之恩也琴操曰琴制長三尺六寸六分象朞之日廣六寸象六合也絃有七象五音之函二少也腰廣四寸象四時也前廣後狹象尊卑也上圓下方象天地也徽有十二象十二律也餘一徽極清不用象閏也中虛含象外響應徽律有長短故徽有餘促當徽則鳴差徽則否亦猶氣之飛灰時移律應也抑揚之際上取泛聲則

輕清而屬天下取散聲則重濁而屬地中取按聲則清濁遍均而屬人刌其中則太虛之理具絃其外則妙用之應彰兼三才而備九德眞大聖之遺音也

瑟樂書曰瑟者塞也所以懲忿窒慾正人之德也世本曰庖犧氏作瑟五十絃黃帝使素女鼓之悲不自勝帝損之爲二十五絃具二均其首曰岳山其尾曰武後有二竅曰越中絃不動曰君絃承絃各有一柱游移前後以和其音者也樂記曰清廟之瑟朱絃而疏越尚書大傳曰大琴練絃達越大瑟朱絃疏越蓋越底孔也疏達通之也朱絃練而朱之也蓋絲不練則澁而聲清練則熟

而聲濁孔小則聲急大則聲遲故疏越以遲其聲然後不至于太急練絲以濁其聲然後不失之太清宗廟之奏鼓瑟則必鼓琴以和其音樂記獨言清廟之瑟鄉飲酒燕禮亦獨言瑟者舉其大者故也

右第四章釋絲部名義

（竹）部周官笙師掌教吹籥簫篪篴管五者皆出於笙師所教俱竹音之雅樂也竹音乃律呂之本其節直而有制其心虛而能通而利制之音所繇出也其卦則震其方則東其時則春其聲尚義其律姑洗其風明庶其音濫春分之氣也其制度長短不同大抵不離三九之數蓋

律主聲氣屬陽三九陽數也截竹以較黃鐘取冬至一陽之氣以爲樂本故竹器爲樂之原也

鳳簫釋名云簫肅也爾雅曰大簫謂之管小者謂之筊廣雅曰籟謂之簫莊子曰人籟比竹是也荀卿曰鳳凰于飛其翼若干其聲若簫蓋簫比竹爲之其狀鳳翼其聲鳳聲鄭氏曰簫象鳥翼鳥火禽也蔡邕曰簫編竹有底長則濁短則淸以蠟窒其底而增損之博雅云簫大者二十四管無底小者十六管有底書於簫言九成詩於簫言備舉禮凡言簫多在笙竽之後則簫之奏蓋後于笙矣

管爾雅曰長尺圍寸併漆之有底大曰簥中曰篞小曰篎蔡邕章句曰管形長尺圍寸有孔無底說文曰管如篪六孔十二月之音明堂位曰以禘禮祀周公于太廟登歌清廟下管象書曰下管鞉鼓詩曰嘒嘒管聲磬管鏘鏘簫管備舉則管之用重于笙矣故鄉飲鄉射燕禮皆以管配歌而今乃爲堂下之樂鄭氏曰管如笛而小併兩而吹之蓋鳳凰雌雄各六聲也

洞簫鳳簫有底洞簫者謂空洞無底也樂攷云衆音之祖也本六律六呂而成所以究極中和遂萬物之情者也氣和琴瑟以定黃鐘非此不爲功也

篪釋名云篪嗁也聲從孔出如嬰兒嗁也其聲與塤相和庖羲氏竅竹爲之舊志以篪爲管非也篪春分之音管乃十二月之音爾雅大篪謂之沂音銀孫炎曰沂悲也如啼聲也

笛古曰篴杜子春曰竹篴五孔馬融笛賦此器出於羗謂之羗笛今所用者卽周禮笙師所教之篴也有七孔謂之大樂雅笛謂之長笛又有短笛有橫笛梁所作橫吹曲者有鶖嘴笛笛而加嘴皆一時之偶作非雅器也古者論篴之良不過衡陽之簳柯亭之椽許氏謂竹生雲夢之南鑒在柯亭下今年七月望前生明年七月望前

伐過期不伐則音窒未期而伐則音浮是也

籥爾雅曰大籥謂之產其中謂之仲小者謂之箹廣雅云籥七孔毛氏曰籥六孔鄭康成曰籥如笛三孔郭璞曰籥三孔而短明堂位曰土鼓蕢籥周禮笙師掌教籥籥師掌教國子舞羽吹籥籥章掌擊土鼓吹豳籥蓋籥三孔主中聲而上下而上下之律呂于是乎生命之曰籥以黍籥之法在是故也羽舞皆執籥以聲音之本在是故也

右第五章釋竹部名義

〈匏〉部匏之爲物其性輕而浮其中虛而通笙以匏爲母象

植物之生焉國語曰匏竹利制蓋匏竹相合而成聲得清濁之適故也今太常以木代匏而漆之其音雖可聽但非古制古人以匏爲笙者非取其華美所以備八風之氣而周八卦之用也蓋匏于卦屬艮其方則東北之維其時則春冬之交其聲尚義其律大呂太簇其風融其音啾立春之氣也若以木代匏何以宣八方之氣乎且笙象德匏象君子之名節難持而易失是以君子之執匏也拳拳如執玉恐落地粉碎而不可收拾亦猶君子之行已也戰兢惕厲顧守名節恐其一失而不可復完焉是以八音有取于匏也今以木爲笙是徒取其聲

而無尚德之心且闕一音而不備豈古人制八音之義

乎

笙爾雅云笙十九簧者曰巢十三簧者曰和說文云笙正月之音物生故謂之笙十三簧象鳳之身列管匏內施簧管端宮管在外中央十九簧至十三簧皆曰笙其他皆相似也古鄉飲射禮有歌有間歌有笙有間笙有合樂而祭享則特爲堂下之樂衆樂有笙而得繹如之致焉

右第六章釋匏部名義

土部埏埴以爲器而冲氣出焉庖犧氏灼土爲之其來尚

矣蓋一三五爲九二四爲六九者陽數之窮六者陰數之中故塤六孔用其方色以應六律出中聲也土主王于四季爲中央之位所以達中聲也其卦則坤其方則西南之維其時夏秋之交其風則涼其聲尚宮其音則濁立秋之氣也

塤爾雅云大塤謂之嘂白虎通曰壎坎音也在十一月陽氣于黃泉之下薰蒸而萌樂志曰壎壎也立秋之音萬物將壎黃也周禮小師掌教塤瞽矇掌播塤古塤有雅有頌大者聲合黃鐘大呂小者聲合太簇夾鐘孔雖有七有八之不同要之稟中聲之和而得其正者惟六而

巳周官以塤爲德音立秋之音也平底六孔水之數也

中虛上銳火之形也以水火相合而成器以水火相和

而成聲詩云伯氏吹塤仲氏吹篪和之至也衆音得塤

而有純如之致焉

右第七章釋土部名義

木部八音之中惟木聲質樸不合五音但五音非木無以

起止五音者華美之音也柷以始之由質樸而始敔以

止之由質樸而終也凡五音之華美皆歸於質樸如木

之生由根本而蕃鮮由蕃鮮而又歸根本所以木音獨

爲五音之起止包括首尾譬諸君子衣錦尚絅惡其文

之著也其卦則巽其方東南之維其時春夏之交其風清明其律夾鐘其聲一其音直立夏之氣也其器有二謂之椌楬一合一止所以爲樂之終始出虛而歸之于實也

柷樂記曰聖人爲椌楬後謂之柷敔柷之爲器方二尺四寸深一尺八寸陰始于二四終于八十陰數四八而以陽一主之所以作樂則于衆音先之而已非能成之也居宮懸之東象春物之成始也鼓柷謂之止古聖人恐樂勝則流戒之於早也

敔狀如伏虎西方之陰物也齟齬二十七陽數也樂作陽

也以陰數成之樂止陰也以陽數成之控以空然後可

擊及其止則歸于實也居宮懸之西象秋物之成終也

鼓敔以籈欲修潔于其後也

右第八章釋木部名義

翟亦曰羽籥師掌教國子舞羽吹籥祭祀則鼓羽籥之舞

通義曰以文德之先文樂持羽旄而舞文王世子秋冬

學羽籥詩云左手執籥右手秉翟通典曰樂之在目曰

容容藏于心難以貌觀故聖人假干戚羽旄以表其容

發揚蹈厲以見其意人之動而有節者莫若舞舞肆舞所

以動陽氣而導物也故聲選和則大樂備矣

手板即笏也或以牙或以木臣子執之拜颺取書思對命敬其事之義今以梘木爲之粉飾其面書樂章于上歌工秉之於以歌功頌德焉

右釋舞器名義

國學禮樂錄卷之十三

國學禮樂錄卷之十四

樂音譜法圖

樂譜

十二律呂兼四清聲樂家相傳有十六色字母爲之譜雖非古樂之正要皆當時所用也今太常樂亦仍十六聲之舊而用者止黃鐘之合太簇之四姑洗之一中呂之上蕤賓之勾林鐘之尺南呂之工應鐘之凡清黃鐘之六清太簇之五其餘皆設而不用猶隋所謂啞鐘也葢諸祭祀所歌奏實不出黃鐘中呂之二均爲已足矣然蕤賓之勾變徵聲也宮調多不用之而用者止九聲耳九聲者合配五

音出于喉舌唇齒牙而俗樂家乃以平上去入分之以配羽角宮商其徵音有其聲無其調

一曰平聲羽七調第一運中呂調第二運正平調第三運高平調第四運仙呂調第五運黃鐘調第六運般涉調第七運高般涉調按每聲俱有七調每調更轉謂之運餘皆放此

二曰上聲角七調第一運越調二大石調三高大石調四雙調五小石調一名正調六歇指調七林鐘調

三曰去聲宮七調第一運正宮調二高宮調三中呂調四道調五南呂調六仙呂調七黃鐘宮調

四曰入聲商七調第一運越調二大石調三高大石調四

雙調五小石調六歇指調七林鐘調

五曰上平聲調爲徵聲商角同用宮逐羽音此教坊俗樂之名卽古樂旋相爲宮之意但以平上去入分配五音往往不相協不若辨字之淸濁高下審聲之喉舌脣齒而歸之于五音六律總以合四一上尺工凡六五九字譜之也

今按五音每宮各有七調而元音大雅依稀可推所謂今樂由古樂也其訣曰宮商角徵徵羽宮黃太姑仲林南應合四一上尺工凡又有六五黃太淸今大成樂用黃鐘宮以合字起律謂之正宮合字調其分配所屬列圖於後

部位　喉齒牙舌舌唇喉　喉齒

聲音　宮商角徵變徵羽變宮少宮少商

律呂　黃太姑仲林南應清黃清太

譜調　合四一上尺工凡六五

音譜

鼉鼓　在殿陛之下先擊三百六十數以儆戒後又擊三

通以節其進其擊法首以兩椎連雙擊𪔛者二而鼓一
擊又兩再作如前凡三作但末作鼓兩擊以別之三次
共四擊此起鼓之例此後不必擊𪔛但以椎于鼓上先
後二擊者三三次共六擊此爲第一通又先後三擊者
三爲第二通三次共九擊又急五擊者三而末緊加二
擊以結之此爲第三通三次帶末二擊共十七擊通前
共三十六擊以當一歲之運初起樂生卷班第一通畢
俱升堂第二通畢俱入室第三通畢俱就位謂之著往
所以秩其始也全樂奏終其擊法又如前初起卷班第
一通畢離位第二通畢致事第三通畢拜辭而散此全

樂之收宮謂之餝歸所以謹其退也擊鼉鼓于始終者
皆取儆戒之義焉

鼓字用左手擊　鼕字用右手擊　左手欲輕右手欲重

初起　扎扎鼕　扎扎鼕　扎扎鼕鼕

第一通　鼓鼕　鼓鼕　鼓鼕

第二通　鼓鼕鼕　鼓鼕鼕　鼓鼕鼕

第三通　鼓鼕鼓鼕鼕鼓鼕鼓鼕鼕鼓鼕鼓鼕鼕

結尾　鼕鼕

大鼓大鐘　在大成門之左右初行祭禮則擊鼓祭事俱
畢則擊鐘鼓三百六十擊鐘一百八響凡迎神送神俱

鐘鼓齊鳴

麾　麾生執麾升龍向外降龍向內如迎神作樂舉之則升龍現高唱曰迎神樂奏咸和之曲迎神二字一讀欲勃然而起末稍加腔韻咸和之曲四字分排欲勻尾聲悠然長但要春容和雅不可暴戾急促每起一曲卽舉麾依歌章唱一聲凡入奏曲終聽櫟敔畢偃麾則降龍現高唱曰樂止欲渢然而去

柷　每奏一曲之始聽舉麾唱畢兩手舉止先撞底一聲次擊左旁一聲次擊右旁一聲共三聲以舉樂堂上堂下之樂俱統命于柷焉

敔　每奏一曲之終聽縣鼓響畢卽兩手舉籈先擊其首者三次逆櫟齟齬者三共六響以止樂堂上堂下之樂皆制命于敔焉

鎛鐘　宮懸左右各三架每奏一曲之始聽擊柷畢卽擊一聲以開衆音每架主一曲先左之中次右之中次左之北次右之北次左之南次右之南又次左之中又次右之中全樂八曲八響乃一曲之始條理也

特磬　宮懸南北各三架每奏一曲之終卽擊一聲以收衆音每架主一曲先南之中次北之中次南之左次北之左次南之右次北之右又次南之中又次北之中全

樂八曲八響乃一曲之終條理也

懸鼓　宮懸四隅各一架每奏一曲之終聽特磬響畢卽擊懸鼓先乾響巽應次坤響艮應凡四聲蓋一曲之收宮也

編鐘　宮懸四面各一架每奏一句之始卽擊一聲以開衆音自東而南而西而北輪更擊搏每曲八句八響乃一句之始條理也

編磬　宮懸四面各一架每奏一句之終卽擊一聲以收衆音自西而南而東而北輪更敲戛每曲八句八響乃一句之終條理也

楹鼓足鼓鞉鼓　堂上左右共四架每奏一句之終聽編磬響畢先擊楹鼓一響足鼓應之鼗鼓尾之凡三響三應三尾〔播鞉鼓法〕持柄左轉兩耳擊三點葢一句之收宫也

登歌鐘　堂左一架每奏一字之始聽歌聲旣發卽擊一聲以開衆音每句四字四響乃一字之始條理也

登歌磬　堂右一架每奏一字之終卽擊一聲以收衆音每句四字四響乃一字之終條理也

凡鐘磬在懸以樂生所向之方爲位下層自右數第一合字第三四字第五一字第六上字第八尺字上層自左數第二工字第四凡字第五六字第七五字擊磬俱按律呂歌鐘同法譜列於次

編歌鐘磬譜

	從右數		從左數
黃鐘	合	清夾	
大呂		清太	五
太簇	四	清大	
夾鐘		清黃	六
姑洗	一	應鐘	乇
中呂	上	無射	
蕤賓		南呂	工
林鐘	尺	夷則	

摶拊田鼓　摶在門內田在門外共四架每奏一字之終

聽歌聲音畢即拍摶拊一聲速敲四鼓應之〔拍摶拊法〕

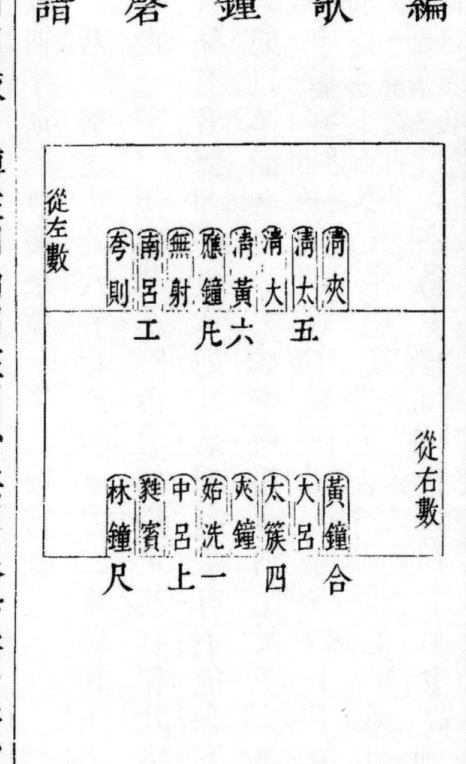

初字以左手再字以右手三字又以左手四字則兩手齊拍敲田鼓法初字以右杖再字以左杖三字又以右杖四字則二杖齊敲蓋一字之收宮也

歌　乃一樂之主凡八音皆以和歌古之雅頌其法不傳今止一字一韻審其爲喉舌唇齒以定其音律凡字俱有聲有音聲卽字也音則其落韻也字有不能合音律者則以落韻合之如大、成樂所用合四上尺工六等字

合字屬宮出於喉而落於喉內四字屬商出於齒而落於齒之上齦上字屬徵出於舌上而落於上齶之近外尺字屬徵出於舌頭而落於上齶之近內工字屬羽出於唇而落於上齶之鼻孔六字屬少宮出於喉而落於喉外五字屬少商出於喉而

落于唇齒之中央總之歌在口中以律呂之九宮往來輪轉如琴之絃如簫之孔如鐘磬之在縣自合至六聲漸高而清自六至合聲漸低而濁得此九宮之聲音凡歌入口皆合律呂矣列譜於下

歌	自上而下漸低漸濁漸巨	歌
聲	五 六 凡 工 尺 上 一 四 合	口
譜	自下而上漸高漸清漸細	譜

大成樂尚雅奏
舊彈琴家用勾
剔抹打吟猱綽
注等指法最多
皆悅耳玩目之
具非歌功頌德
之正聲不可從

琴譜

中聲

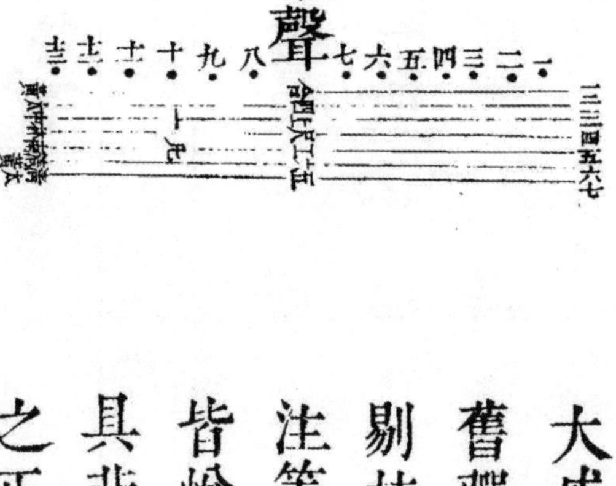

琴　八音以絲爲君絲以琴爲君而琴以中徽爲君中徽者第七徽也其位黃鐘中聲寄焉若求其中則寓於絃

之緊慢緊慢適中其聲自出是聲乃聲之元天地之中聲萬世作樂之大根本也故朱子曰律曆家最重元聲元聲一定向下都定元聲一差向下都差求之之法取竹之竅生厚薄均者祖蔡氏截竹探討之法以爲黃鐘之管以定中聲遂法此聲製而爲簫先吹合字即黃鐘也謹察其聲以右手勾第一弦而以左手中指揣摩七徽上下之間如弦過于太緊則聲溢出徽外或在八九之間必却軫以慢之過于太慢則聲又爲不及或騰在五六之上必進軫以緊之務求緊慢適中使中聲正對七徽而後已中聲既定然後如尋常和絃法用得道仙

翁以調之絃既和平則十二律各得其位矣舊大成樂譜俱按彈皆以七徽爲主其第一絃爲黃鐘律左手中指按七徽右手中指勾一絃則合字應第二絃爲太簇律左手食指按七徽右手中指勾二絃則四字應第三絃爲姑洗兼中呂律用左手大指按七徽半右手食指抹三絃則一字應用右手大指按七徽左手食指挑三絃則上字應第四絃爲林鐘律用左手名指按七徽右手中指勾四絃則尺字應第五絃爲南呂律用左手大指按七徽右手食指挑五絃則工字應第六絃爲應鐘兼清黃律用左手大指按七徽半右手食指挑六絃則

凡字應用左手食指按七徽右手食指抹六絃則六字應第七絃爲清太律用左手名指按七徽右手中指剔七絃則五字應此譜之按彈者也

明朝釋奠儀註載琴瑟譜俱散彈用一絃至六絃曰合四上尺工六然去一則留七去七則留一旋相爲宫俱可用散勾一絃爲合字勾二絃爲四字勾三絃爲上字挑四絃爲尺字挑五絃爲工字挑六絃爲六字此譜之散彈者也

張鶚曰彈琴之法按徽則聲短而殺不比于瑟莫若散彈則聲洪而長方與衆音相和

又馮應京曰古彈琴與瑟同安馬柱支絃對徽乃以右手鼓于臨岳之下則達越之聲見矣若以左手按

絃附木則其聲喑陂短促如雞啄木略無音韻聽之令人孔悲今太常大成樂皆如之則琴達越之法滅矣其何以合人聲而歌于堂上哉蓋按絃附木之法可用于雜調而不可用于雅樂雜調或按或散一浮一沉乃能相濟而成調若雅樂唯取合律呂單按附木則韻短止用散聲則聲渙或散或按則雜亂不齊惟以柱馬對徽鼓之則地天交泰而中聲出焉宜乎其達越也自雅樂亾而琴馬之制亦廢今宜細審中聲律呂既定亦照鼓瑟之法兩絃並奏一散一按散者其正絃也而按者其助絃也如散勾一絃爲合字則按九徽挑三絃以助之散勾二絃爲四字則按九徽挑四絃以助之散勾三絃爲上字則按十徽挑五絃以助之散挑四絃爲尺字則按十徽勾三絃以助之散挑五絃爲工字則按十徽勾二絃以助之散挑六絃爲六字則按十徽勾四絃以助之二三四五絃疊爲正助惟一絃六絃屬宮在君位不敢以之作助此譜之散按兼彈者也其聲達越與瑟相和歌聲不能揜之彈法最妙乃今之所用者也

瑟譜

絃	律	譜字
一	黃鐘中	合
二	大呂中	
三	太簇中	四
四	夾鐘中	
五	姑洗中	一
六	中呂中	上
七	蕤賓中	
八	林鐘中	尺
九	夷則中	
十	南呂中	工
十一	無射中	
十二	應鐘中	凡

此用右手十二絃鼓之爲外

后其柱則濁

中絃極清不彈

絃	律	譜字
一	黃鐘清	六
二	大呂清	
三	太簇清	五
四	夾鐘清	
五	姑洗清	一
六	中呂清	上
七	蕤賓清	
八	林鐘清	尺
九	夷則清	
十	南呂清	工
十一	無射清	
十二	應鐘清	凡

此用左手十二絃鼓之爲內

柱以漸而前音以漸而清也

前其柱則清

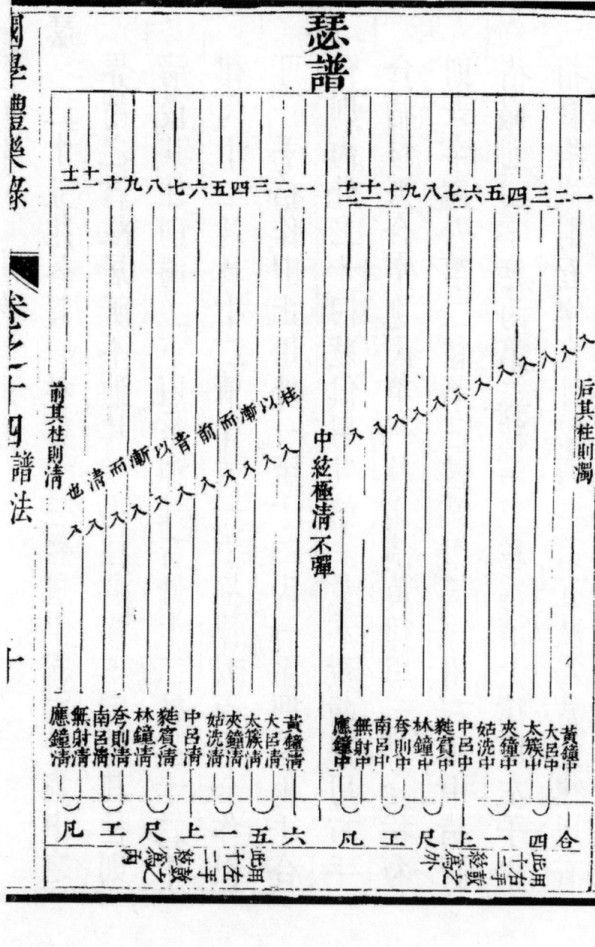

瑟　二十五絃各設一柱第十三絃居中爲內外清中之界謂之君絃居所不動其餘馬柱游移不定前其柱則清後其柱則濁上下以笙和其音外十二絃具十二中律內十二絃具十二清律或一手搯作或兩手合作俱可一手搯作則止用外一至十二內一至四若兩手合作則內外二十四絃俱用外第一絃爲黃鐘律用右手食指勾則（合）字應內第一絃爲清黃律用左手食指勾則（六）字應外第二絃第三絃爲太簇律用右手中指食指撮則（四）字應內第二絃第三絃爲清太律用左手中指食指撮則（五）字應外第四絃第五絃爲姑洗律用右

手中指食指撮則〈一〉字應內絃左手同法外第六絃爲中呂律用右手食指勾則〈上〉字應內絃左手同法外第七絃第八絃爲林鐘律用右手中指食指撮則〈尺〉字應內絃左手同法外第九絃第十絃爲南呂律用右手中指食指撮則〈工〉字應內絃左手法同外第十一絃十二絃爲應鐘律用右手中指食指撮則〈凡〉字應內絃左手法同內外二十四絃不可參差先後欲清中相應疾徐如一其兩絃兼彈者取陰陽相配也自中呂而上以律配呂自中呂而下以呂配律琴之兩絃兼彈者蓋取老少相配也一二三絃用少配老四五六絃用老配少若欲稍作指法少配老或可吟而下注老

配少或可㨶而上綷總欲琴瑟協和則他音不能掩下矣

笙譜

笙　凡吹竹音按其孔則無聲放其孔則有聲惟笙匏屬按其孔則有聲放其孔則無聲故謂之鼓笙鼓者動也按其孔則氣從山口出以鼓動其簧而聲發矣笙後面

居中一長管位第十四乃黃鐘中聲譜以合字應其第
十二管乃黃鐘清聲譜以六字應凡吹合字必吹六字
亦取清中相和以左手食指及中指按其孔餘孔皆開
如吹十二管六字又兼按十三管小六吹之第四管第
八管第十一管爲太簇律用右手食指及左手大指食
指按其孔則四字應第一管第三管第十管爲姑洗律
用右手食指大指左手大指按其孔則一字應第二管
第十三管爲中呂律用左右手大指按其孔則上字應
第十二管十五管爲林鐘律用左手食指中指按其孔
則尺字應第三管第七管第十一管爲南呂律用左手

大指右手大指食指按其孔則工字應第五管第六管第十管爲應鐘律用右手大指左手大指食指按其孔則凡字應又第一管爲勾凡第九管爲助凡清一第十六管爲亞乙十七管爲背凡審其調之淸濁皆可取爲助音而雅樂不用也第四管第八管第十一管爲清太律用右手大指左手大指食指按其孔則五字應欲知各管之配合當看下文點笙歌訣云

一三十管一字眞　二管十三上字聞

內外孔字音歌訣曰

四八十一爲四字　十二十四六合音

三七十一應工字　十二十五尺字輪

塤　吹時先以兩手名指屈竅塤底作環抱狀而兩手大
中食五指並閉五竅兩大指按後二孔兩食指按前上

塤譜

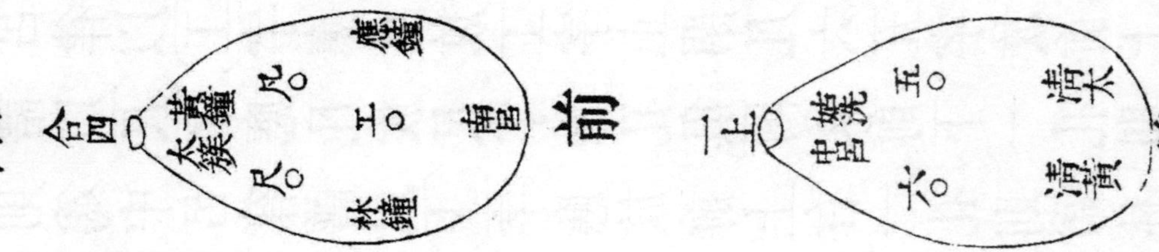

此總括管孔以清中數聲兼言之若大成樂止用合
四上尺工六五六字當依所列圖管取應用字曰按孔
單吹勿以兼音
亂雅為美也

全譜孔字
音歌訣曰
五六尺勾九（清一）又加十二為（上字）
（五乙清凡）十六七　徐徐用字呼與吸

二孔右中指按前下一孔平氣俯唇輕而吹之則爲黃鐘律譜以合字應略俯唇徵仰而吹則爲太簇律譜以四字應徵仰更加氣則爲姑洗律譜以一字應仰極重吹則爲中呂律譜以上字應放前上右一孔則爲林鐘律譜以尺字應凡放尺字餘孔俱閉放前下一孔則爲南呂律以工字應凡放工字止閉凡六五字放前上左一孔則爲應鐘律譜以凡字應若放凡字止閉五六字放後左一孔則爲清黃律譜以六字應凡放六字止閉五字放後右一孔則爲清太律以五字應凡放五字諸孔盡開此器極難取音急不鳴緩不洪仰口蹙唇徐噓

有力方得正聲是在審音者裁制之○嚴氏曰塤箎其竅盡合則爲黃鐘其竅盡開則爲應鐘葢相應和也

箎譜

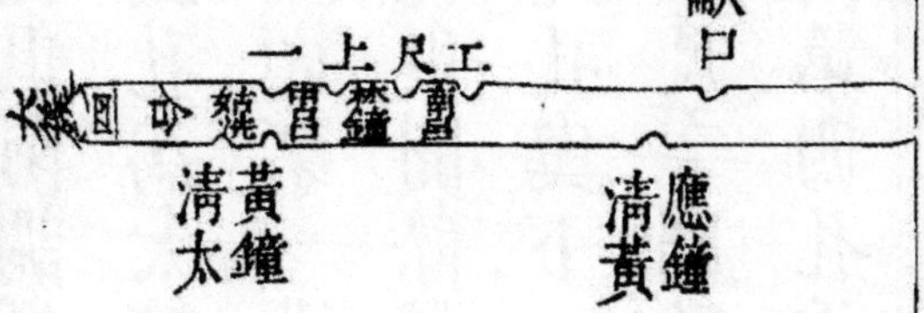

箎　如吹笛法用左手名指挽其繩横而左偏其吹口在

右頭管面上較他孔稍大左尾上有穿繩二小孔為黃
鐘清太二律六孔俱閉調氣輕吹則(合)字應重吹則(五)
字應當尾有一底孔為太簇律以(四)字應凡吹四字只
開此孔餘皆閉左頭第一孔為姑洗律以(一)字應凡吹
一字此孔與底孔俱開餘俱閉第二孔為中呂律以(上)
字應凡吹上字此孔與下一孔底一孔俱開餘俱閉第
三孔為林鐘律以(尺)字應凡吹尺字此孔與下二孔底
一孔俱開餘俱閉第四孔為南呂律以(工)字應凡吹工
字此孔與下三孔底一孔俱開餘俱閉後一孔為應鐘
律輕吹則(凡)字應又為清黃律重吹則(六)字應凡吹六凡

字止開此孔餘俱閉八器之中惟篪篴大而內潤吹之甚難止宜微氣輕取與壎相和以合衆樂舊譜呼底孔開爲陽尾閉爲陰尾譜多不同當以此爲法也

鳳簫譜

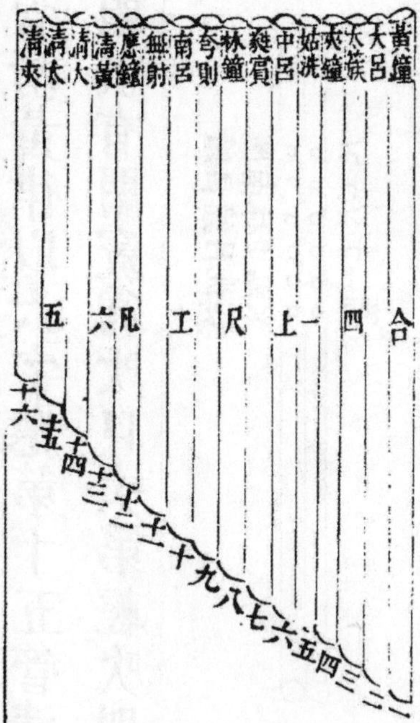

鳳簫　用兩手捧持自右管吹起每管一聲第一管黃鐘律以(合)字應第三管太簇律以(四)字應第五管姑洗律

以一字應第六管中呂律以上字應第八管林鐘律以尺字應第十管南呂律以工字應第十二管應鐘律以凡字應第十三管清黃律以六字應第十五管清太律以五字應每管頭俱有闕竅爲吹口次第輕吹則聲得矣

雙管譜

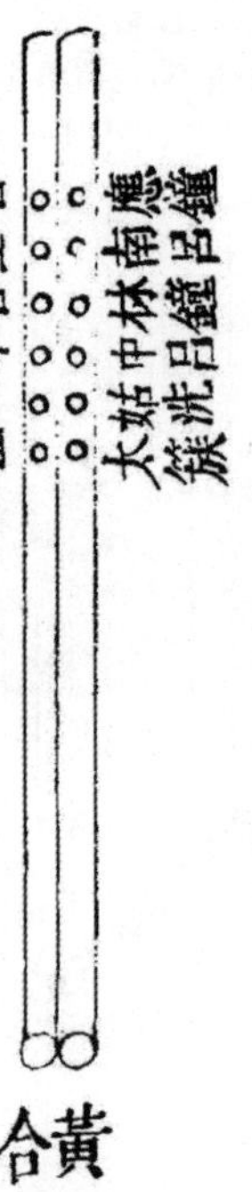

雙管　臨時按荻頭入口含吹以吞吐深淺爲字之抑揚兩管同一音六孔盡閉箭內爲黃鐘律以合字應自下而上放第一孔爲太簇律以四字應放第二孔爲姑洗

律以一字應放第三孔爲仲呂律以上字應放第四孔爲林鐘律以尺字應放第五孔爲南呂律以工字應放第六孔爲應鐘律以凡字應此器聲調過高當俯而抑之斯與衆音諧和凡放一孔此孔以下盡開孔以上盡閉餘簫笛等皆放此

洞簫譜

洞簫　簫衆樂之祖也本黃鐘之管而爲之吹簫以唇安山口上全在口唇之俯仰吹氣之緩急唇仰急吹則清

脣俯緩吹則濁簫底孔及穿繩眼黃鐘也若吹此律六孔皆閉俯脣輕吹則合字應仰而急吹則爲清黃律則六字應自尾起放第一孔爲太簇律俯脣輕吹則四字應仰而急吹則爲清太律五字應放第二孔爲姑洗律以一字應放第三孔爲中呂律以上字應放第四孔爲林鐘律以尺字應放第五孔爲南呂律以工字應放後一孔爲應鐘律以凡字應自下而上以漸而清象一陽之氣自黃泉而升也凡和琴瑟點笙簧全賴此器定黃鐘之聲如敎坊俗樂所用不合尺寸是鄭衛之音未可和雅樂也其嚴辨之

笛譜

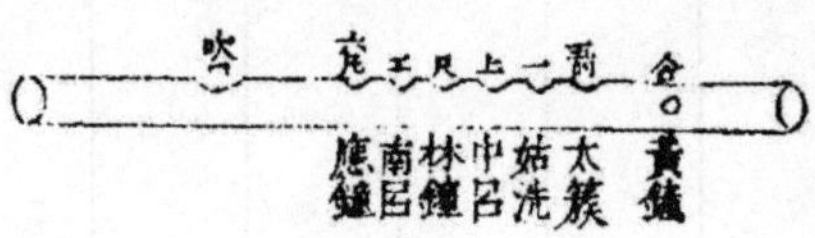

笛 橫而右偏其吹口在左頭管面上較他孔稍大右頭底孔及穿繩眼黃鐘也若吹此律六孔盡閉微氣輕噓則〔合〕字應自右頭起放第一孔爲太簇律俯唇輕吹則〔四〕字應重吹則清太律以〔五〕字應放第二孔爲姑洗律

以〔一〕字應放第三孔爲中呂律以〔上〕字應放第四孔爲林鐘律以〔尺〕字應放第五孔爲南呂律以〔工〕字應放第六孔爲應鐘律以〔凡〕字應重吹則清黃律以〔六〕字應斷矣不可用俗樂所制者彼止取悅耳導淫與律呂相去遠矣

國學禮樂錄卷之十四

國學禮樂錄卷之十五

禮器圖

篚　爵　坫　登

鉶　簠　簋　籩

豆　牲盤　俎　毛血楪

饌盤　供案　鼎　几

花瓶　香合　燭臺　燭檠

太尊　山尊　雲雷尊　著尊

犧尊　象尊　壺尊　罍洗案

盥盆　頮架　龍冪　龍勺

供尊案　祝版　獻尊案　福胙

胙盤　罍　洗　帨巾

巾笥　燔爐　彝　竿

茅沙池　執爐　提爐　高照燈

弔燈　庭燎　路燈　燎叉

瘞鍬　齋牌　戒牌　誓牌

宿牌　班位牌　昭穆牌　拜席

計數六十

篚

以竹爲之
以盛幣帛

爵

範金爲之明堂位曰夏
以琖商以斝周以爵

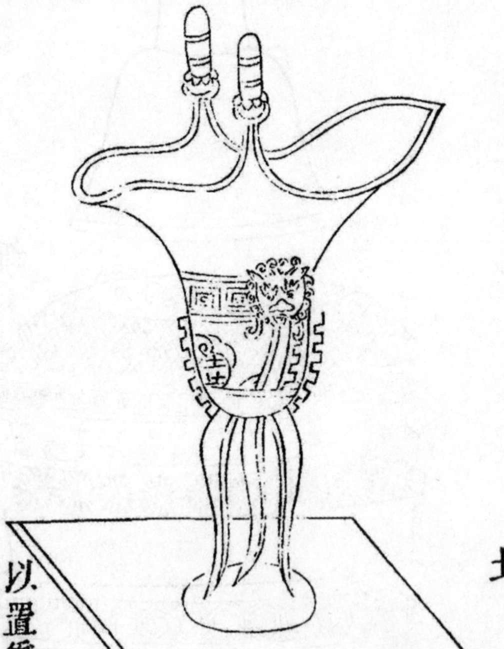

坫

以置爵亦承尊
陸氏曰古者爵
有承盤坫與豐
是也

登

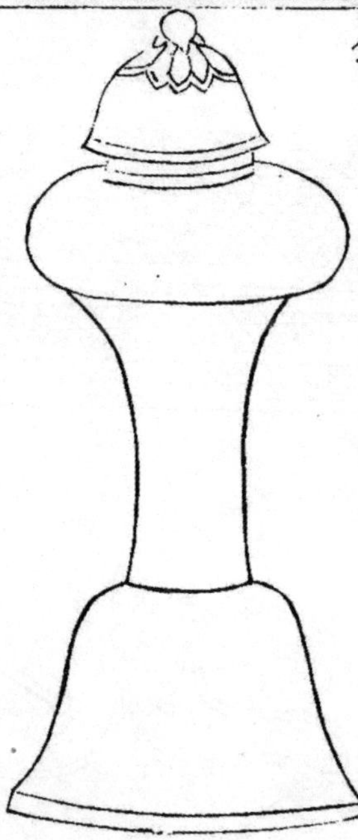

皆鑄金爲之
登薦太羹鉶
盛和羹

鉶

皆範金爲之有虞氏曰敦夏曰瑚商曰璉周曰簠簋簠
方而簋員簠盛稻粱簋盛黍稷

簠

簋

籩 古今皆竹製

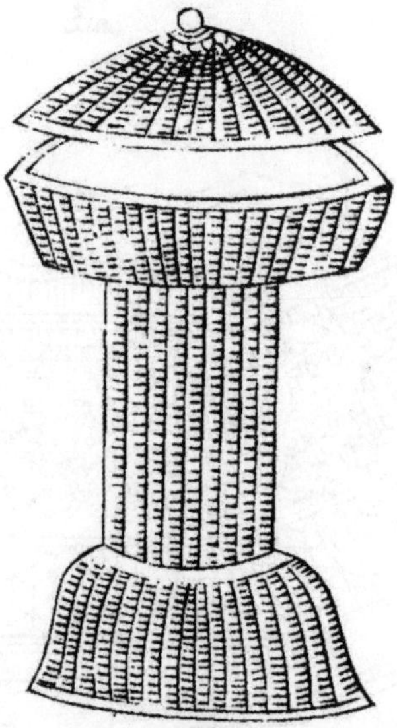

豆 夏楬豆殷玉豆周獻豆又魯玉豋雕篹制各不同

郊特牲曰鼎俎奇而籩豆偶陰陽之義也籩豆之實水土之品也

牲盤

漆木爲之朱中黝外

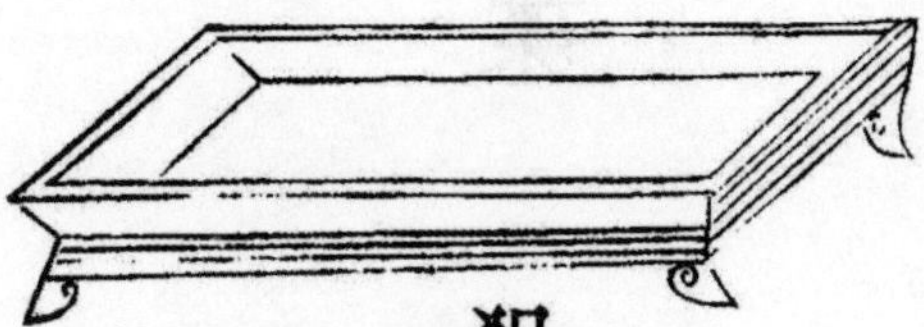

俎

明堂位曰周以房俎鄭注云謂足下相也詩曰籩豆大房謂兩端跗足如堂房也

毛血碟

銅爲之或以甆

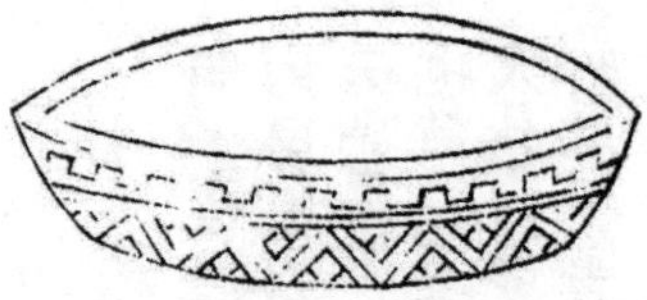

饌盤

漆木爲之

供案

刻木爲之
髹以漆

鼎
金鑄爇香
几

花瓶

範金爲之置於供案

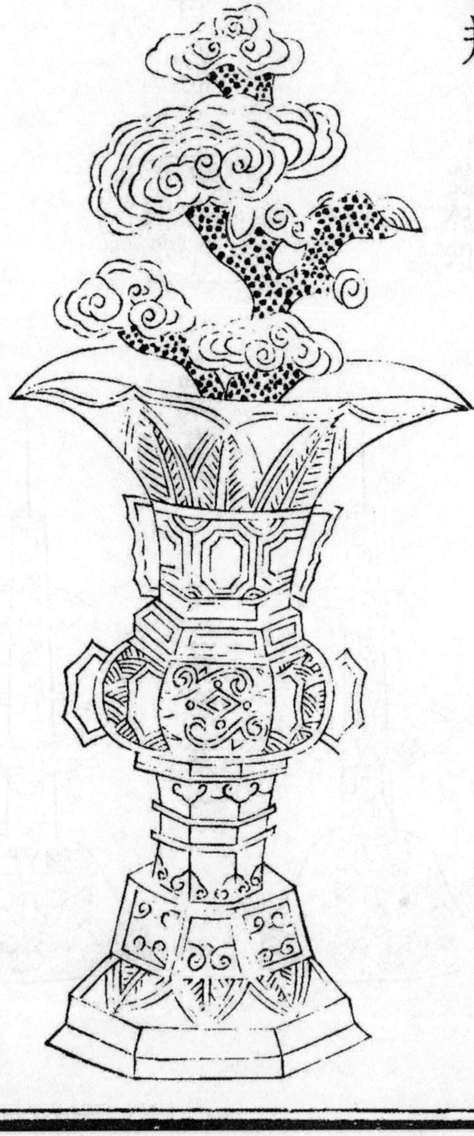

香盒

雕漆爲器貯香

設於供案左右

燭臺

範金爲之

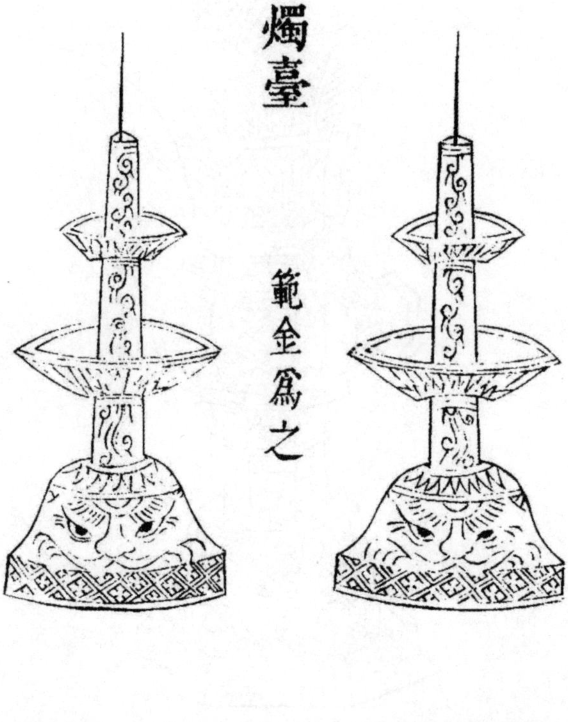

燭檠

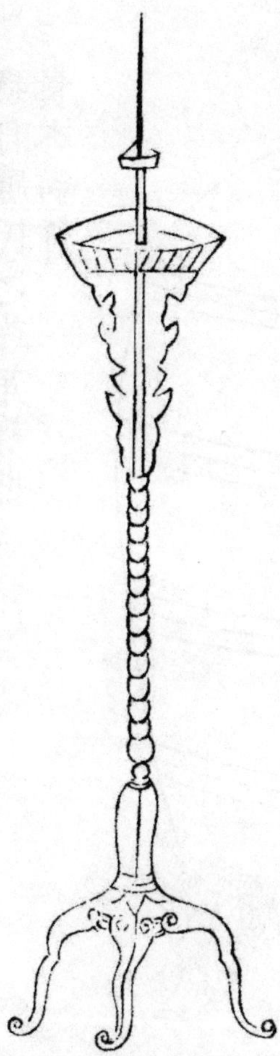

範金爲之設於神座左右

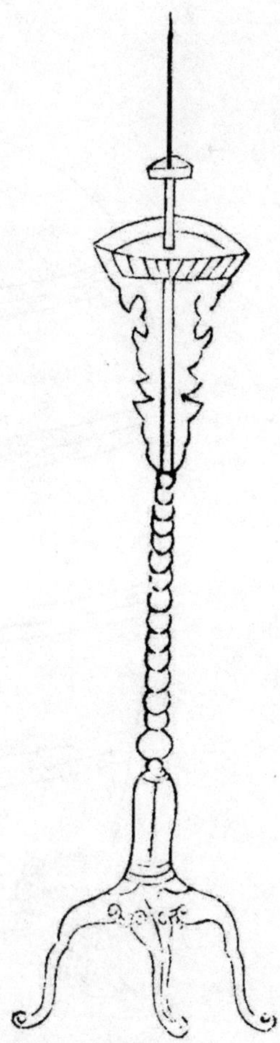

太尊

泰有虞氏之尊瓦尊也
貴本尚質

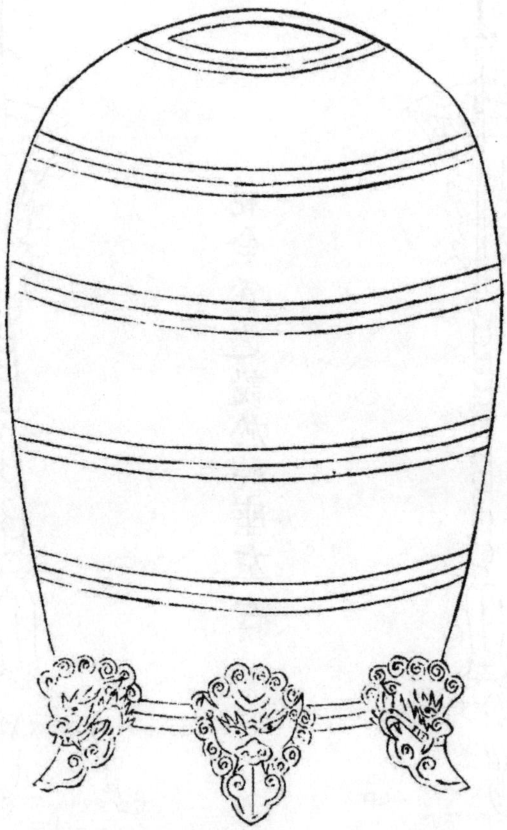

山尊

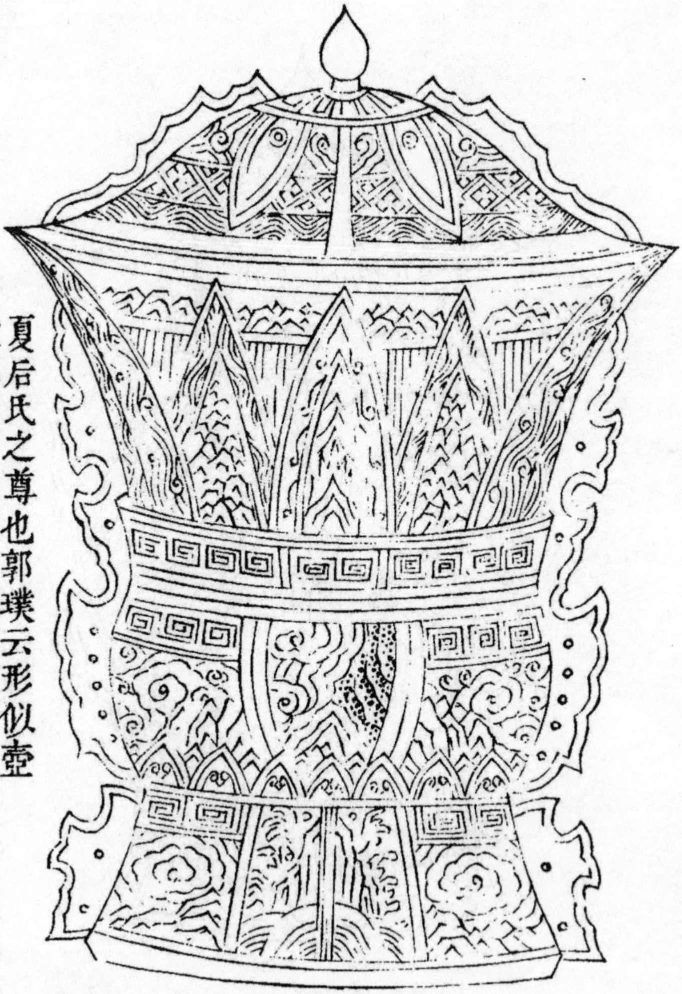

夏后氏之尊也郭璞云形似壺受五斗刻爲山雲狀

雲雷尊

鈕以螭首腹畫雲雷之狀取義其來不測貯初獻酒

犧尊

範金為犧牛形穴背受酒於腹上覆以蓋貯終獻酒

象尊

取形於象
範金爲之
貯亞獻酒

著尊

殷尊也著地而無足

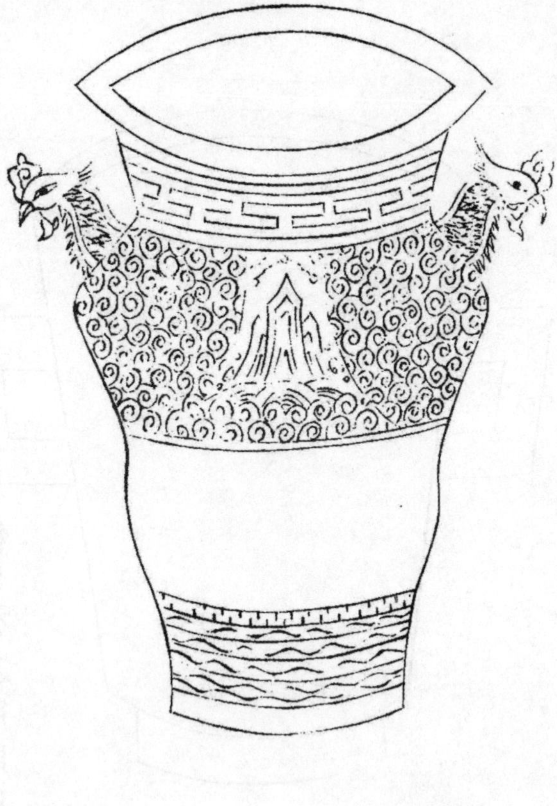

卣

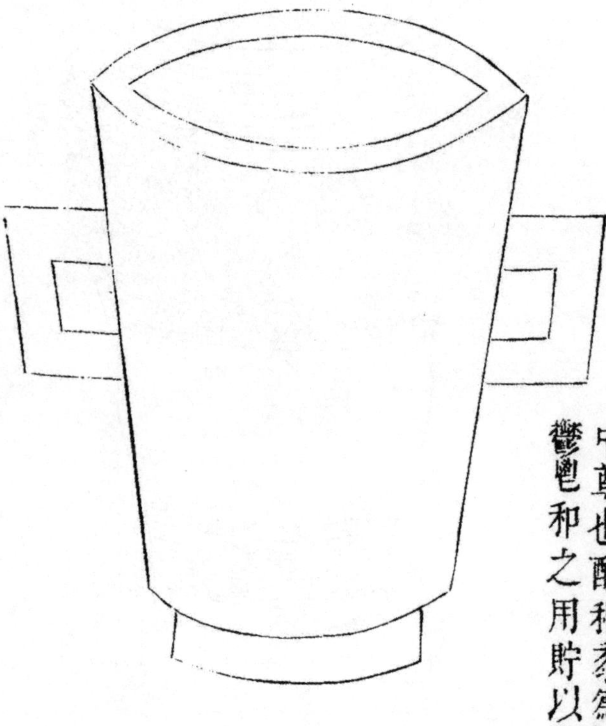

中尊也釀秬黍爲酒以鬱鬯和之用貯以灌

壺尊

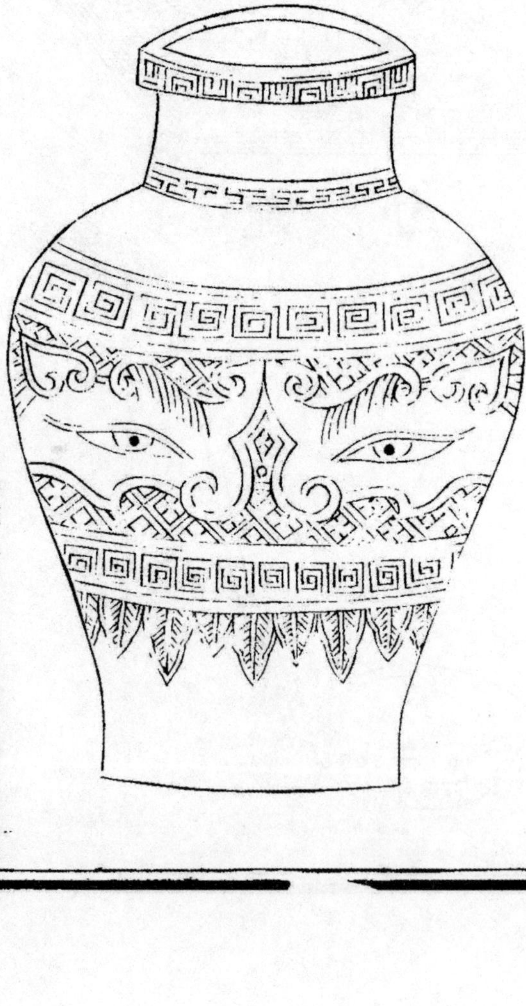

尊作壺形其腹飾饕餮腹著風雲不獨示有節止而又明其施澤之及時也

龍冪

以覆尊爵錦繪爲之四隅綴以金錢

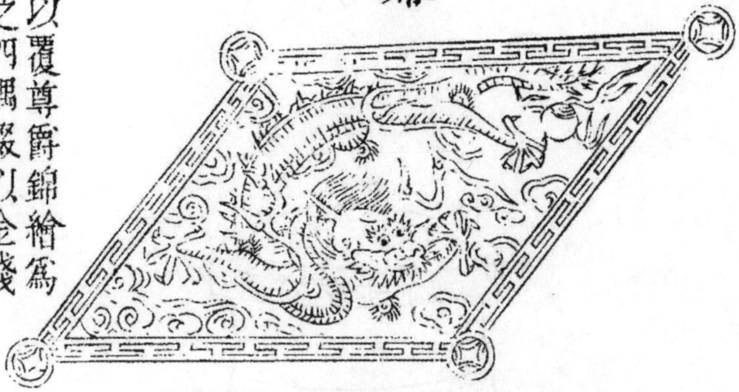

龍勺

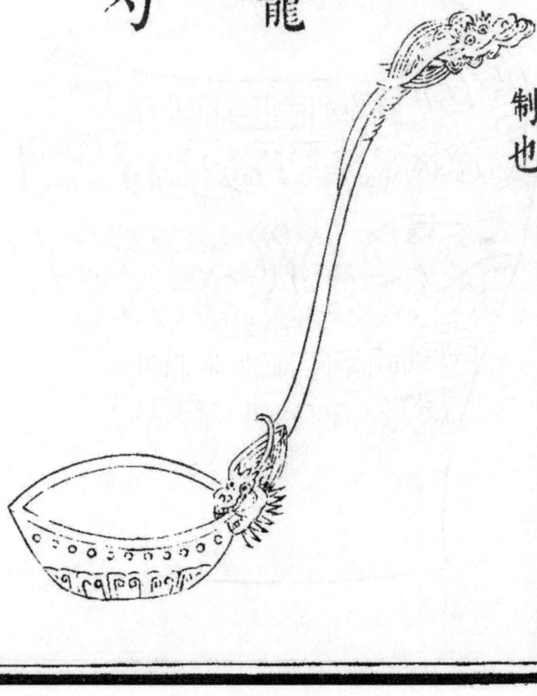

夏龍勺殷疏勺周蒲勺兹所用葢夏制也

罍洗案

盥盆

注水濯手將祭時凡與祭者相次滌潔然後行事

頮架

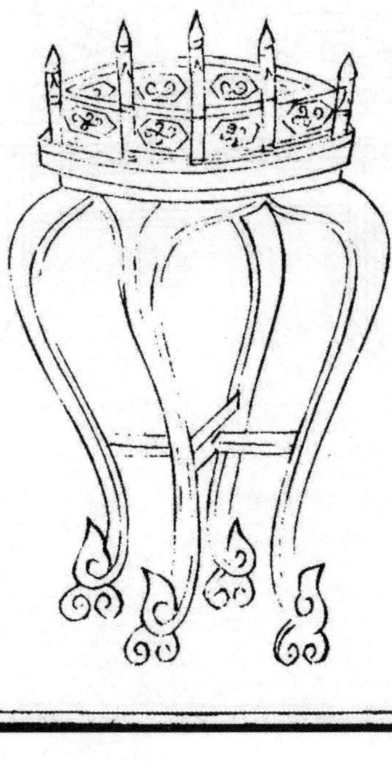

供尊案
雕木爲之
髹以漆

祝版

漆木爲之外黝中質以紙書祝文面粘之祭畢則捧祝文以焚

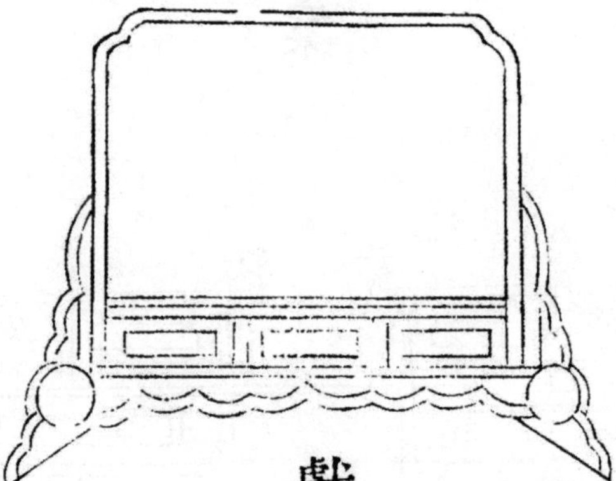

獻尊案

福爵

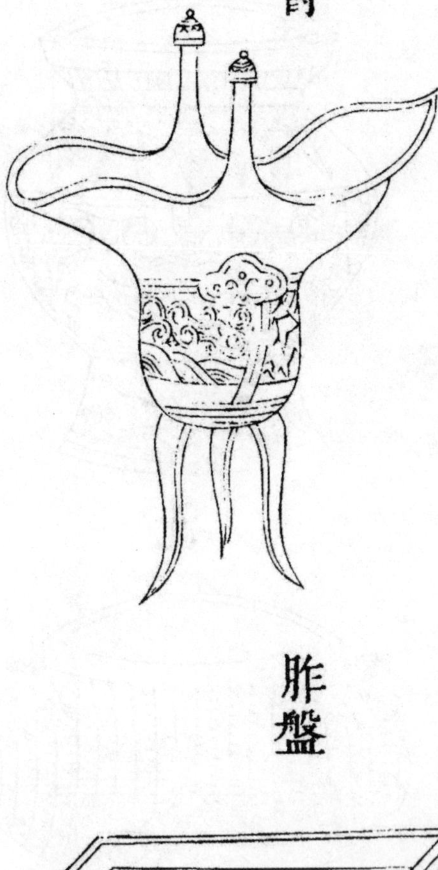

白金爲之三獻畢用貯
祭酒正獻官跪而飲之
下堂再拜謝

胙盤

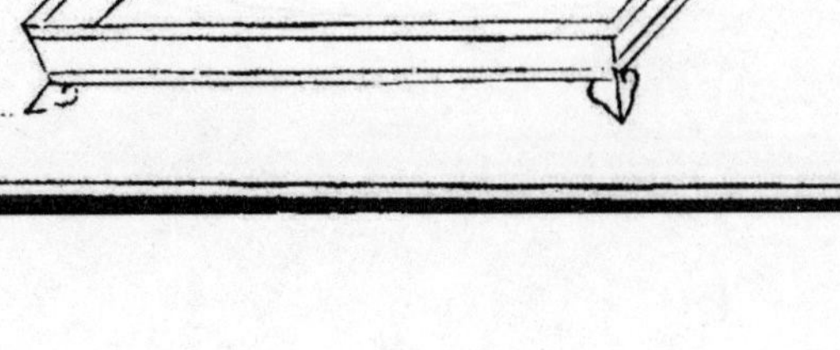

木爲之三獻畢用盛祭肉
正獻官跪而受之下堂再
拜謝

罍

洗

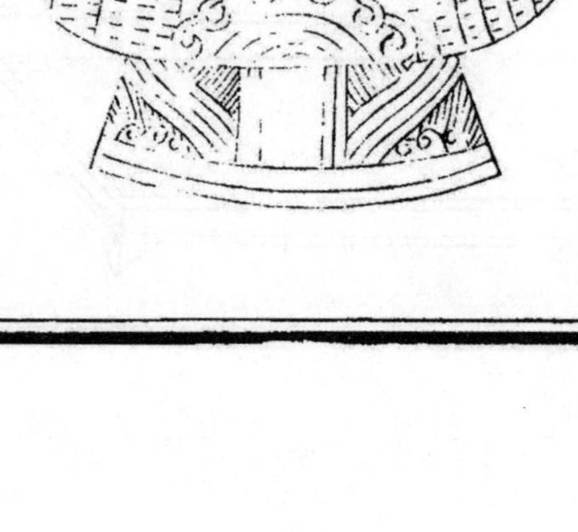

皆所以盥臨事而盥致肅恭之意罍盛水洗受棄水不
敢傾于廟庭之地嚴敬之至也罍範饕餮洗飾龜龍

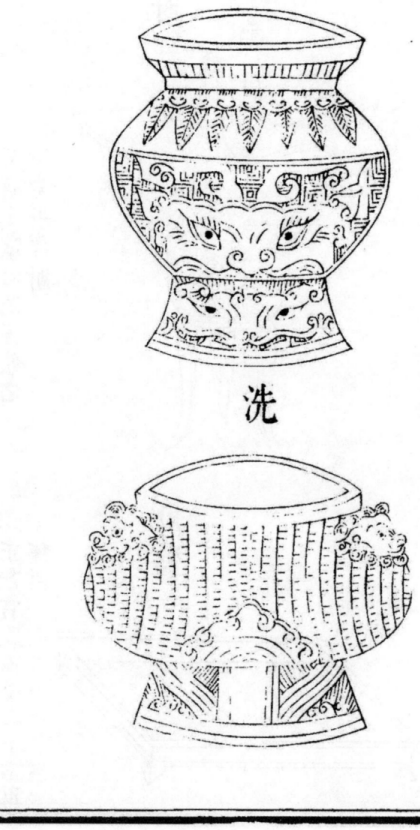

帨巾

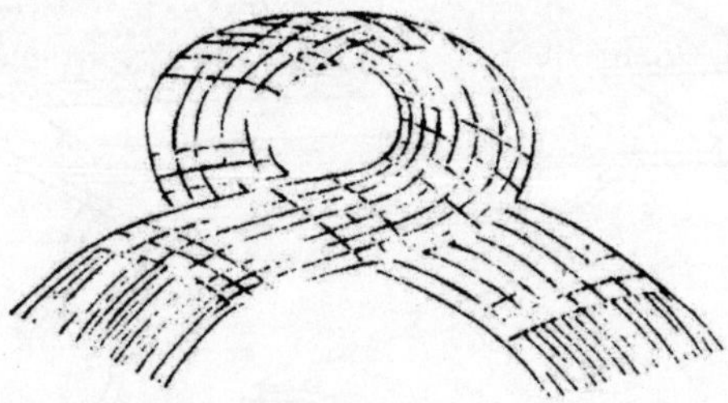

以繒爲之或以布將祭滌手以拭

巾笥

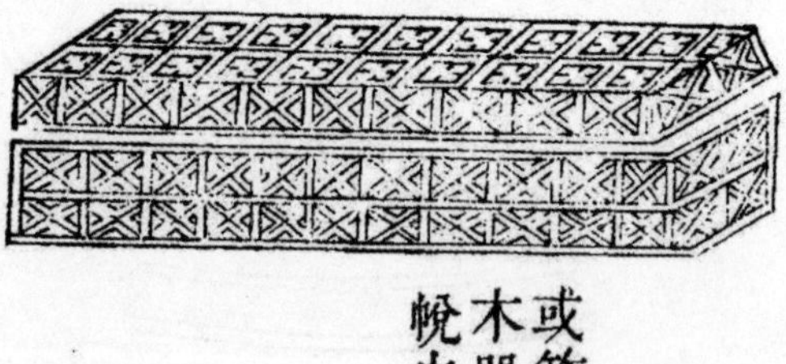

或竹器或木器以函帨巾

燔爐

彝

範金爲之周禮六彝雞彝鳥彝黃彝虎彝蜼彝單彝皆以貯灌酒

斝

茅沙池

古銅為之貯以茅沙所以縮酒

執爐

提爐

高照燈

弔燈

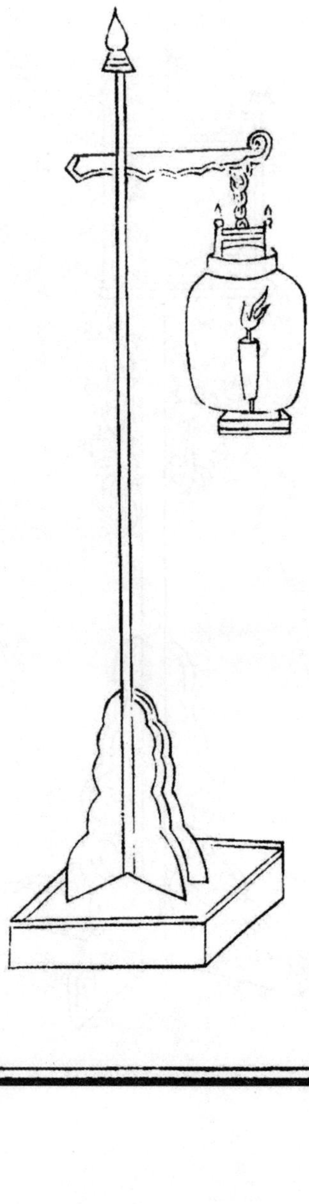

庭燎

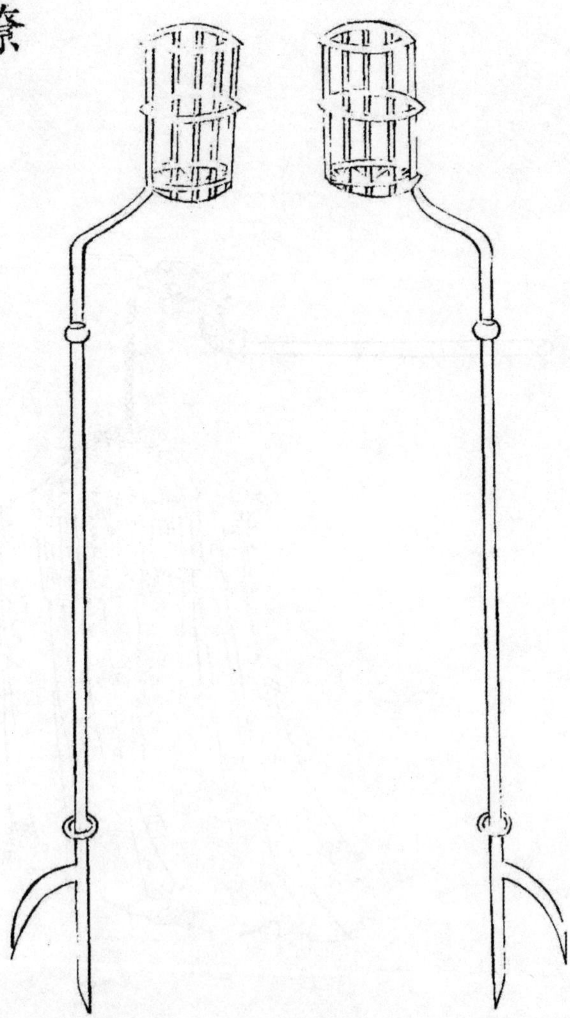

路燈

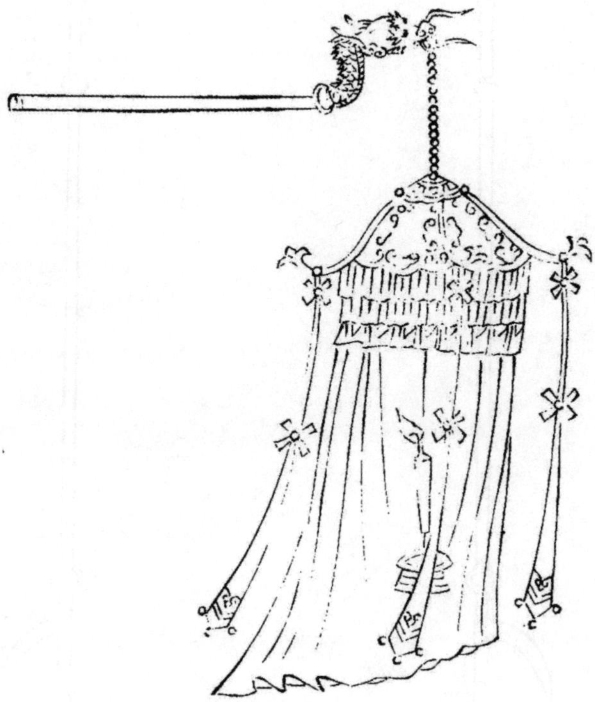

燎叉

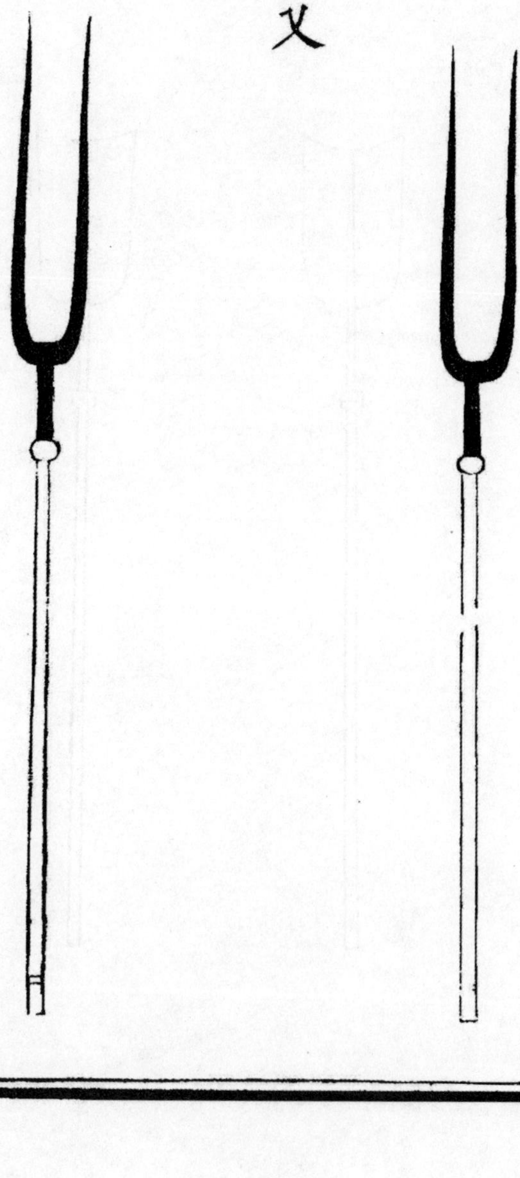

瘞鍬

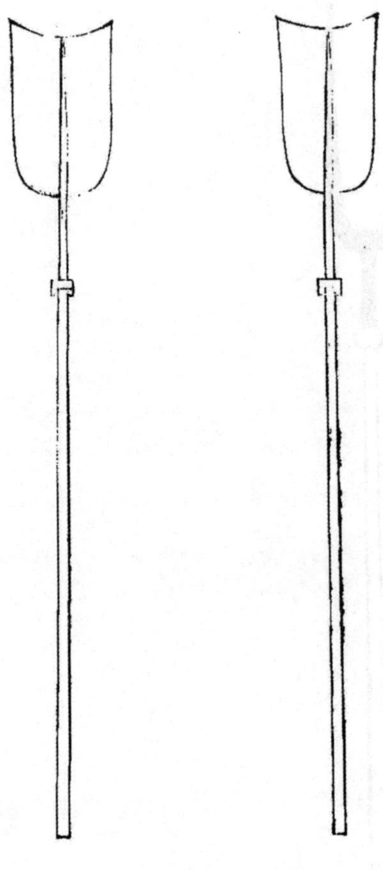

齋牌

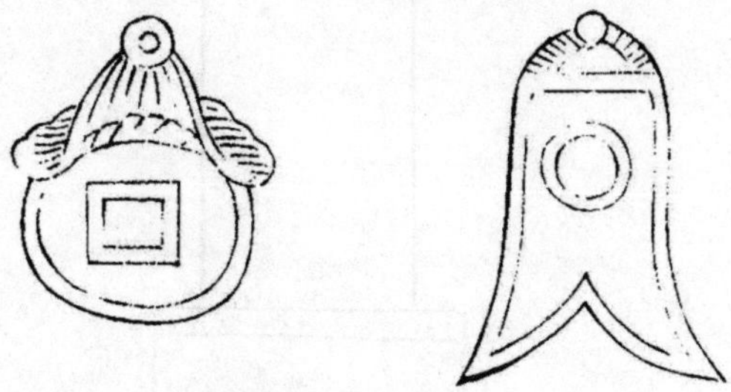

戒牌

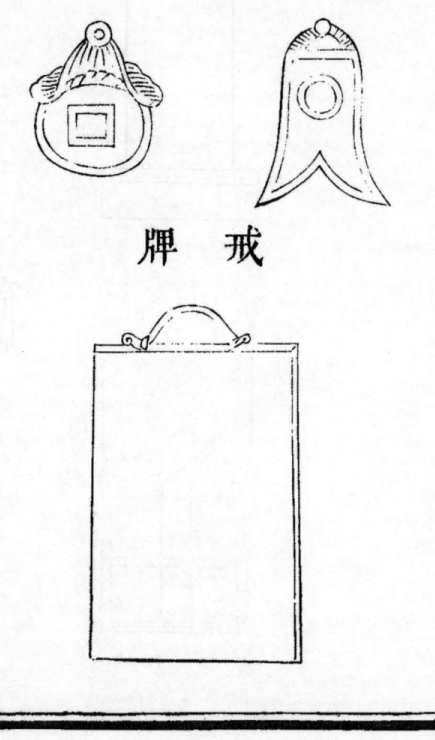

誓牌

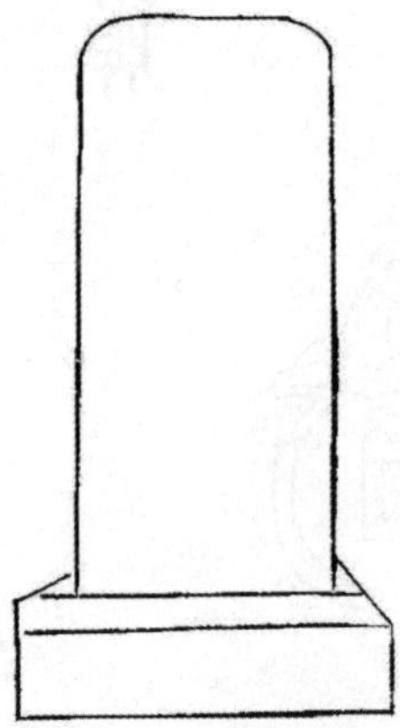

宿牌

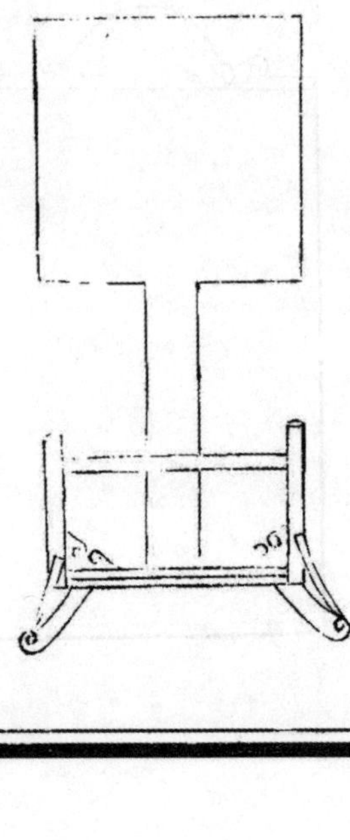

班位牌

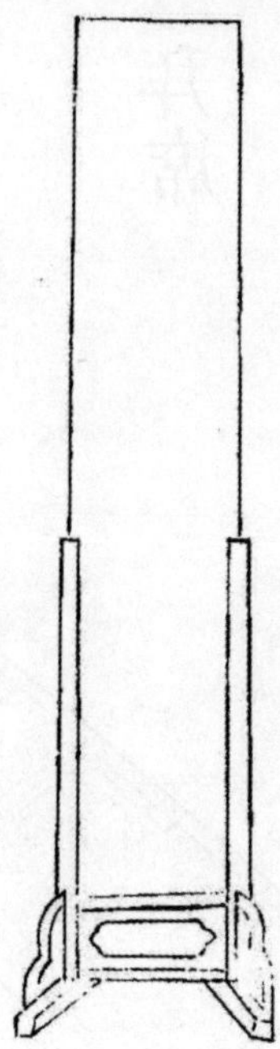

昭穆牌

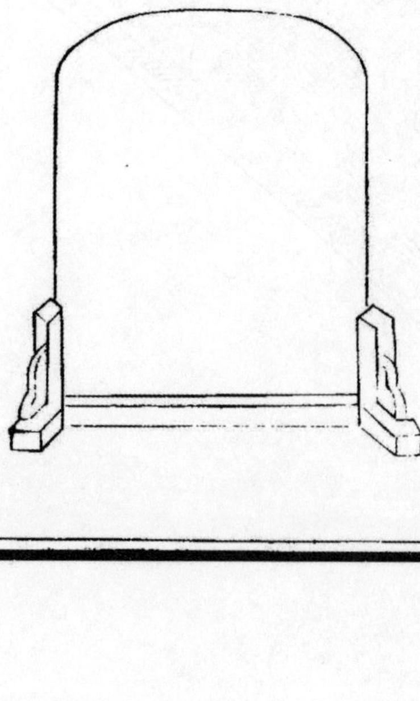

拜席

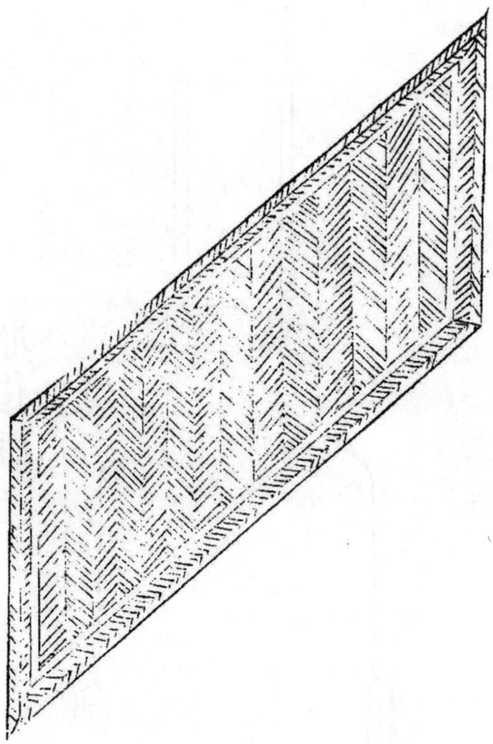

國學禮樂錄卷之十五

樂器圖

麾旛　鏄鐘　編鐘

特磬　編磬　琴

瑟柱　篪　鳳簫

龍笛　洞簫　雙管

塤　笙　楹鼓

懸鼓　應鼓　搏拊

鞉鼓　田鼓　柷止

敔籈　旌節　籥

翟

計數二十五

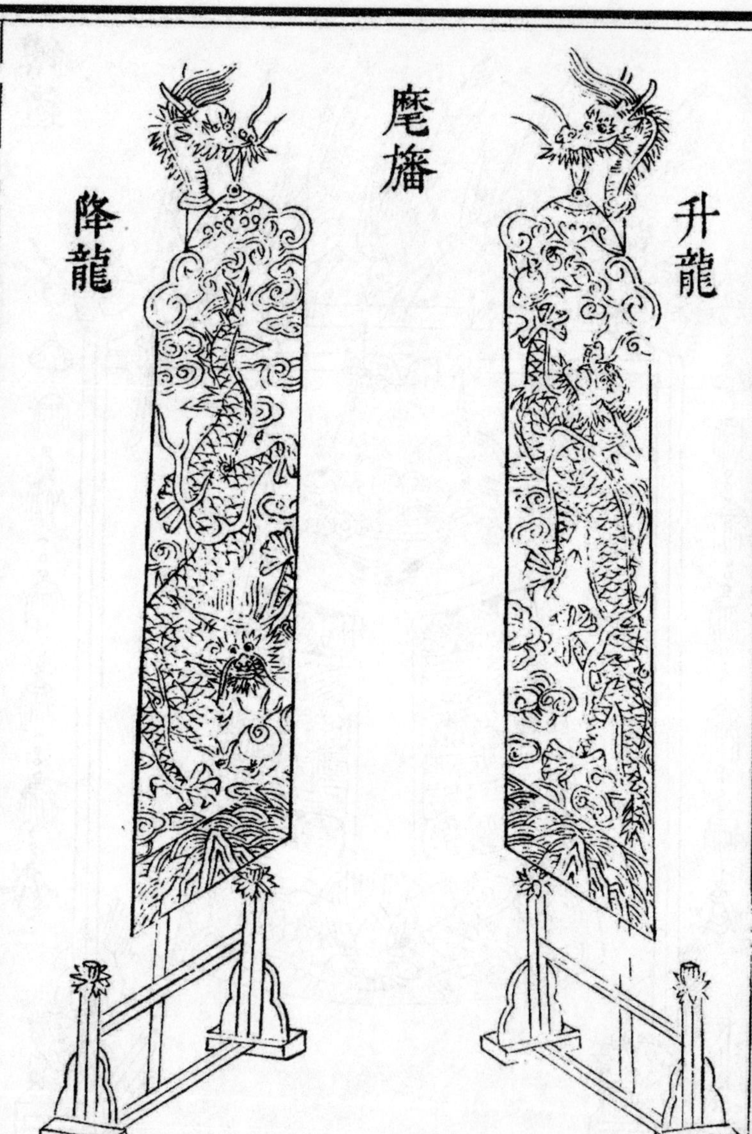
升龍
麾旛
降龍

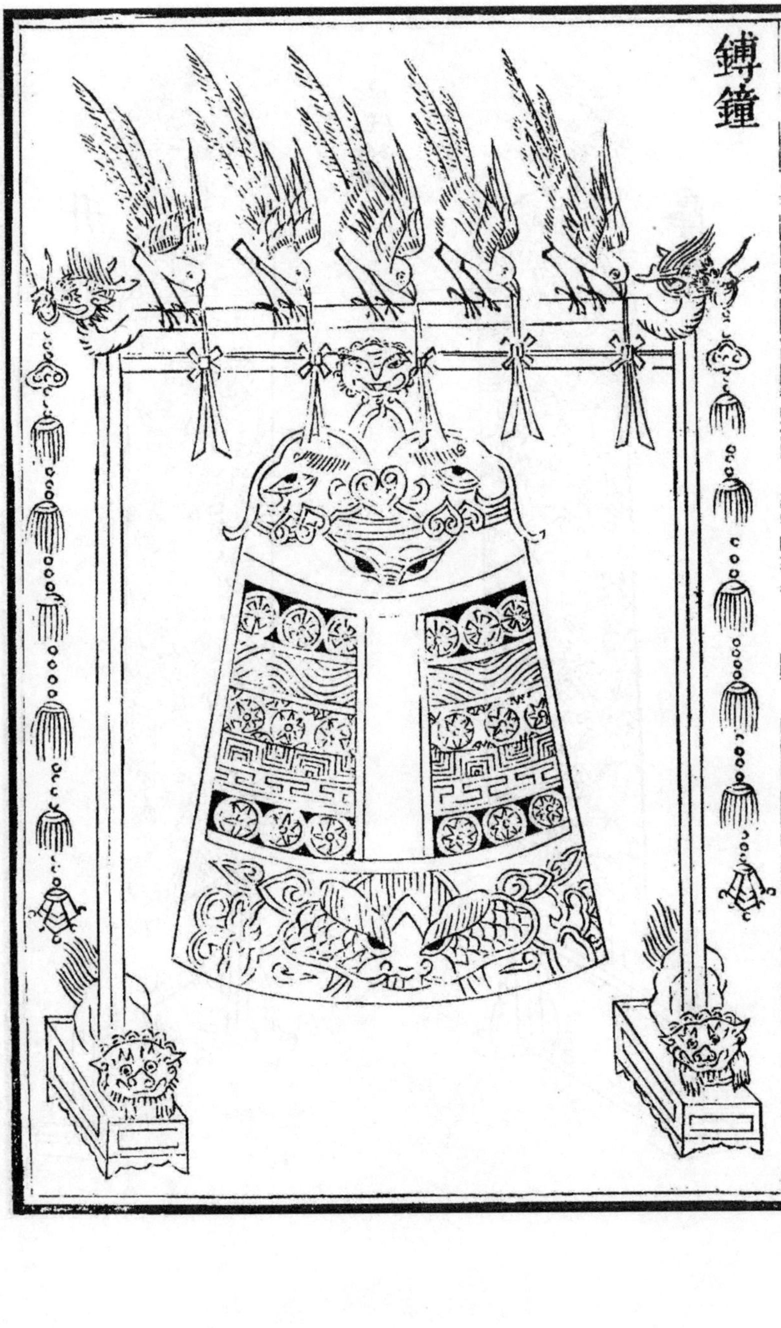
鎛鐘

編鐘

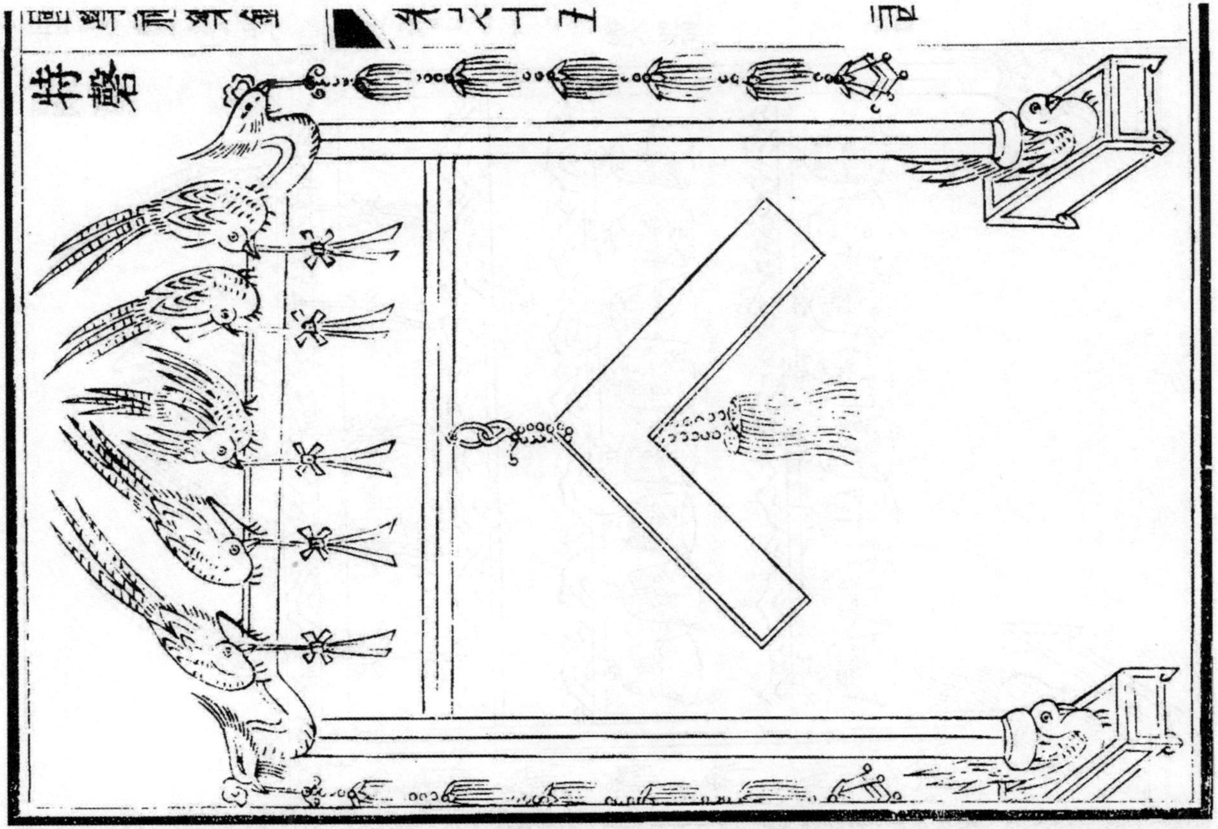
特磬

編磬

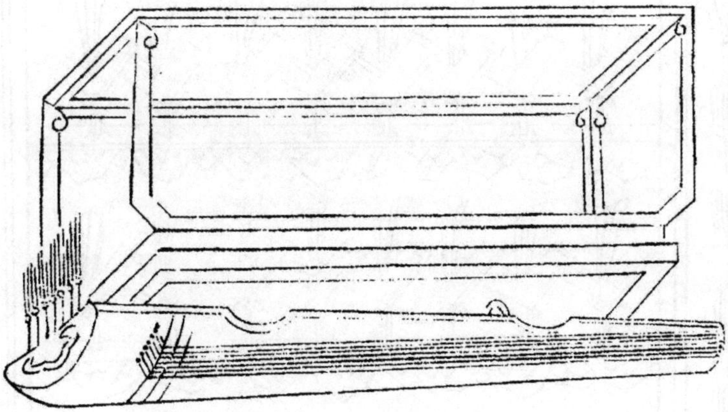

琴

瑟

柱

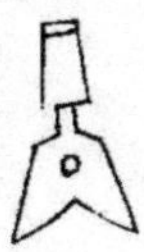

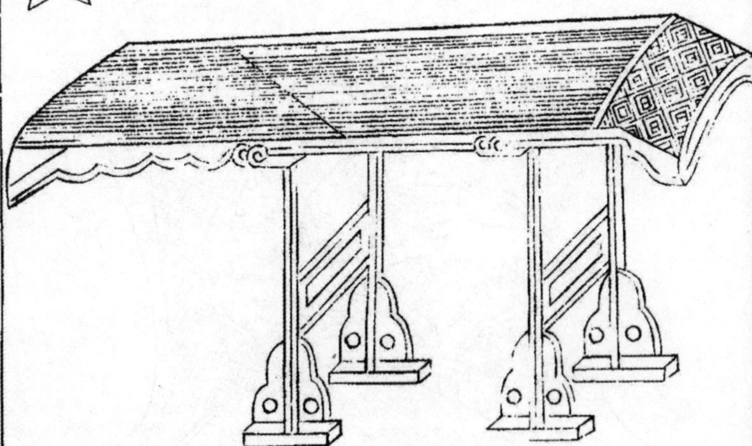

篪

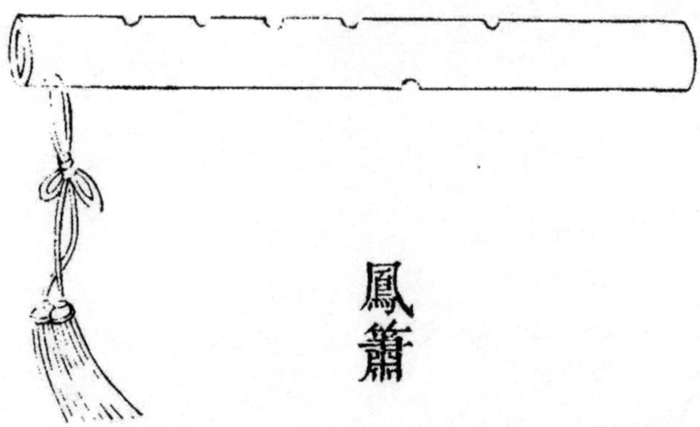

鳳簫

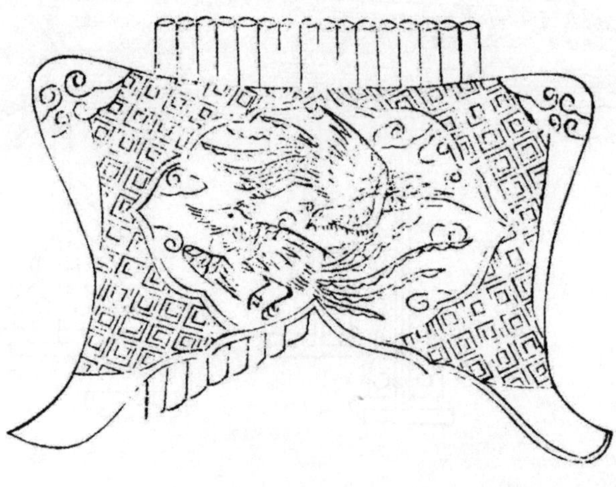

龍笛

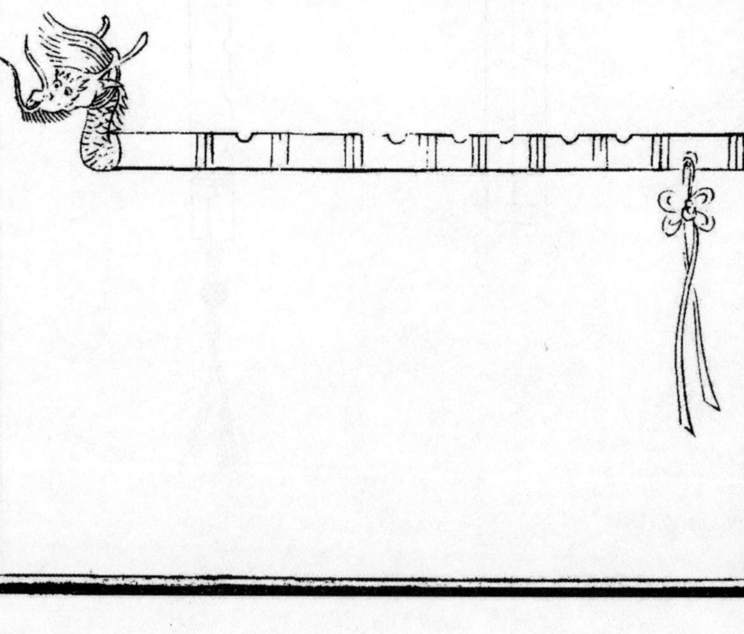

洞簫

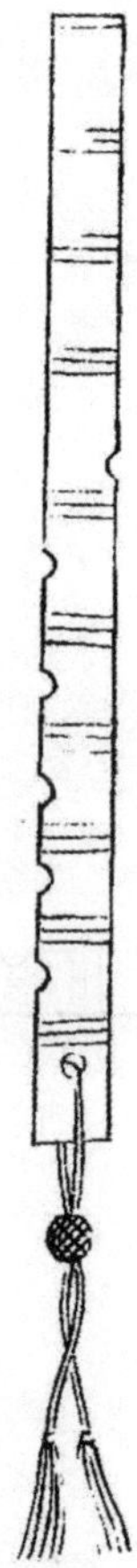

雙管

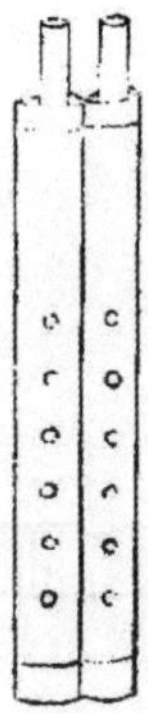

塤

笙

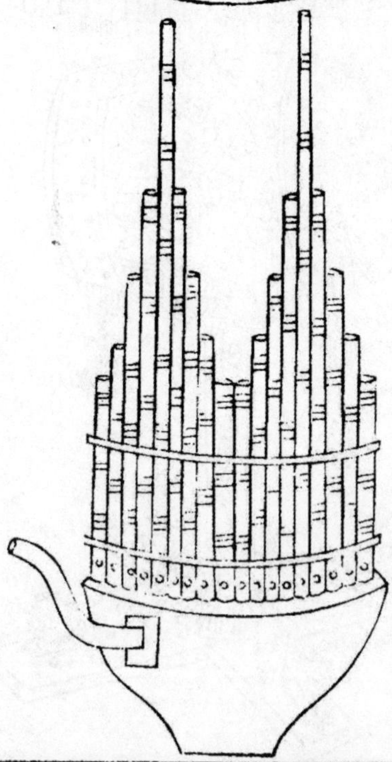

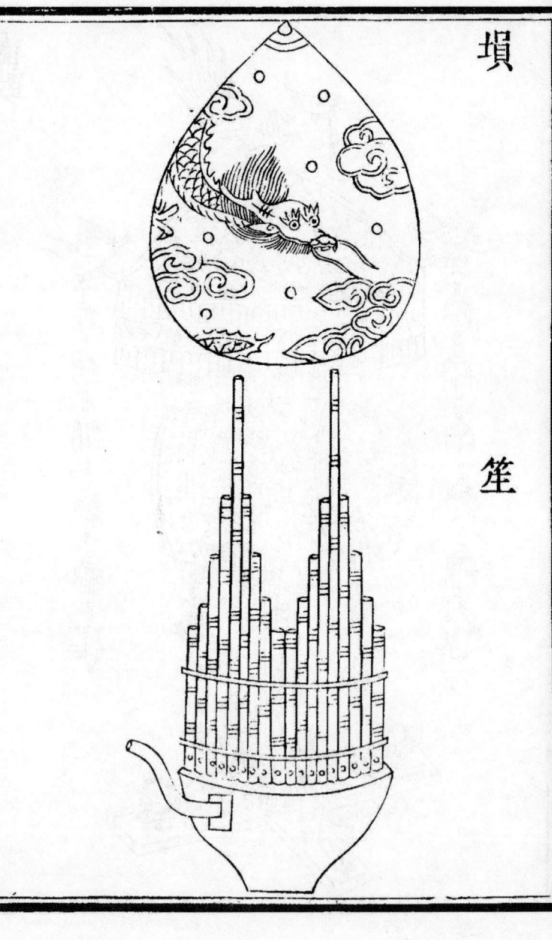

楹鼓

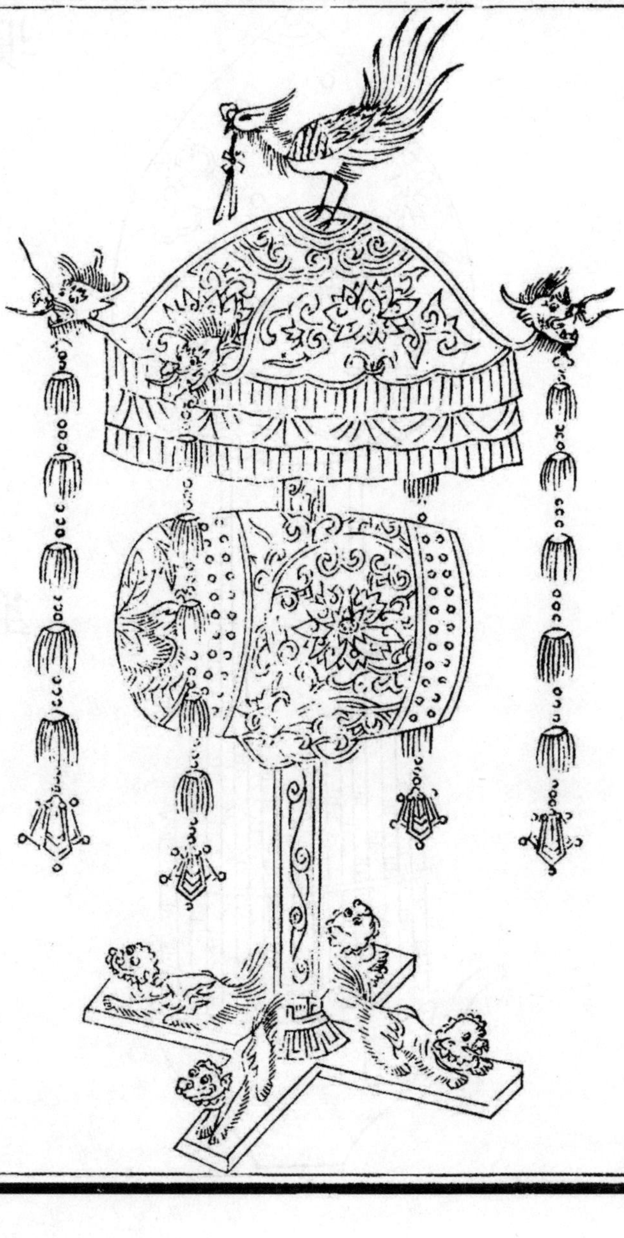

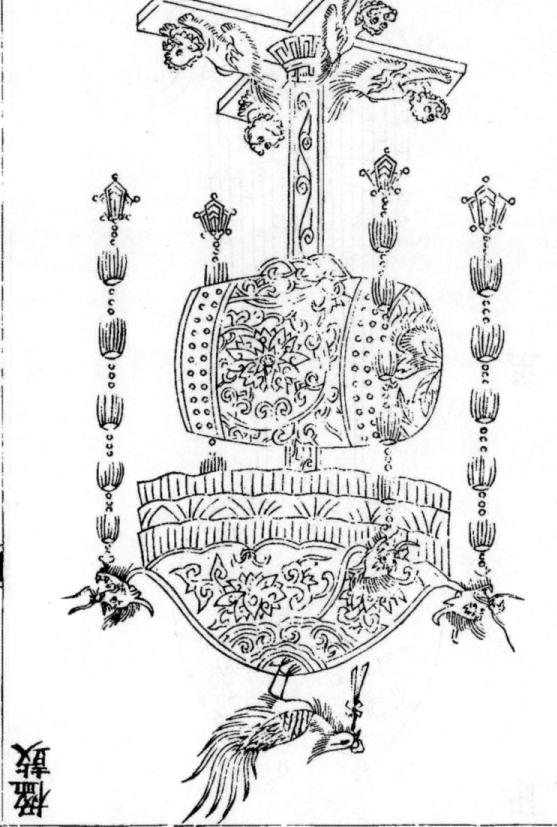

懸鼓

應鼓

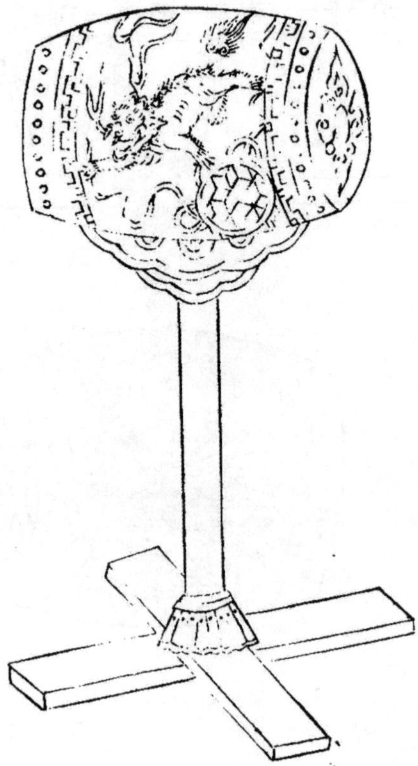

搏拊

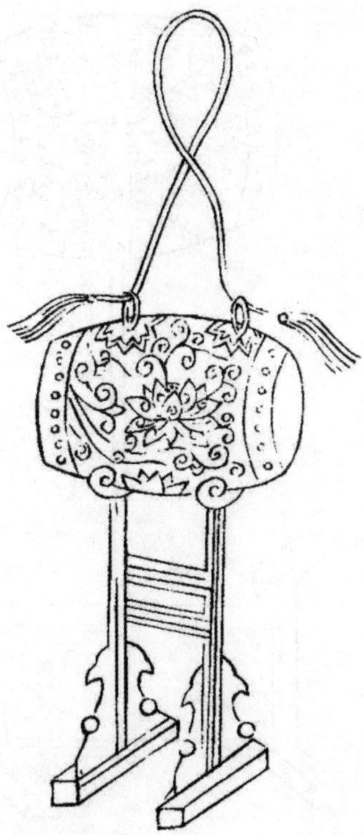

鼗鼓

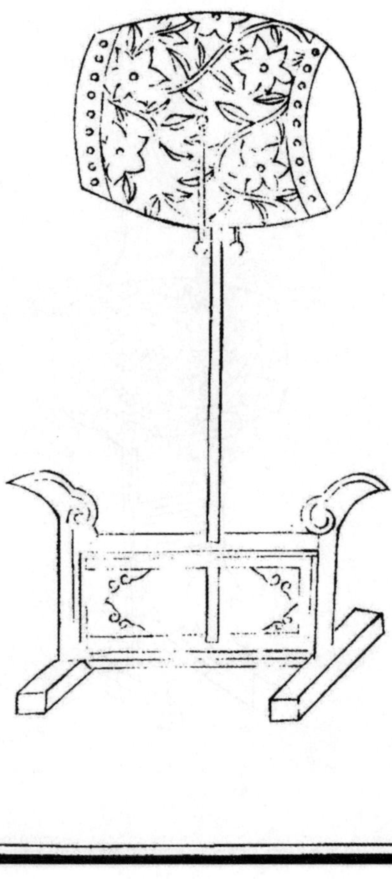

田鼓

柷

止

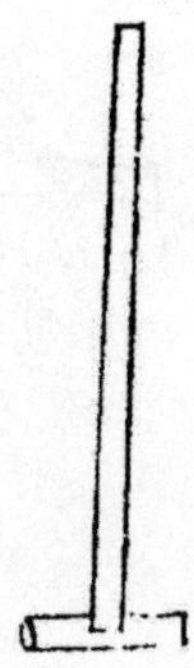

敔

籈

旌節

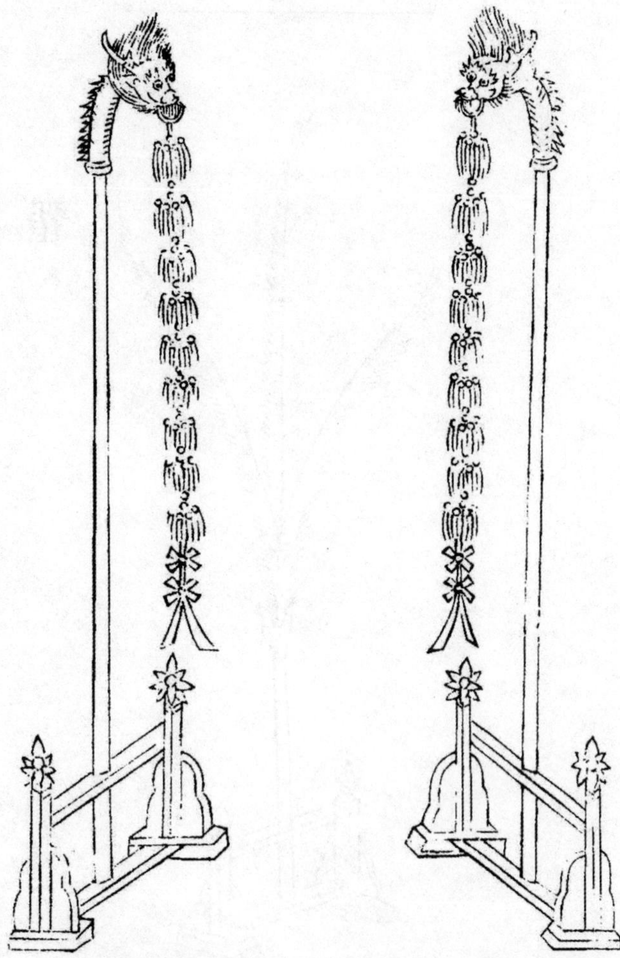

籥

翟

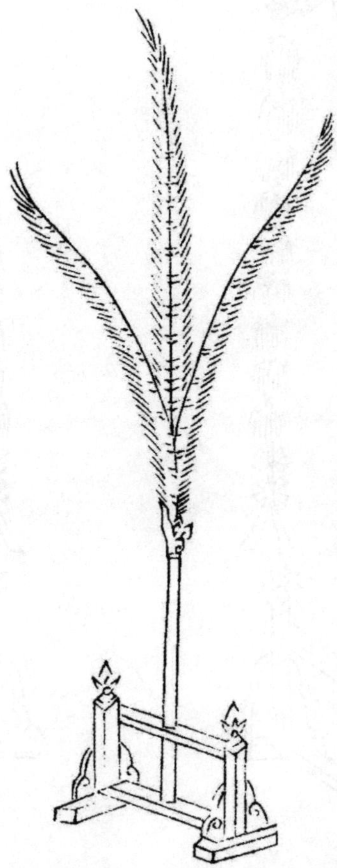

國學禮樂錄卷之十六

舞譜

旌節　舞將陳執節前導旣列綴兆則分東西立舞生之首如奠帛〔麾生〕唱樂奏寧和之曲東階〔節生〕亦揚節唱曰奏寧和之舞三獻皆同舞畢西階生抑節唱曰舞止遂植節架上舞生俱歸班

相鼓木鐸　節武舞以金鐸節文舞以木鐸一聲應一步傍侍者執搖聽堂下樂旣發聲卽搖一聲隨舞生所向之方辰俯則先俯仰則先仰以爲舞容之節相鼓用手執於胷前所以輔鐸每搖一響則擊鼓一聲以應之

籥翟　籥用左手横執之有竅而不吹或云綴兆轉折入位時齊吹以節走趨翟用右手縱執之翟縱籥横齊肩執之爲執起之齊目爲舉平心執之爲衡盡手向下執之爲落向前正舉爲拱向耳偏舉爲呈籥翟縱横兩分爲開籥翟縱横相加爲合籥翟縱合如一爲相各分順手向下爲垂兩執相接爲交凡執籥秉翟俱右手在外左手在内其手指俱大指在内四指在外縱則如繩横則如衡執秉者不可忽也

舞　鼓聲既嚴旌節前導魚貫而進列行於陛上左右相同聽節生唱奏寧和之舞則散而爲佾聽唱樂止則聚

而成列忽散忽聚部位不亂如兵家之陣法然凡舞東階者面東則西階者面西東階者面西則西階者面東又東階者用左手左足舞蹈則西階者用右手右足舞蹈其向背低昂周旋俯仰各各成偶不可亂也

凡立之容五　兩階相對爲向內立　兩階相背爲向外立　俱面正北爲朝上立　兩兩相對爲相對立　兩兩相背爲相背立

舞之容二　兩階相顧作勢爲向內舞　兩階相負作勢爲向外舞

首之容三　舉面朝上爲仰首　俯面向下爲低首　左

右顧爲側首
身之容五　起身正立爲平身　曲其背爲躬身　正立
左右轉爲側身　轉過爲囘身　開左右膝直身下坐
爲蹲身
手之容五　一手高舉爲起手　順下爲垂手　前伸爲
出手　兩手合舉爲拱手　相持爲挽手
步之容二　前邁爲進步　後縮爲退步
足之容七　起足前尖以足跟著地爲蹺足　起足後跟
以足尖著地爲點足　進足稍前爲出足　膝前足後
爲曲足　履位遷換爲移足　左足加右右足加左爲

交足　反履底向上爲蹈足
禮之容九　屈身出手下賜爲授　更屈身出手上承爲
受　拱手後退爲辭　拱手向左右爲讓　低首屈身
拱手爲謙　平出兩肘拱手齊心爲揖　低首屈身至
地爲拜　屈膝至地爲跽　點首爲叩頭　蹺一足屈
一足拱手左右讓爲舞蹈

舞生按譜作勢　凡舞合字四字欲遲工字六字欲疾上
字尺字欲適中　聽鐸鼓旣響兩階羽籥齊作進退俯
仰象文德之容合歌聲之妙而舞之能事畢矣

曲奏譜

大成樂共六曲入奏內疊奏二曲其譜只有合四上尺工六六字共用二律三呂五正聲一子聲有宮商徵羽而無角有喉齒舌唇而無牙元朝歌章與此同而曲譜則合四一上勾尺工凡六五十字全用今之譜未知誰氏所作舊傳協律郎冷謙爲之自明初肆於太常頒行天下洎今因用播之八音按譜奏聲亦能諧和但字句不全依宮商入之喉舌唇齒者未免格格不合是在歌者神而明之焉

迎神　樂奏咸和之曲　無舞

大太四　哉南工　宣林尺　聖仲上　道太四　德仲上　尊林尺　崇中上　維南工　持林尺　王中上

化太四 斯林尺 民仲上 是黃合 宗太四 典黃合 祀太四 有仲上 常林尺 精南工 純林尺
並太四 隆仲上 神黃六 其南工 來林尺 格仲上 於林尺 昭仲上 聖黃合 容太四

奠帛　樂奏寧和之曲　有舞

自太四 生仲上 民林尺 來仲上 誰太四 底黃合 其仲上 盛太四 惟南工 師林尺 神仲上
明太四 度黃合 越太四 前仲上 聖太四 粢仲上 帛太四 具仲上 成林尺 禮黃合 容太四
斯林尺 稱仲上 黍太四 稷南工 非黃六 馨林尺 惟南工 神林尺 之仲上 聽太四

初獻　樂奏安和之曲　有舞

大太四 哉仲上 聖黃合 師太四 實南工 天林尺 生仲上 德太四 作仲上 樂太四 以仲上
崇林尺 時仲上 祀太四 無林尺 斁仲上 清黃六 酤南工 惟林尺 馨仲上 嘉林尺 牲仲上
孔黃合 碩太四 薦太四 羞南工 神黃六 明林尺 庶南工 幾林尺 昭仲上 假太四

亞獻　樂奏景和之曲　有舞

百仲尺王南工宗林尺師仲上生林尺民仲上物太四軌黃合贍黃六之南工洋林尺

洋仲上神林尺其仲上寧太四止黃合酌太四彼黃合金林尺罍仲上惟南工清林尺

且太四旨仲上登仲上獻太四惟林尺三仲上於黃六嘻南工成林尺禮仲上

終獻　曲舞皆同亞獻

徹饌　樂奏宣和之曲　無舞

犧仲上象太四在仲上前林尺豆太四籩仲上在黃合列太四以太四享南工以林尺

薦仲上既仲上芬林尺既太四潔仲上禮黃合成太四樂仲上備太四人南工和林尺

神仲上悅太四祭黃合劇太四受仲上福林尺率黃六遵南工無林尺越仲上

送神　樂奏祥和之曲　無舞

有太四嚴南工學林尺宮仲上四黃合方太四來仲上宗太四恪黃六恭南工祀林尺
事仲上威南工儀林尺雝仲上雝太四歆仲上格林尺惟南工馨林尺神仲上馭太四
還林尺復仲上明黃六禋南工斯林尺畢仲上咸南工膺林尺百仲上福太四

望瘞　樂同送神　無舞

按文廟舞凡六變初變在綴之中東西立象尼山毓聖五老降庭再變而爲佾數稍前進象筮仕於魯而魯治三變而東西分象歷聘列國而四方化四變稍後退象刪述六經告備於天五變而左右向象講論授受傳道於賢六變而復歸於綴中東西立象廟堂尊崇弟子配享孜之帝王樂舞武舞退文舞進由一成至十二成一

變至九變其綴兆皆起於南而散於南與此不同也

舞佾圖

舞象九十六式備載於後

冠

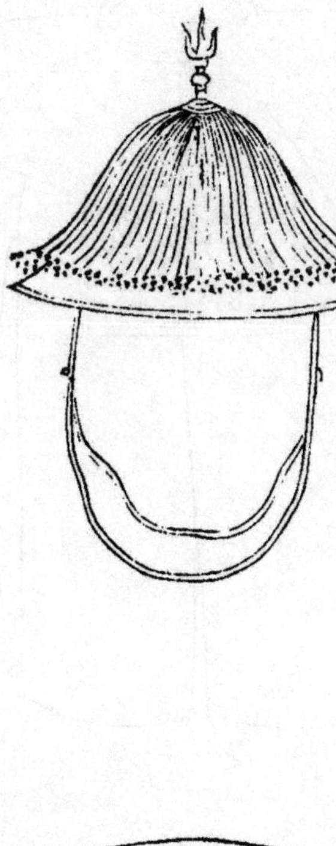

帶

衣

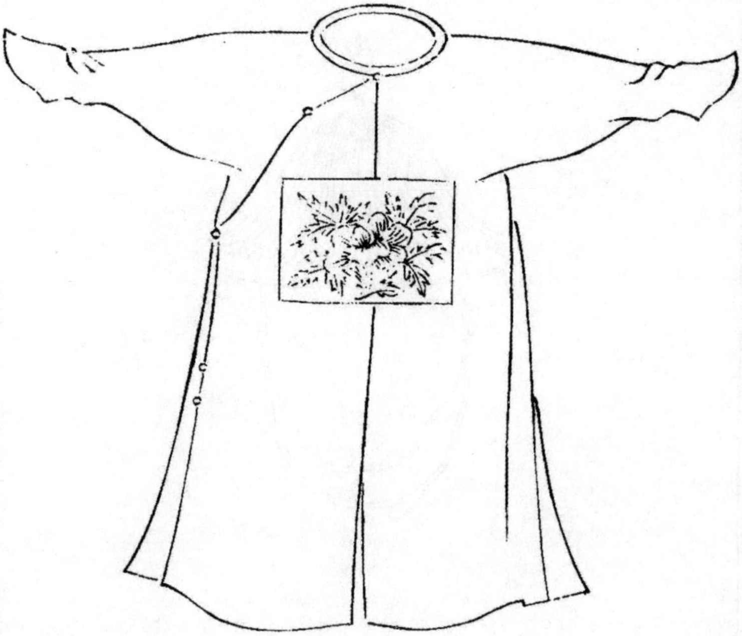

靴

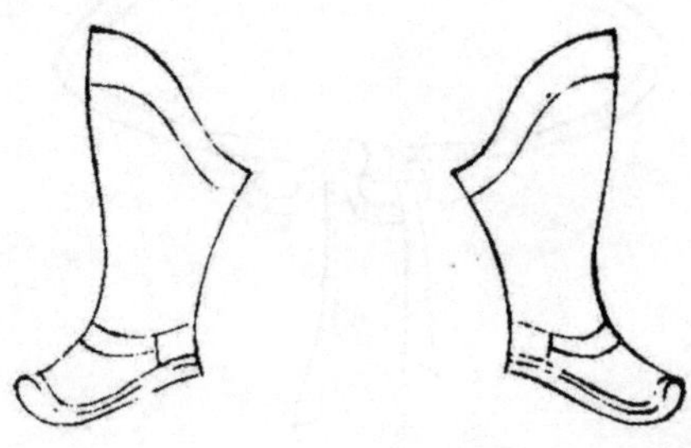

太自四

開翟籥向上起右手於肩垂左手於下蹺左足向前稍前向外開籥舞

林民尺

合籥向上移右足過左足邊交立合手蹲朝上

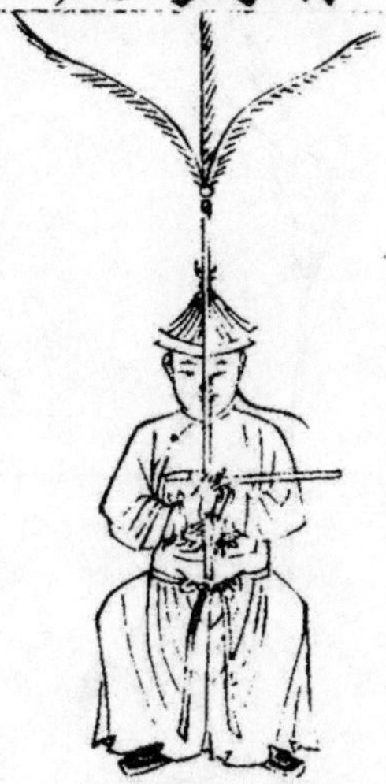

仲生上

開翟籥向上起左手於肩垂右手於下蹺右足向前路向裏開籥舞

仲來上

轉身向東開籥起左手於肩垂右手於膝蹲身上曲足更加右足虛其跟足尖着地起蹲身向外高舉籥而朝

太 誰 四

合籥向內拱手出左足

兩兩相對蹲東西相向

仲 其 上

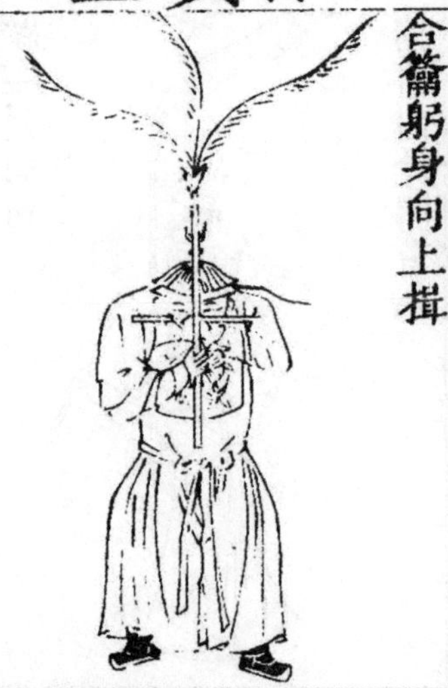

合籥躬身向上揖

正揖

黃 底 合

合籥轉身向外拱手出右足

正揖稍舞

太 盛 四

合籥轉身向東躬身拱手出右足

起平身出左手立

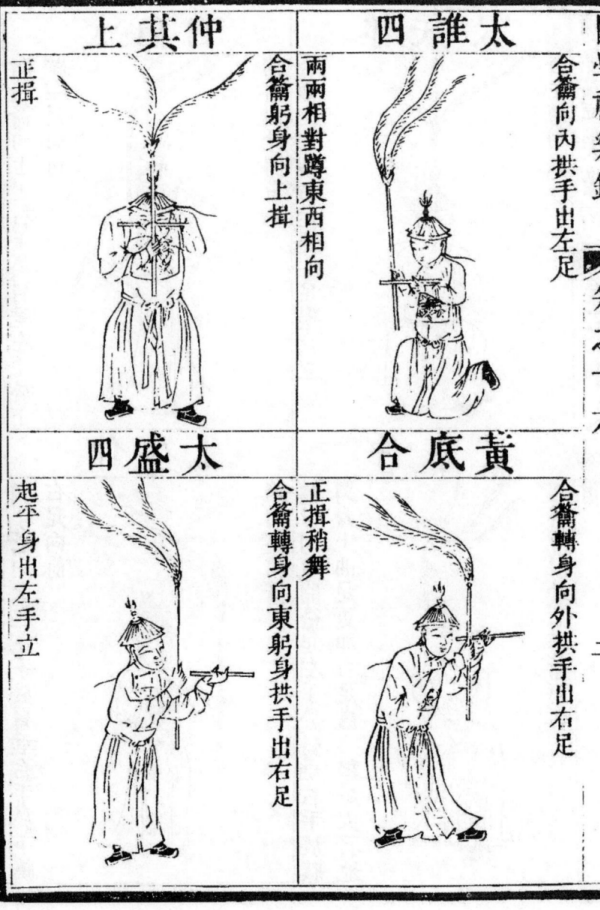

南惟工

開籥向上起右手於肩垂左手於下出左足

兩兩相對自下而上東西相向

仲神上

合籥轉身向東蹈右足

惟兩中班十二人轉身俱東西相向

林師尺

開籥向上起左手於肩垂右手於下出右足

稍前舞舉籥垂翟

太明四

開籥以左手平肩右手平腑斜身向上偏面西左足虛其根足尖着地

舉翟三合籥

黃度合

合籥向上過右足於左交立

稍前向外垂手舞

太越四

合籥向上過左足於右交立

踏向裏垂手

仲前上

合籥向上躬身揖

向前合手謙進步雙手合籥

太聖四

合籥向上拱手平身立

回身再謙退步側身向外高止衡面朝上

仲粢上

開籥向上起右手于肩垂左手於下跪左足向前

仲具上

正蹲朝上合籥當胸向上揖手於右

正揖

太帛四

開籥向上起左手于肩垂右手于下跪右足向前

林成尺

稍舞躬身挽手側身向外呈籥且邊面朝上合籥當胸向上揖手於左隨復中平身拱手立於中

起僻身挽手復舉籥正立

黃禮合

合籥路右足轉身向上

兩兩對交籥兩班俱東西平勢跳籥

林斯尺

合籥低頭向東指

向外退挽手舉籥向外面朝上

太容四

合籥路右足向東

正蹲朝上

仲稱上

合籥轉身向上平立拱手

回身正立

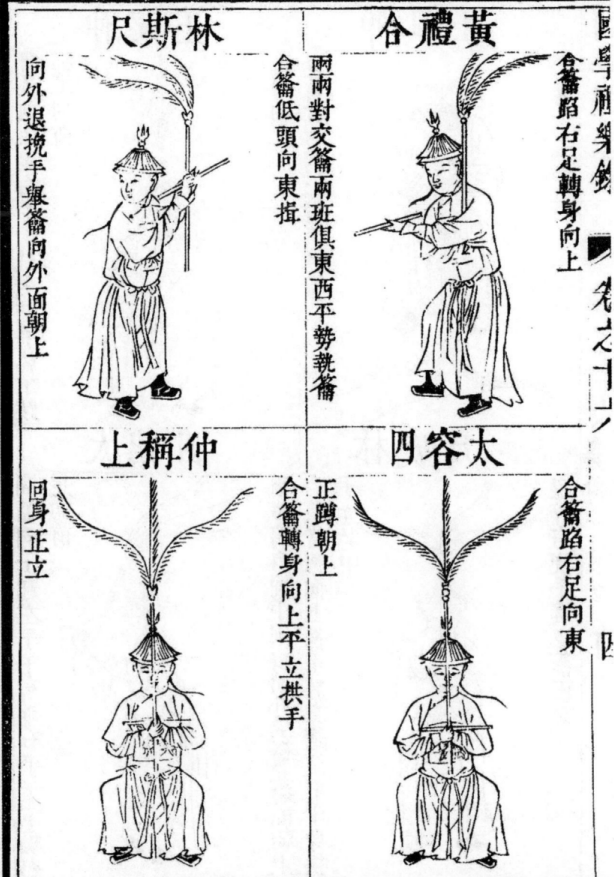

太簇四

合籥向上過右足于左交立

稍前舞

合籥低頭揖向上

南稷工

合籥向上過左足于右交立

正蹲朝上

開翟向上起右手於肩垂左手于膝蹲身

曲左右足更加左足虛其根以足尖着地

黄非六

左右垂手兩班上下俱雙垂手東西相向

林馨尺

起合手相向立

南惟工

合籥低頭揖于右左足隨揖蹈之于後

仲之上

左右側身垂手向外開籥垂手舞
合籥轉身向東北拱手蹺右足尖

正揖朝上

林神尺

合籥低首揖于左右足隨揖蹈之于後

右側身垂手向裏垂手舞
合籥復身向上拱手蹺右足尖

大聽四

躬而受之躬身朝上拱籥而受之三鼓畢起

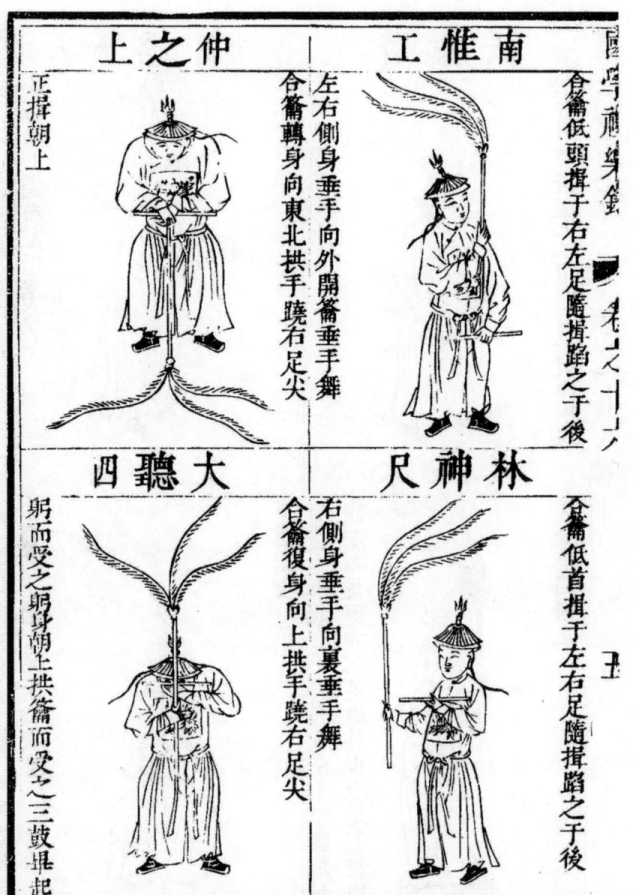

太大四

開籥向上起左手于肩垂右手于下蹺右足向前

黄聖合

左右進步向外垂手舞合籥向上過左足于右交立

向外落籥面朝上

仲哉上

開籥向上起右手于肩垂左手于下蹺左足向前

右向裏垂手舞

太師四

開籥向上起右手于肩垂左手于下蹲身曲右足更加左足虚其根以足尖著地

退回身正立

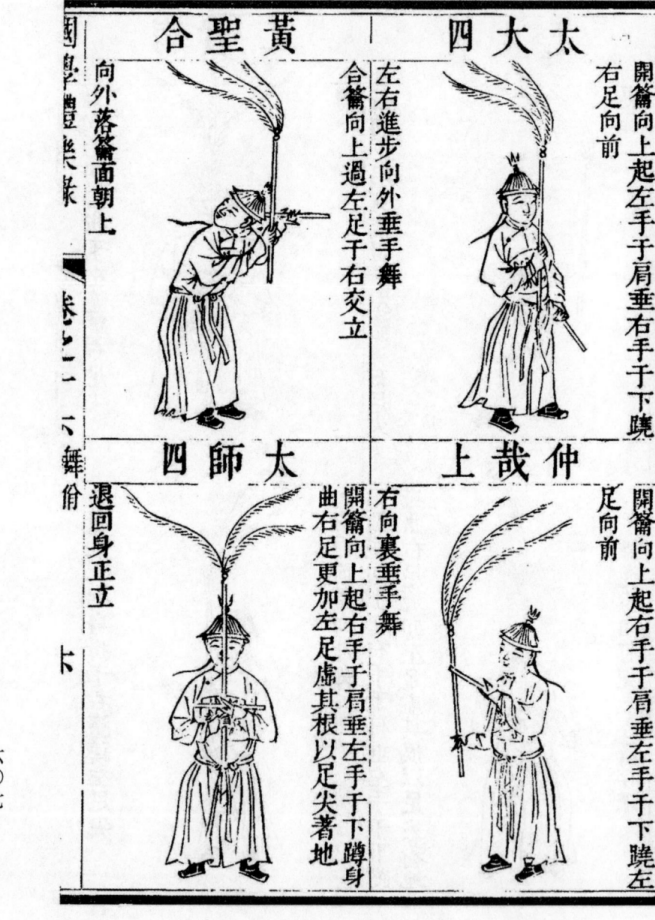

南實工

合籥向上躬身揖手左隨蹺右足尖

仲生上

合籥向上躬身復揖手左隨蹺右足尖
正蹲
向裏舞

林天尺

合籥向上躬身揖手右隨蹺左足尖

太德四

起身向前舞向外舞
開籥翟向上起右手于肩垂左手于下蹲
身曲右足更加左足虛其根以足尖着地
合手謙進步向前雙手合籥存謙

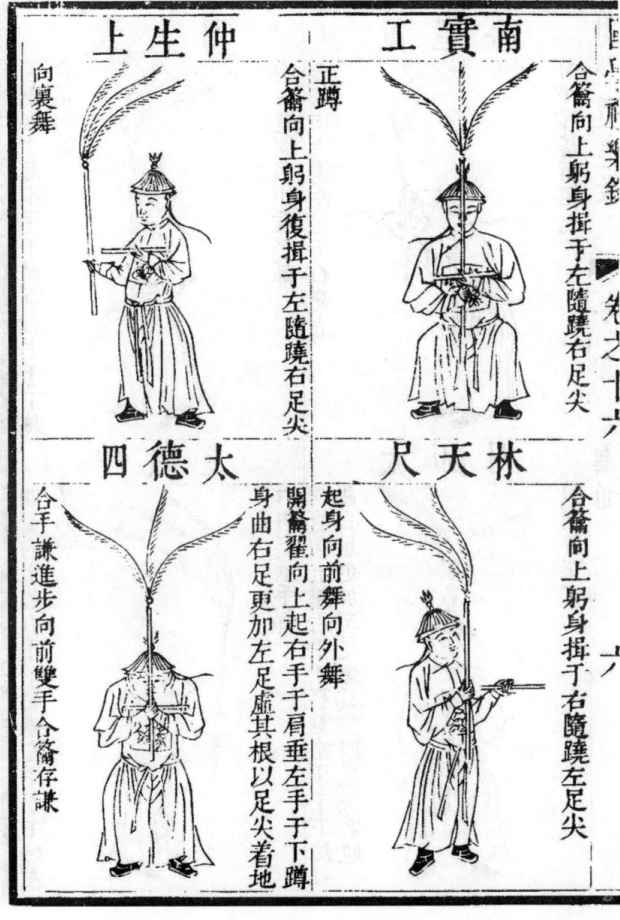

仲作上

合籥拱手向西出右足

兩兩相對自下而上兩班相對累籥東西立

太樂四

合籥轉身拱手向東出左足

上下俱垂手惟兩中班上下十二人俱垂
手蹲身東西相向

仲以上

合籥翟向東過右足于左交立

轉身東西相向立

林崇尺

合翟向東微左足虛右足根斜拱手于上

相向立兩班上下以翟相籥

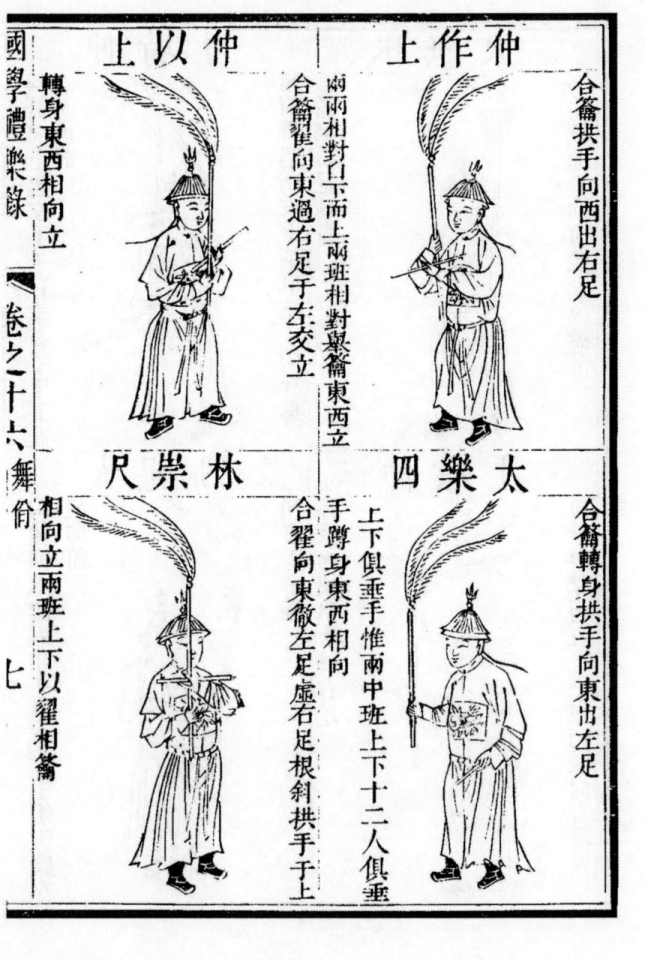

仲時上

開籥向上起左手于肩垂右手于下蹺右足向前

太祀四

開翟向上起右手于肩垂左手于下蹺左足向前

林無尺

稍前舞蹈兩班上下俱垂手向外舞

合籥蹈右足轉身

合手謙進步向前雙手合籥翟

仲歎上

回裏垂手舞

合籥向東拱手蹺右足

回身再謙兩班上下東西相向合籥立

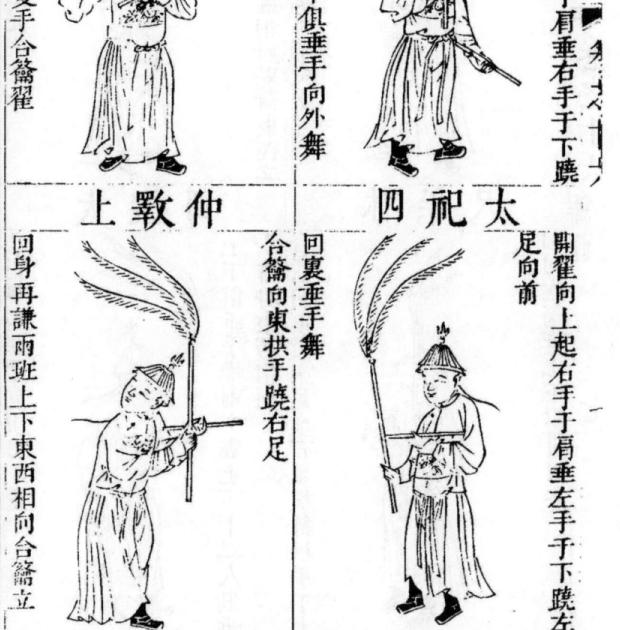

黃清六

躬身向上開籥起手向左蹺右足尖

稍前舞向外開籥舞

林惟尺

合籥向上低揖

雙手平執籥翟開籥翟

南酤工

躬身向上開籥雙手向右蹺左足尖

向裏舞

仲馨上

開翟起右手于肩垂左手于下蹲身曲右足更加左足虛其根以足尖著地

合籥翟朝上正立

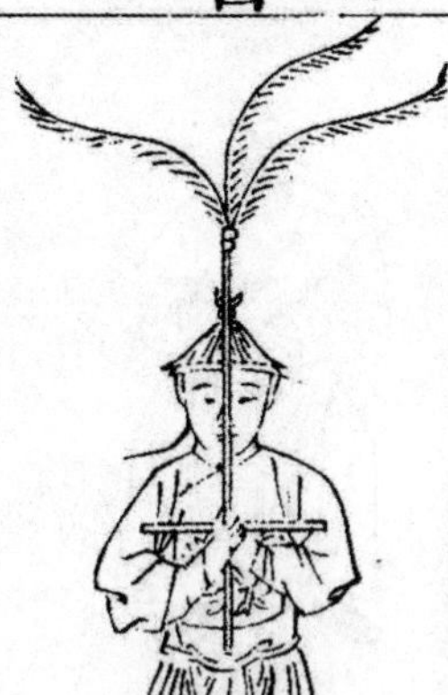

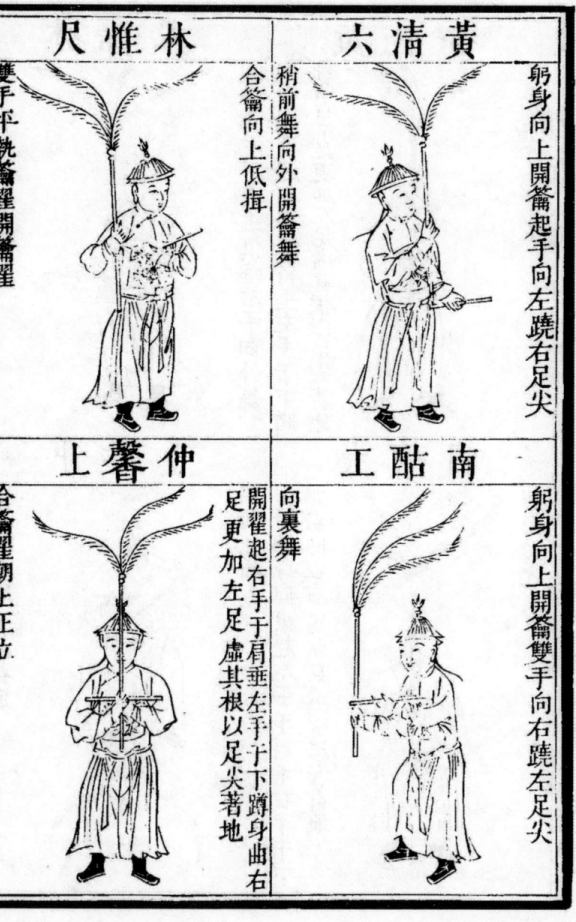

林嘉尺

合籥向東拱手出左足

側身垂左手兩班俱垂左手向外舞

黃孔合

開籥向西起右手于肩垂左手于下蹲
身曲右左足更加左足虛其根以足尖著地

雙手舉籥翟躬身

仲牲上

合籥向西揖手出右足

躬身正揖

太碩四

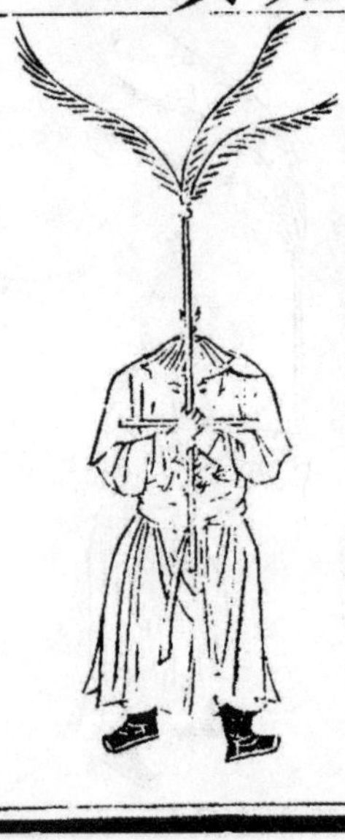

開籥轉身向東起左手于肩垂右手于下
蹲身曲左右足虛其根以足尖着地

躬而受之

太蔟四

合籥躬身向上揖于左

三叩頭舉右手叩頭

南羞工

合籥躬身向上揖于右

舉左手叩頭

黃神六

合籥躬身向上復揖于左

復舉右手叩頭

林明尺

合籥復手于中躬身拱手向上

拜一鼓畢卽起躬身

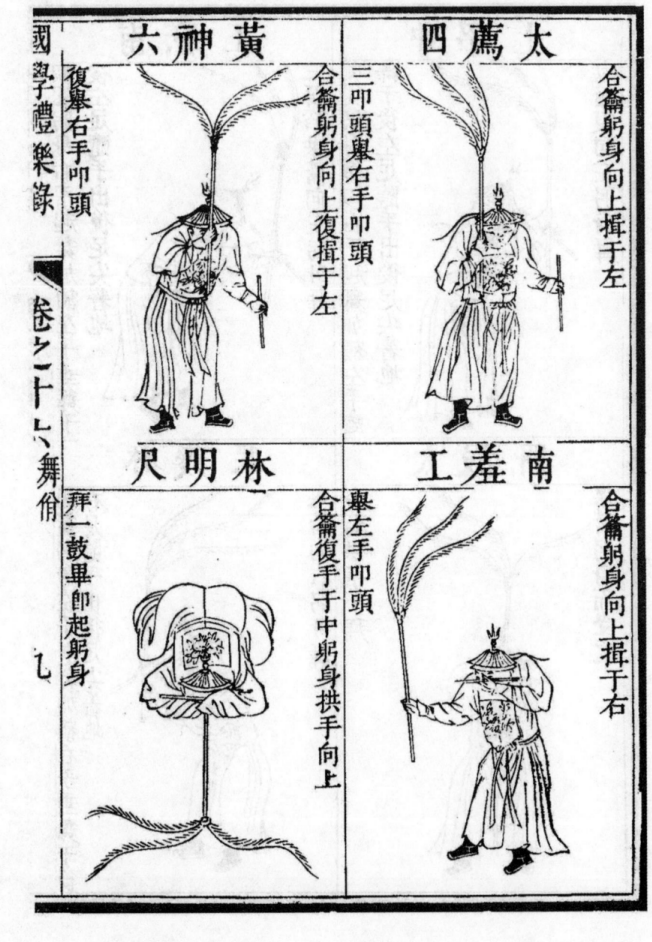

南庶工

開翟躬身右手起舞加額左手垂舞于後左足隨手出後足尖著地

三舞蹈舉籥向左躬身舞

林幾尺

開籥躬身左手起舞加額右手垂舞于後右足隨手出後足尖着地

舉籥向右躬身舞

仲昭上

開翟躬身復以右手起舞加額左手隨舞于後左足隨手出後足尖著地

舉籥復向左躬身舞

太假四

合籥拱手下拜

舉籥躬身而受之

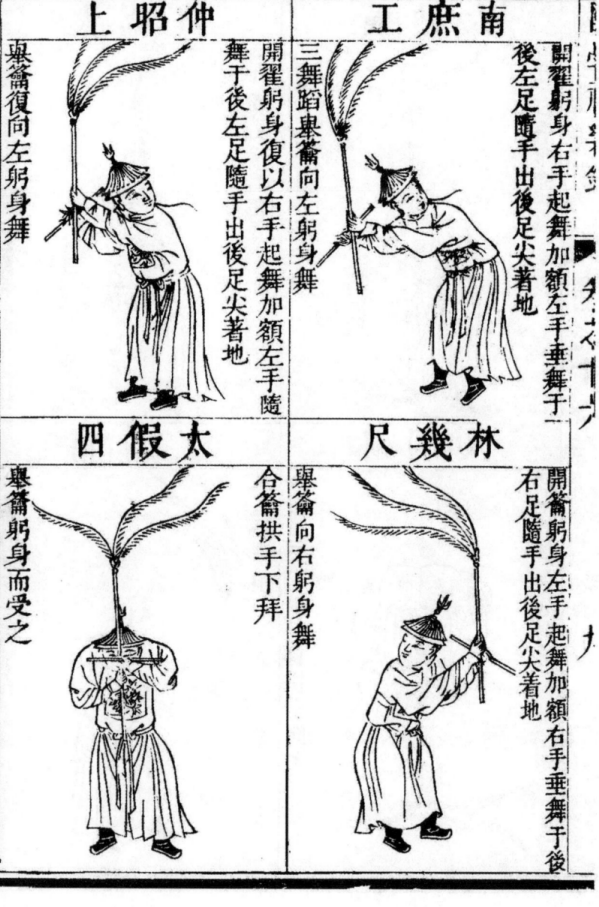

仲百尺

向外開籥舞

林宗尺

側身向外落籥面朝上

南王工

向內開籥舞

仲師上

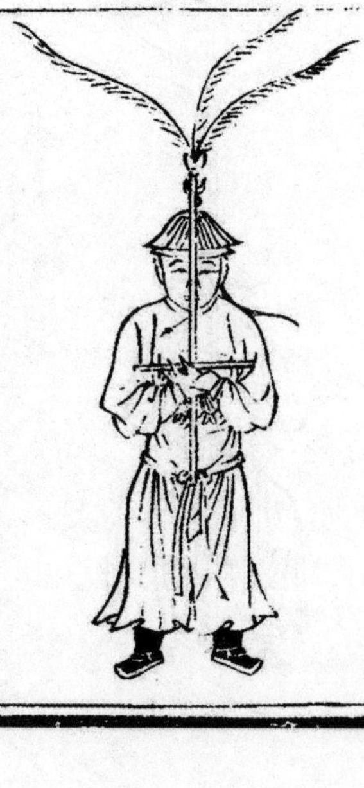

朝上正立

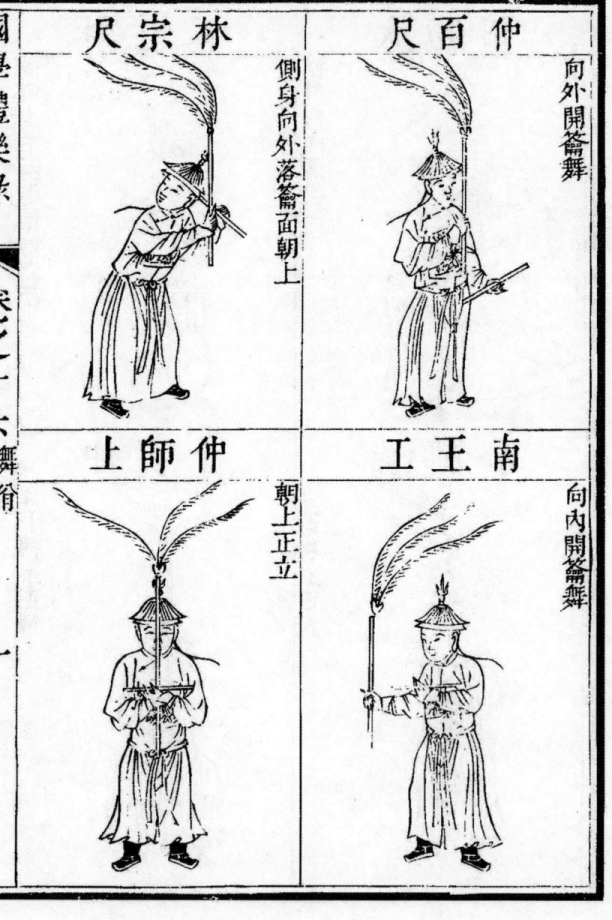

林生尺

兩班上下兩兩相對交籥

太物四

側身向內落籥

仲民上

合手朝上正蹲

黃軌合

合籥朝上正立

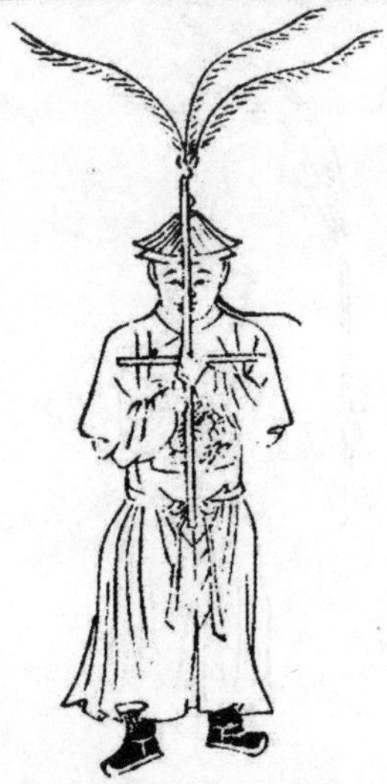

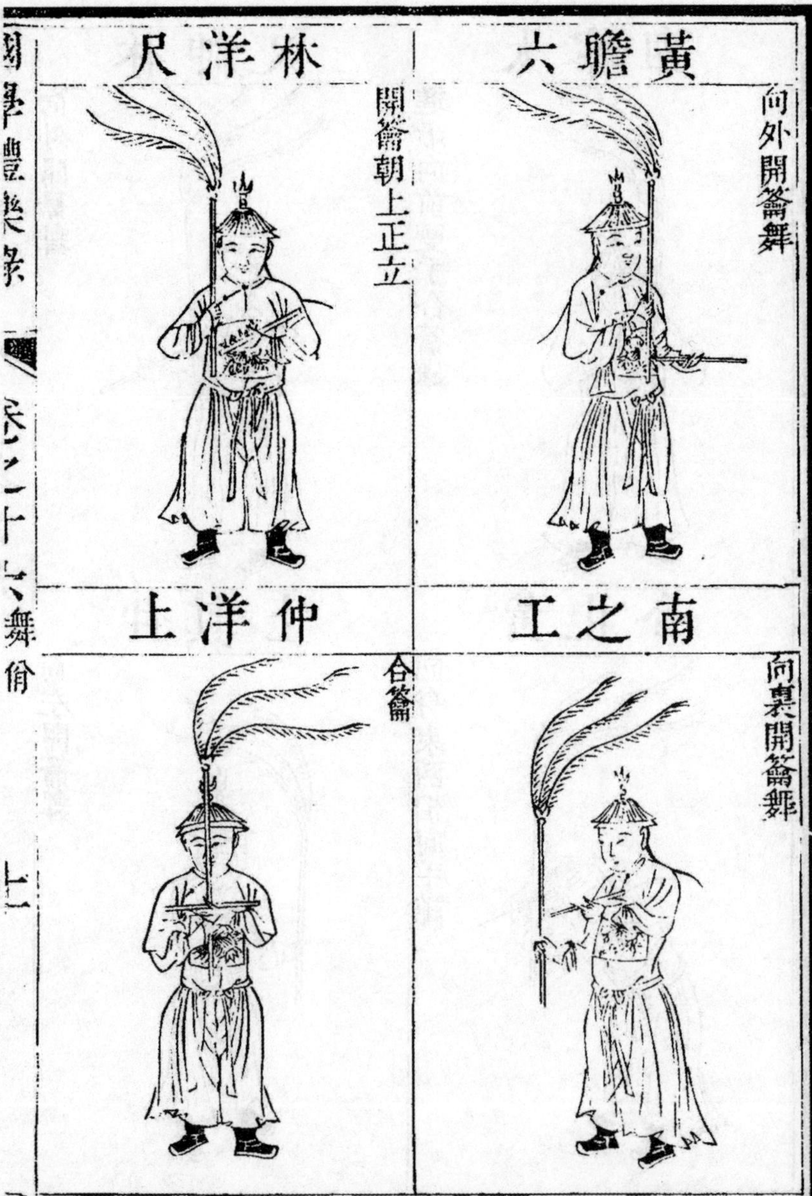
黃瞻六
向外開籥舞
南之工
向裏開籥舞
林洋尺
開籥朝上正立
仲洋上
合籥

林 神 尺

向外開籥舞

太 寧 四

進步向前雙手合籥謙

仲 其 上

向左開籥舞

黃 止 合

回身東西相向手謙

太酌四

向外開籥舞

向外開籥舞

林金尺

開籥朝上正立

開籥朝上正立

黃彼合

向裏開籥舞

向裏開籥舞

仲罍上

合籥朝上正立

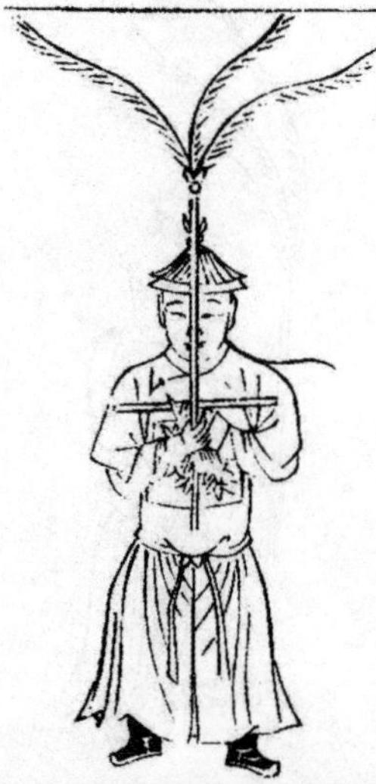

合籥朝上正立

南惟工

向外垂手舞

向外垂手舞

林清尺

向裏垂手舞

向裏垂手舞

太且四

朝上正揖

朝上正揖

仲旨上

躬身而受之

躬身而受之

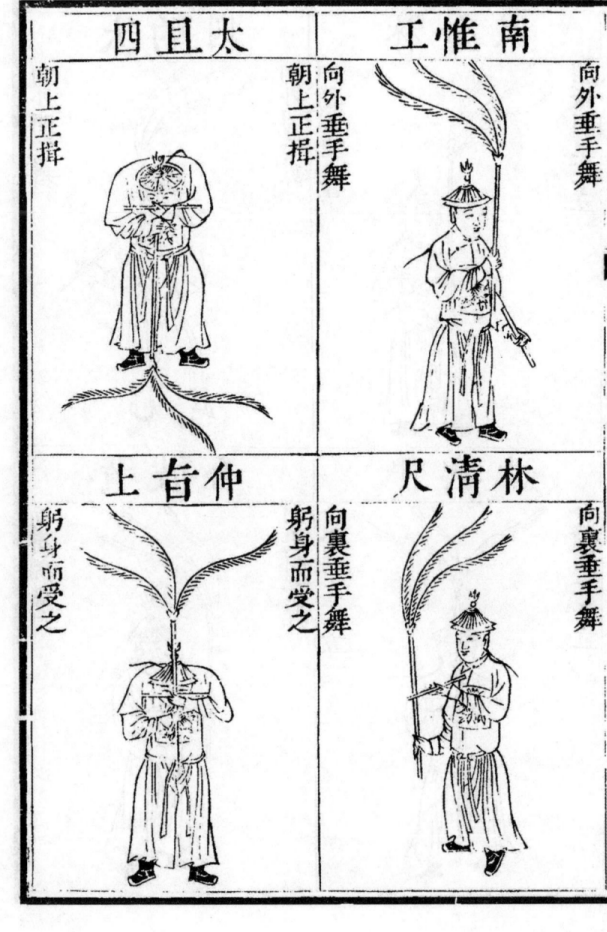

仲　登　上

躬身向左合籥舞

躬身向左合籥舞

林　惟　尺

躬身復向左合籥舞

躬身復向左合籥舞

太　獻　四

躬身向右合籥舞

躬身向右合籥舞

仲　三　上

合籥朝上拜一鼓便起身

合籥朝上拜一鼓便起身

黃於六

側身向外垂手舞

側身向外垂手舞

林成尺

朝上正揖

朝上正揖

南嘻工

側身向裏垂手舞

側身向裏垂手舞

仲禮上

躬身朝南受之三鼓畢起身

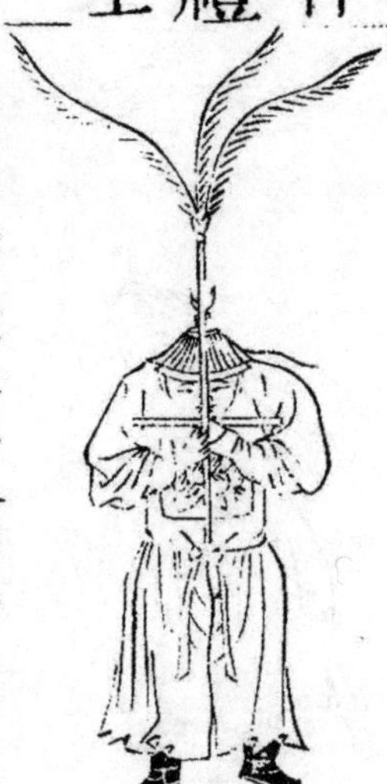

躬身朝上而受之三鼓畢起身

奏樂位次圖

麾
歌工琴
歌工琴
歌工琴
歌工琴
瑟
搏拊
柷
笙笙
洞簫
鳳簫
龍笛
篪
塤
鐘
鼓
節
舞舞舞舞舞舞舞舞
舞舞舞舞舞舞舞舞
舞舞舞舞舞舞舞舞
舞舞舞舞舞舞舞舞

丹陛

麾
歌工琴
歌工琴
歌工琴
歌工琴
瑟
搏拊
敔
龍笛
鳳簫
洞簫
笙笙
塤
篪
磬
鼓
節
舞舞舞舞舞舞舞舞
舞舞舞舞舞舞舞舞
舞舞舞舞舞舞舞舞
舞舞舞舞舞舞舞舞

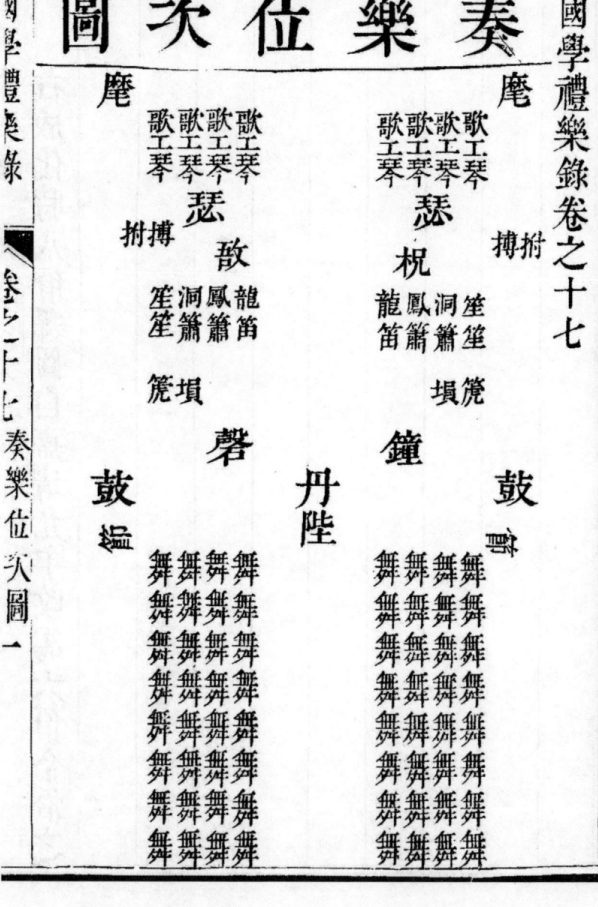

右成化時八佾舞圖自嘉靖九年改爲六佾今沿之

正殿神位之圖

至聖先師孔子

復聖顏子

述聖子思子

宗聖曾子

亞聖孟子

先賢閔子

先賢冉子

先賢端木子

先賢仲子

先賢卜子

先賢朱子

先賢冉子

先賢宰子

先賢冉子

先賢言子

先賢顓孫子

位次圖

東　廡　先　賢

蘧原南商漆司有巫顏曹公秦顏壤石公后奚顏句秦縣公燕樂狄孔公顏施申左張程
臺　宮　雕馬　馬　　孫　　駟夏客　　　祖　　　忠西
子子子子子子子子子子子子子子子子子子子子子子子子子子子子子子子子子子
滅　　　　黎　　　　　　　　　　　井　　句　　　　之之　丘
明憲适瞿開耕若施辛卹龍商高赤蜀首處蒧祖疆祖成茲伋欬黑忠蒧僕常棖明載顥

西　廡　先　賢

邵程周顏秦步琴陳邽公叔廉原鄭左榮罕鄒公公任公漆漆冉伯冉梁商樊高公公宓
　　　　叔　　　　西仲　　　　　交　肩良　西雕雕　　　　　　晳冶
子子子子子子子子子子子子子子子子子子子子子子子子子子子子子子子子子子
　教　　　　　　輿　　　人　　不　　　徒　　　　　　　　　　　不
雍顥頤噲非乘張亢巽如會潔亢國郢旂黑單定孺齊赤哆父季虔孺鱣澤須柴哀長齊

位次圖

東廡先儒

公羊子高　孔國子國　毛子萇　高堂子生　杜子子春　韓子愈　司馬子光　胡子瑗　羅子從彥　呂子祖謙　蔡子沈　許子衡　王子守仁　陳子獻章　胡子居仁

西廡先儒

穀梁子赤　伏子勝　后子蒼　董子仲舒　王子通　范子仲淹　歐陽子修　胡子安國　楊子時　李子侗　張子栻　陸子九淵　真子德秀　薛子瑄

啓聖殿神位圖

啓聖公孔氏

先賢曾氏點 / 先賢顔氏無繇

先賢孟氏激 / 先賢孔氏鯉

西廡 先儒程氏珦 / 東廡 先儒周氏輔成

先儒蔡氏元定 / 先儒朱氏松

陳設圖

先師位
帛
爵
爵
爵
犧尊
太尊
犧尊
白餅
黑餅
糗餌
粉餈
榛
菱
芡
鹿脯
鹽
𧃅蕉
棗
栗
黍
稻
稷
粱
韭菹
醓醢
菁菹
鹿醢
芹菹
兔醢
筍菹
魚醢
脾析
豚拍
飽食
糝食
羊
牛
豕
獻燭
供燭
獻燭
香
獻燭
供燭
獻燭
讀祝位
供祝案

四配位

帛

爵 爵 爵

白餅 黑餅

榛 菱 芡 鹿脯

鹽 槀魚 棗 栗

簠 黍 稻

簋 稷 粱

韭菹 醓醢 菁菹 鹿醢

芹菹 兔醢 筍菹 魚醢

脾析 豚拍

羊 豕

燭 香 燭

祭品每位一壇
籩豆減二

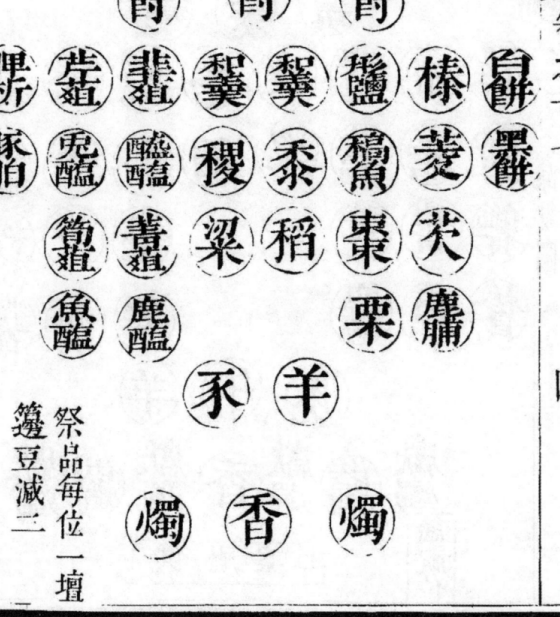

十哲位

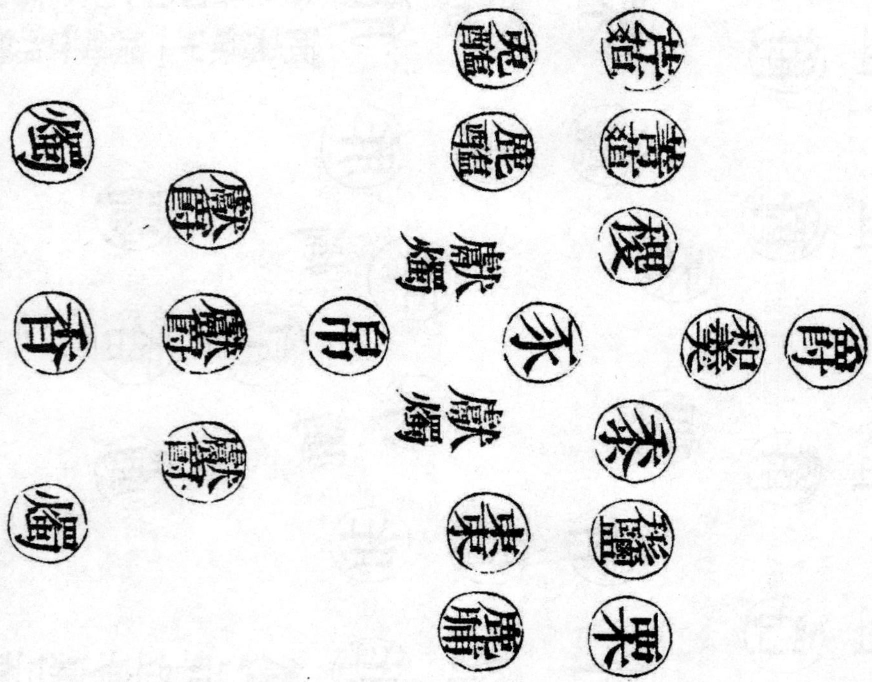

祭品每四位一壇羊豕惟兩廡居中一副餘皆胙盤

神位　爵　栗　鹿脯　胙

神位　爵　醓醢　棗　胙　燭

黍　羊　燭

兩廡　帛　香

稷　豕　燭　燭

神位　爵

神位　爵　菁　鹿醢　胙

神位　爵　芹　兔醢　胙

獻官拜位每廡三壇

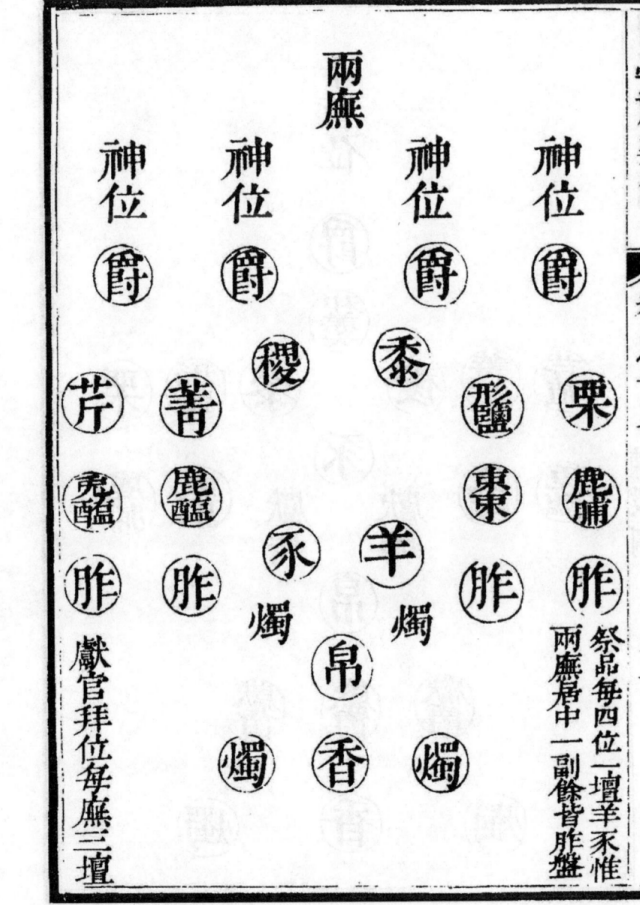

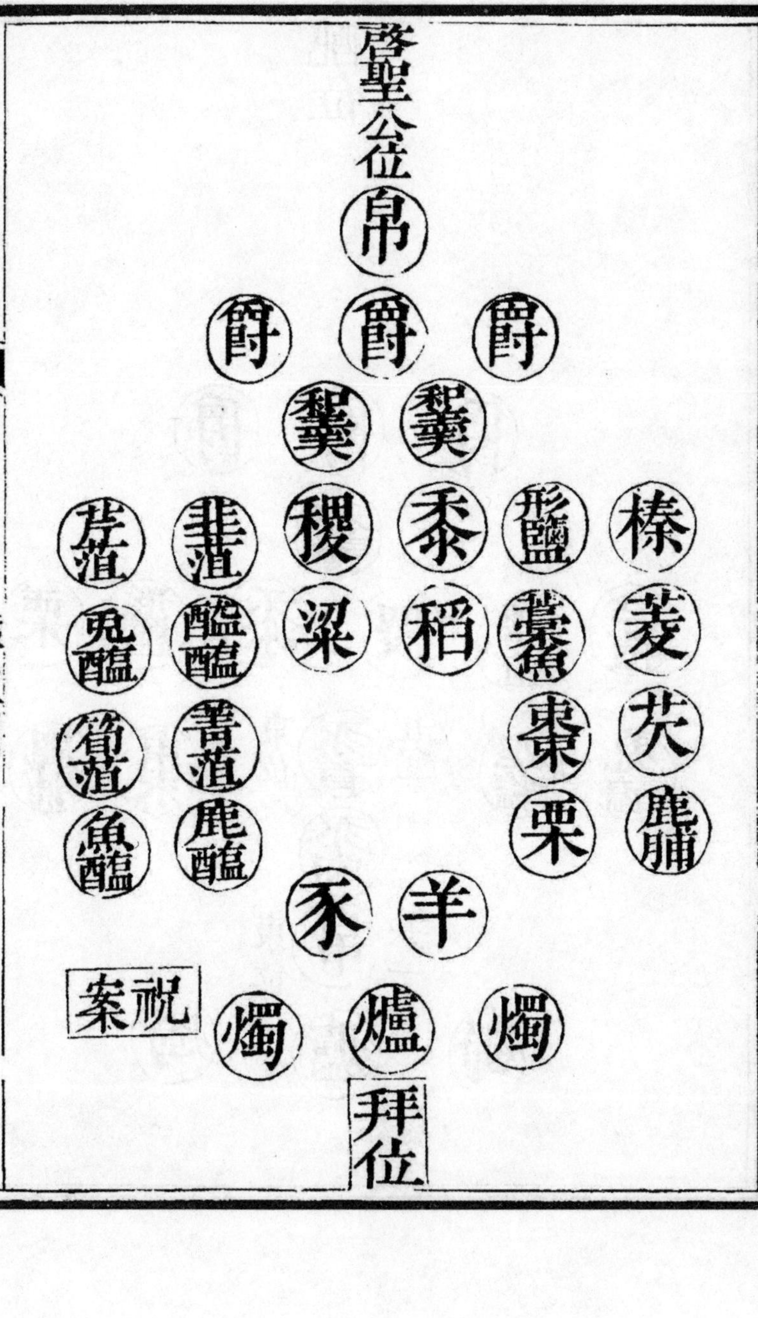
啓聖公位
帛
爵
爵
爵
鉶
鉶
簠
簋
稷
黍
粱
稻
榛
菱
芡
鹿脯
形鹽
藁魚
棗
栗
韭菹
醓醢
菁菹
鹿醢
芹菹
兔醢
筍菹
魚醢
豕
羊
燭
爐
燭
祝案
拜位

配位

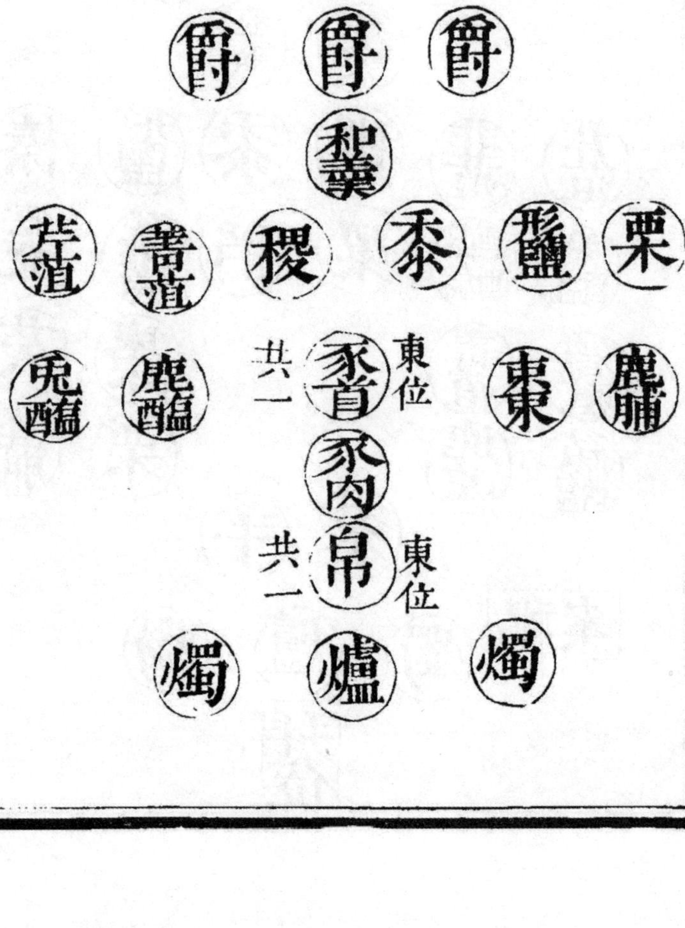

國學禮樂錄卷之十八

文廟現行儀注附現行例　進士釋菜儀節

每年二月八月上丁日致祭如遇事繁改於次丁或下丁日致祭其祭祀

正殿遣內閣大學士一員十哲分獻遣翰林官二員

後殿遣國子監祭酒一員由太常寺題請於祭祀前期二日太常寺官遇穿朝服日穿朝服不穿朝服日穿補服至犧牲所看牲是日

正殿承祭官十哲分獻官滿洲蒙古漢軍文官三品以上漢文官五品以上及六科給事中俱在本家致齋

二日於祭日撞明鐘時赴

文廟齊集祝文將白紙糊祝版黃紙鑲邊寫墨字於其上

於祭祀前期太常寺官遇穿朝服日穿朝服不穿朝

服日穿補服自太常寺將祝文捧送前排御仗一對

送至

文廟神庫內黃桌上安設畢捧祝官行一跪三叩禮候承

祭官到壇送致齋所看畢送

前後殿安設捧祝官行一跪三叩禮是日

正殿承祭官上香禮部都察院太常寺光祿寺國子監

官穿朝服同看宰祭祀牲隻瘞毛血

正殿正中正設

至聖先師孔子神位

東配

復聖顏子　述聖子思子位向西安設

西配

宗聖曾子　亞聖孟子位向東安設

東五哲

先賢閔子騫　先賢冉子弓　先賢端木子貢

先賢仲子路　先賢卜子夏位東旁向西安設

新祔先賢朱子熹

西五哲

先賢冉子牛　先賢宰子我　先賢冉子有

先賢言子游　先賢顓孫子張位西旁向東安設俱不

請神牌止開帳幔　供品

正位禮神白色帛一降眞柱香一炷降眞香六兩三足白

磁爵三牛羊豕各一登一鉶二簠簋各二簠是黍稷飦簋是稻粱飦籩十籩是鉶鹽鱐魚棗栗榛菱芡鹿脯白餅黑餅豆十豆是韭菹醓醢菁菹鹿醢芹菹兎醢筍菹魚醢脾析豚胉酒一罇

正中四配位每位一案每案禮神白色帛一降眞柱香

一炷降眞香六兩三足白磁爵三羊豕各一鉶二簠

簋各二[簠是黍稷飰 簋是稻粱飰]籩豆各八[籩是鉶鹽鱐魚棗栗榛菱芡鹿脯 豆是韭菹醓醢菁菹鹿醢芹菹兎醢筍菹魚醢]酒一罇

東旁哲位

先賢閔子等五位每位一案[新增朱子位案]

西旁哲位

先賢冉子等五位每位一案每案降真柱香一炷降真香六兩白磁三足爵各一豕肉一塊鉶各一簠簋各一[簠是黍稷飰 簋是稻粱飰]籩豆各四[籩是鉶鹽棗栗鹿脯 豆是菁菹鹿醢芹菹兎醢]

東五位共禮神白色帛一白磁三足爵三豕首一

西五位所供同

東廡先賢三十四位

澹臺滅明　原憲　南宮适　商瞿

漆雕開　司馬耕　有若　巫馬施

顏辛　曹卹　公孫龍　秦商

顏高　壤駟赤　石作蜀　公夏首

后處　奚容蒧　顏祖　句井疆

秦祖　縣成　公祖句茲　燕伋

樂欬　狄黑　孔忠　公西蒧

顏之僕　施之常　申棖　左丘明

張載　程頤

東廡先儒十五位

公羊高　孔安國　毛萇　高堂生

杜子春　韓愈　司馬光　胡瑗

羅從彥　呂祖謙　蔡沈　許衡

王守仁　陳獻章　胡居仁共四十九位每二位一案末一位一案計二十五案每案銅爵二豕肉二塊簠簋各一簠是黍稷飦簋是稻粱飦籩豆各四籩是鉶鹽棗栗鹿脯豆是菁菹鹿醢芹菹兎醢共禮神白色帛一降眞柱香一炷降眞香六兩三足銅爵三豕首五

西廡先賢三十四位

宓不齊　公冶長　公晳哀　高　柴
樊　須　商　澤　梁　鱣　冉　孺
伯　虔　冉　季　漆雕徒父　漆雕哆
公西赤　任不齊　公良孺　公肩定
鄡　單　罕父黑　榮　旂　左人郢
鄭　國　原　亢　廉　潔　叔仲會
公西輿如　邽　巽　陳　亢　琴　張
步叔乘　秦　非　顔　噲　周敦頤
程　顥　邵　雍
西廡先儒十四位

穀梁赤　伏　勝　后　蒼　董仲舒

王　通　范仲淹　新祀歐陽修　胡安國

楊　時　李　侗　張　栻　陸九淵

眞德秀　薛　瑄共四十八位每二位一案計二十

四案每案銅爵各二豕肉各二塊簠簋各一簠是黍稷飰簋是稻粱飰籩豆各四籩是鹽棗栗鹿脯豆是菁菹鹿醢芹菹兎醢共禮神白色

帛一降眞柱香一炷降眞香六兩三足銅爵三豕首

四供品承祭官親看所奏樂六佾文生三十六人樂

器鐘十六口磬十六面琴六張瑟四張簫六枝笛六

枝篪四枝排簫二架塤二箇笙六攢大鼓一面搏拊

鼓二座柷一座敔一座木笏六面羽籥三十六副麾
旛一首旌節二首每項用樂舞生一名每人着紅色
補服繫綠紬帶戴銅頂裹金凉帽或煖帽各隨時戴

燈數

正殿正位點座燈二盞
東配座燈二盞　西配座燈二盞
東哲座燈二盞　西哲座燈二盞簷前座燈四盞
正殿東礓礤下座燈二盞東甬路座燈四盞西礓礤下
座燈二盞西甬路座燈四盞東廡內座燈二盞礓礤
下座燈二盞西廡內座燈二盞礓礤下坐燈二盞

大成門東角門座燈四盞西角門座燈二盞甬路座燈
四盞致齋所門前座燈二盞甬路座燈四盞
欽遣打牲座燈二盞是日齋戒陪祀各官由鴻臚寺官引
至兩旁門排班站立贊引官對引官引
正殿承祭官至盥手處贊引官贊盥手承祭官盥手畢
引至臺階下行禮處站立陪祀各官由鴻臚寺官引
至行禮處站立典儀官唱樂舞生就位執事官各司
其事陪祀官分獻官各就位唱畢贊引官贊就位承
祭官就拜褥上站立十哲兩廡分獻官及陪祀各官
亦隨後站立典儀官唱迎神唱樂官唱迎神樂奏咸

平之曲唱畢奏樂樂畢贊引官贊跪叩與承祭官分
獻官陪祀各官俱行三跪九叩禮典儀官唱奠帛爵
行初獻禮捧帛爵樂舞生捧帛爵就前站立唱樂官
唱初獻樂奏寧平之曲唱畢奏樂贊引官贊陞壇捧
帛爵樂舞生各就各
位前站立贊引官引承祭官上東左邊臺階在
殿左門內站立贊引官贊詣
至聖先師孔子神位前引至
位前捧帛樂舞生跪贊引官贊跪承祭官行一跪一叩禮
立贊引官贊奠帛承祭官接舉立獻畢引於案左贊

獻爵捧爵樂舞生跪承祭官近前將爵捧舉立獻畢
行一跪一叩禮立讀祝官至安祝文桌前行一跪三
叩禮將祝文捧起在桌左邊立贊引官贊詣讀祝位
承祭官詣讀祝位站立樂止贊引官贊跪承祭官讀
祝官十哲兩廡分獻官陪祀各官舞文生俱跪贊引
官贊讀祝讀祝官讀祝畢捧至
正位奠帛桌前跪安盛帛盒內畢行三叩禮退舞文生立
奏樂贊引官贊叩興承祭官及各官俱行三叩禮立
贊引官贊就
復聖顏子位前引承祭官就

位前捧帛爵樂舞生跪贊引官贊跪承祭官行一跪一
叩禮立贊引官贊奠帛承祭官將帛接舉立獻畢引
於案左贊獻爵將爵接舉立獻畢行一跪一叩禮立
贊引官贊就
宗聖曾子位前引承祭官就
位前捧帛爵樂舞生跪贊引官贊跪承祭官行一跪一
叩禮立贊引官贊奠帛承祭官將帛接舉立獻畢引
於案左贊獻爵將爵接舉立獻畢行一跪一叩禮立
贊引官贊就
述聖子思子位前引承祭官就

位前捧帛爵樂舞生跪贊引官贊跪承祭官行一跪一
叩禮立贊奠帛承祭官將帛接舉立獻畢引於案左
贊獻爵將爵接舉立獻畢行一跪一叩禮立贊引官
贊就
亞聖孟子位前引承祭官就
位前捧帛爵樂舞生跪贊引官贊跪承祭官行一跪一
叩禮立贊奠帛承祭官將帛接舉立獻畢引於案左
贊獻爵將爵接舉立獻畢行一跪一叩禮立俟讀祝
畢前引樂舞生十哲分獻官至
正殿門檻外立候贊引官引承祭官詣

亞聖孟子位時齊引至
哲位前亦照承祭官供獻畢贊引官贊復位引承祭官
分獻官至門檻內鞠躬復位站立兩廡分獻官亦照
十哲分獻官齊至各
位前供獻畢復位站立樂畢典儀官唱行亞獻禮唱樂
官唱亞獻樂奏安平之曲唱畢奏樂贊引官贊陞壇
引承祭官十哲兩廡分獻官陞壇獻爵行禮俱照初
獻獻畢贊引官贊復位引承祭官復位站立十哲兩
廡分獻官亦復位站立典儀官唱行終獻禮唱樂官
唱終獻樂奏景平之曲唱畢奏樂贊引官贊陞壇引

承祭官十哲兩廡分獻官陞壇獻爵行禮俱照亞獻
獻畢贊引官贊復位引承祭官復位站立十哲兩廡
分獻官亦復位站立樂畢舞文生行一跪一叩禮立
執旌節引退於兩旁站立典儀官唱賜福胙贊引官
贊詣受福胙位引承祭官至
殿內捧福胙樂舞生在右邊跪捧接樂舞生在左邊跪
贊引官贊跪承祭官跪贊飲福酒接舉畢遞與捧接
樂舞生贊受胙接舉遞與捧接樂舞生贊引官贊叩
興承祭官行三叩禮立贊復位引承祭官復位站立
贊引官贊跪叩興承祭官十哲兩廡分獻官陪祀各

官俱行三跪九叩禮立典儀官唱徹饌唱樂官唱徹
饌樂奏咸平之曲唱畢奏樂樂畢典儀官唱送神唱
樂官唱送神樂奏咸平之曲唱畢奏樂贊引官贊跪
叩興時承祭官十哲兩廡分獻官陪祀各官俱行三
跪九叩禮立樂畢典儀官唱捧祝帛饌各恭詣燎位
唱畢捧祝帛饌官樂舞生各至各
位前捧祝帛官樂舞生行一跪三叩禮將祝帛捧起捧饌
樂舞生不叩跪起祝在前帛第二饌第三挨次依序
捧送時承祭官站立不退典儀官唱望燎唱畢奏樂
贊引官贊詣望燎位引承祭官詣望燎位將焚祝帛

贊禮畢引退其兩廡分獻官係國子監派出行禮由

太常寺執事樂舞生引每月朔日供酒果點香燭

後殿正中正設

啓聖公孔氏之位供品禮神白色帛一降眞柱香一炷降

眞香六兩白磁三足爵三羊豕各一鉶二簠簋各二

簠是黍稷飯 簋是稻粱飯 籩豆各八 籩是鹽鱐魚棗栗榛菱芡鹿脯 豆是韭菹醓醢菁菹鹿醢芹菹兔醢筍菹魚醢 酒一罇

東邊配位

先賢顏氏之位　孔氏之位

西邊配位

先賢曾氏之位　孟氏之位每位一案每案降眞柱香一炷降眞香六兩三足銅爵三豕肉一塊簠簋各一簠是黍稷飰簋是稻粱飰籩豆各四籩是鉶鹽棗栗鹿脯豆是菁菹鹿醢芹菹兎醢每二案共禮神白色帛一豕首一

東廡

先儒周氏之位　朱氏之位

西廡

先儒程氏之位　蔡氏之位每位一案每案豕肉一塊簠簋各一簠是黍稷飰簋是稻粱飰籩豆各四籩是鉶鹽棗栗鹿脯豆是菁菹鹿醢芹菹兎醢每二案共禮神白色帛一降眞柱香一炷降

眞香六兩三足銅爵三　燈數

正殿點座燈二盞𥗋𥗴下座燈四盞東廡𥗋𥗴下座燈

二盞東𥗋𥗴下座燈一盞西廡𥗋𥗴下座燈二盞東

角門座燈一盞祭日贊引官對引官引

後殿承祭官進左門至盥手處贊引官贊盥手承祭官

盥手畢典儀官唱執事官各司其事贊引官贊就位

引承祭官就位典儀官唱迎神唱畢贊引官贊跪叩

興承祭官兩廡分獻官行三跪九叩禮立典儀官唱

奠帛爵行初獻禮捧帛爵樂舞生就前站立贊引官

贊陞壇捧帛爵樂舞生各就各

位前站立贊引官引承祭官進

殿左門立贊引官贊詣

啓聖公孔氏位前承祭官就

位前捧帛樂舞生跪贊引官贊跪承祭官行一跪一叩禮

贊奠帛承祭官接舉立獻畢引於案左贊獻爵將爵

接舉立獻畢行一跪一叩禮立讀祝官至安祝文桌

前行一跪三叩禮將祝文捧起在桌左邊立贊引官

贊詣讀祝位引承祭官詣讀祝位立贊引官贊跪承

祭官讀祝官兩廡分獻官俱跪贊引官贊讀祝讀祝

官讀祝畢捧起於

正位前供桌上跪安盛帛盒內畢行三叩禮退贊引官贊
叩興承祭官行三叩禮立贊引官贊就
先賢顏氏位前引承祭官就
位前捧帛爵樂舞生跪贊引官贊跪承祭官行一跪一叩
禮立贊引官贊奠帛接舉立獻贊獻爵將爵接舉立
獻畢行一跪一叩禮立贊引官贊就
先賢曾氏
孔氏
孟氏位前與
顏氏位前行禮供獻同其

孔氏

孟氏位前無帛只獻爵兩廡分獻官俟讀祝畢引至兩

廡待承祭官詣

孟氏時齊供獻行禮畢贊引官贊復位引承祭官復位

時兩廡分獻官齊復位站立典儀官唱行亞獻禮贊

引官贊陞壇引承祭官兩廡分獻官陞壇行禮供獻

俱照初獻行禮供獻畢贊引官贊復位引承祭官復

位站立兩廡分獻官亦復位站立典儀官唱行終獻

禮贊引官贊陞壇引承祭官分獻官陞壇行禮供獻

俱照亞獻行禮供獻畢贊引官贊復位引承祭官復

位站立兩廡分獻官亦復位站立典儀官唱徹饌隨
唱送神唱畢贊引官贊跪叩興承祭官兩廡分獻官
行三跪九叩禮立典儀官唱捧祝帛饌各恭詣燎位
唱畢捧祝帛官樂舞生至
位前行一跪三叩禮將祝帛跪起捧舉捧饌樂舞生不
叩捧起其祝帛饌俱照位依序捧送時贊引官引承
祭官退至西邊站立俟祝帛饌過畢復位站立典儀
官唱望燎贊引官贊詣望燎位引承祭官至燎位前
將焚祝帛贊引官贊禮畢承祭官退
後殿兩廡分獻官由國子監派出行禮太常寺執事樂

舞生引每月朔日供酒果點香燭

現行例

一件每祭行工部所有供用笙簧相應預期修整

一件每祭行吏部八旗齋戒滿洲蒙古漢軍文官一品以下四品加級以上職名於前期十日開送

一件每祭行吏部齋戒漢文官正六品加級官員以上及六科給事中職名於前期十日開送

一件每祭行宗人府齋戒宗室覺羅文官一品以下四品加級官員以上職名於前期十日開送

一件每祭行內閣典籍廳其祭祀例應遣內閣大學

士行禮將無事故大學士職名開給
一件每祭行國子監祭
啓聖公將無事故堂上官職名開送
一件每祭行吏部
十哲分獻翰林官二員職名開送
一件每祭行戸部合用降眞圓柱香二十六炷細降
眞塊香二十塊粗降眞香九觔六兩香油三觔照例
給發用印領差取
一件每祭行工部所有退牲木柴一千五百觔木炭
十觔祭祀前期二日送至祭所

一件秋祭行工部合用漂牲淨氷六十塊祭祀前期一日送至祭所

一件每祭行都察院八旗齋戒滿洲蒙古漢軍文官四品加級以上漢文官正六品加級以上及六科給事中祭祀前期二日各在本家齋戒祭日撞明鐘時各穿朝服赴

文廟齊集照例查點並監禮監宰監視御史照例派出

一件每祭行都察院經歷司監禮監宰監視御史照例派出

一件每祭行國子監知會遣官職名

一件每祭行兵部祭祀前期一日將祝版送至

文廟自太常寺起至

文廟止照例打街

一件每祭行步軍統領衙門祭祀前期一日將祝版

送至

文廟自太常寺起至

文廟止經行道路照例打掃

一件每祭行各部院衙門祭祀前期二日不理刑名

照常辦事齋戒牌照常設立

一件每祭行八旗齋戒滿洲蒙古漢軍文官四品加

級以上祭祀前期齋戒二日祭日撞明鐘時各穿朝
服齋赴
文廟陪禮所戒不飲酒不食葱韮薤蒜不看病人不弔喪
不理刑名不會筵席不作樂不與妻妾同處有殘疾
生瘡體氣喪服灸艾及瘋毒未痊者不齋戒不跳神
不還愿不上墳各散文一張
一件每祭行都察院八旗齋戒滿洲蒙古漢軍文官
尚書以下四品加級官員以上覺羅四品加級官員
以上照例查點
一件每祭行都察院應陪祀漢文官職名照例查點

一件每祭行光祿寺遣官行禮移會

一件每祭行鴻臚寺遣官行禮移會

一件每祭行禮部祠祭司移取監宰漢官職名

一件每祭行吏部驗封司應陪祀官員俱在本家齋戒二日各具朝服至期陪祀

一件每祭行光祿寺典簿廳合用供酒八十四瓶洗魚酒二瓶鹽磚十六觔白鹽四觔照例給發

一件行光祿寺典簿廳每月初一日合用供酒三瓶照例給發

一件每祭行取職名告示所有齋戒陪祀漢文官職

名俱於齋戒前期五日開送移送都察院查點貼

正陽門

一件每祭行齋戒告示應祭祀齋戒漢文官正六品加級以上及六科給事中俱在家致齋二日所戒不飲酒不食葱韮薤蒜不看病人不弔喪不理刑名不會筵席不作樂不跳神不還愿不上墳不與妻妾同處有殘疾生瘡體氣喪服灸艾及癩毒未痊者不齋戒於祭日撞明鐘時各穿朝服齊赴祭所陪祀

正陽門太常寺衙門各一張

一件每祭行宛大二縣共派焚帛蘆葦八十觔預期

送至祭所

一件每祭行各部院衙門漢文官齋戒二日各具朝服至期陪祀

一件每祭行國子監典簿廳開送香帛牲隻等項

一件每祭行禮部移取監視司官職名

國學禮樂錄

進士釋菜

周制大樂正論造士之秀者以告於王而升諸司馬曰進士進士之名本此則古所謂進士未有不由胄學而升者隋唐以來由學館者曰生徒由州縣者曰鄉貢皆升於有司而進退之開元中令鄉貢明經進士見訖國子監謁先師學官開講問義有司爲設食清資五品以上官及朝集使皆徃閲禮焉此進士釋菜所由始也明代進士科凡省試由太學入式者書監生廷試則書國子生重之也至釋菜

先師卽雖不由太學無敢不至焉

國朝因之

釋菜儀節

進士放榜之五日行釋菜禮先日太常寺備祭品兎

醢棗栗蔬酒香燭於殿廡神位前是日侵晨狀元率

諸進士至集賢門外下馬入門由東入持敬門入

廟東角門入

先師廟前丹墀內通贊唱排班班齊鞠躬拜興拜興平身

行釋菜禮引贊詣狀元前唱詣盥洗所狀元盥手帨巾訖贊唱詣酒罇

所司罇者舉冪酌酒執爵者各受酒在狀元前行由中階入中門立於神案之側贊

唱詣

至聖先師孔子神位前贊導狀元至神位執爵獻爵狀元

獻爵執爵者接爵者跪獻爵於狀元贊唱獻爵

跪獻神位前贊唱俯伏興平身贊唱詣

復聖顏子神位前儀同前詣

宗聖曾子神位前詣

述聖子思子神位前詣

亞聖孟子神位前儀並同前狀元將行分獻禮引贊各

官詣兩哲兩廡一同行禮儀詣述聖前通贊唱行分獻禮引分獻

同前狀元行禮畢各引贊唱復位唱通贊鞠躬拜興拜

興平身禮畢由

廟西角門出於致齋所神庫等處釋褐畢由持敬門出

入太學東角門外候祭酒司業升監公座各屬官揖畢狀元率諸進士入至丹墀序立嘗入監肄業者升露臺行四拜禮畢俱立臺西未嘗入監者行再拜禮畢及第三人由堂東邊門入執事者設食案於座前祭酒司業下座面南立三人北面執事者斟酒置三人前三人揖而飲連舉三爵三人出祭酒司業送及堂門限內其諸進士則由堂西邊門入東西相向立各屬官待之畢屬官送出

殿內正獻一甲第一名

東哲分獻一甲第二名

西哲分獻一甲第三名
東廡分獻二甲第一名
西廡分獻三甲第一名

西廡分獻｜亞獻｜拜

東廡分獻｜亞獻｜拜

西哲分獻｜亞獻｜拜

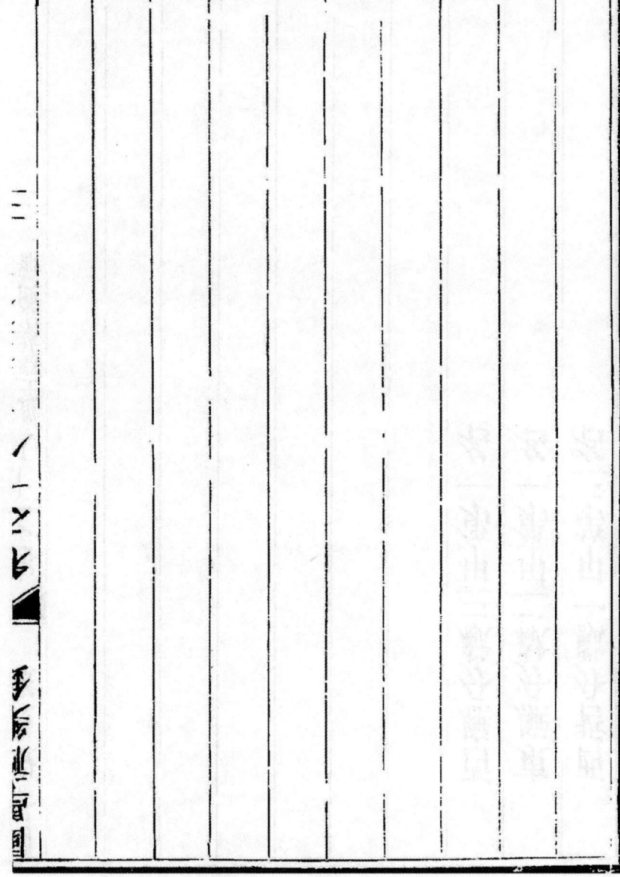

國學禮樂錄卷之十九

石鼓文音訓

石鼓在大成門內東五枚爲甲鼓字凡六十四乙鼓字凡六十丙鼓字凡六十五丁鼓字凡五十三戊鼓字凡二十六西五枚爲己鼓字凡四十一庚鼓字凡十四辛鼓字僅存一今已磨滅壬鼓字凡五十二癸鼓字凡二十三傍有元司業潘廸音訓碑今載於後

避車既工避馬既同避薛氏音我工籀文攻字蘇氏石鼓詩亦作攻按詩車攻傳攻堅緻也同齊也物馬齊其力

避車既好避馬既駐駐从馬缶聲疑與阜音義同詩車攻田車既好四牡孔阜說者謂阜盛大也

君子員〓邋〓員斿員作鼎籀文也說文員音云盜也有重文君子指從獵諸

臣員員衆多也邋邋旛旗搖動貌旃旛之末垂者

麀麀速=君子之求

麀牝麀速速有重文速速疾行貌或曰鹿之足迹

○鹵=弓=茲吕寺

鹵郭氏云恐當作鹵鹵弓卽庚弓也周禮庚弓利射侯與弋今按鼓文作鹵已古以字下同寺諸家皆音時然下文別有時字或音侍

遊殹其時其來趩=

趩丑亦反有重文說文行聲也一曰不行貌

趥=䠞=

趥音憲䠞作皃皆有重文其義未詳或曰趥走意䠞衆多也

卽邀卽時麀鹿趚=

邀與避小異疑非我字或音禦趚子亦反鄭氏云直離反有重文

其來大卽我殹其樸其○遺=射其豬蜀

遺徒麀反續也豬或作豬或音豚蜀恐犢字蓋古蜀有獨音

右一

薛氏次居八鄭氏次居三施氏次居一今按古文苑其序姑從施氏然舊說第五鼓言漁狩而歸第六鼓言治道涂似失先後序若左右相易始於西北可以第六爲第一第五爲第十則先後之序得矣然亦未可必也可讀者十有六句餘未詳凡六十四字此鼓舊墨本於鹵上有孫字遺上有來字今漫滅

汧殹沔=

王氏云汧音牽水名出扶風汧縣西北入渭殹卽也字見詛楚文及秦斤鄭樵因此指爲秦物今按殹緊皆从殹巳見古

書非始於秦也郭氏曰讀如緊語助沔籀作汧有重文鄭氏云沔讀作綿蓋用平聲叶韻丞〻殹淖淵丞見秦權有重文與丞通詩南有嘉魚丞然罩罩王肅云丞衆也殹籀文皮字或音彼淖淵水之深處鰋鯉處鰋鯉皆魚名鰋鄭氏音鰋鮎也處鄭氏讀作居蓋取叶韻籀文魚从寸今闕之君子漁之澫又

鯊其斿𨓍〻鄭氏云澫即漫从萬通作曼疑有重文漫漫水之瀰茫處又通作有籀文省下同見詛楚文鯊今作鯊魚名所加反𨓍薛氏作散即𨓍字有重文或音汕叶平聲相干反帛魚鱳〻其盜氏鮮鄭氏云鱳音洛集韻云白色也鄭氏云盜亦作菹讀與俎同施氏云按說文側余反醢也氏典禮反今按鱳字音皪白貌帛即白字言白魚鱳鱳然潔白登之於俎豆甚鮮也黃帛其鱮又鱄又鯿鄭氏云鱮即鯾字卑連反或音醨鱄今作鮒音附鯿舊音白今按叶韻音綿其胡孔庶𦋺之𩰫〻胡施氏作豆今作肚乞及反博雅鱳謂之肚鄭氏作豆𦋺籀文𦋺字或作餘鱻丑若反相如大人賦休鱻奔走或音使垐〻趞〻垐有重文郭氏云籀文洋字鄭氏音汗今作澥趞有重文鄭氏音博或云遄字其魚佳可佳鱮佳鯉

可已○之佳楊及柳佳通作維可通作何○舊作櫜說文符宵反鄭氏云與標同愚謂櫜从缶
从櫜省聲也包裹承籍之義非謂穿之也蘇氏詩作何以貫之義恐誤右二嶭氏夬居五鄭氏夬居一十鼓中唯
此完好然字多假借故義有難通今唯淳字全磨滅成文者十有七句凡六十字田車既安釜勒
馬○按詩傳輶車田獵驅逆之車取其輕提也鋈郭氏云大幺反轡首銅也廣韻音條絧頭銅飾今按馬字非
全文但偏旁从馬闕邉當有重文或作駢左避衆旣簡簡選也左驂旛右驂驝詩騳
驪是驂傳驂雨騑也車駕四馬內兩馬謂之服外兩馬謂之騑郭氏云旛妨圓反旌旗總名旛取其輕舉貌驝居言
反爾雅驥騂馬黃春或云紀偃反壯徤貌避已隮于逡隮升也邃古原字下同避○舊有戒字
止陕陕疑作陸宮車其寫秀弓寺射宮車輦車也周禮輦車用於宮中秀與綉同綉弓戒
弓也穀梁傳弓綉質質靶也戎弓綉其質示武中有文言田狩之時宮車寫而不用戎弓用之於射也寫讀如卸
麋豕孔庶麀鹿雉兎言所獲多品其邃又旃未詳其○趩○鄭氏云趩

今作奔或作走大○出各亞亞古孝經作惡蓋二字通用○○臭○臭未詳薛氏作界字

鄭氏云疑即思字碧落碑思作畁郭氏云恐是臭字古老反大白澤也白澤獸名執而勿射多庶

之說文趨即擊反動也走也鄭趨氏云與櫟同或云即谷反君子逌樂逌薛氏作廼鄭氏作攸所也按

漢書地理志酆水逌同五行志彝倫逌叙皆古攸字右三薛氏施氏次居三鄭氏次居四可讀者十有五句餘

不成文凡六十五字○○鑾車郭氏云人君乘車四馬鑣八鑾鈴象鑾聲按經史多作鸞左傳錫鸞和鈴

詩八鸞瑲瑲𢍏敕真○𢍏施氏云呼骨反疾也薛氏作華字鄭氏云即拜字並見義雲章真鄭氏云即

填字亦作鎮說文敕即策字或音速○弓孔碩彤矢○○按彤弓彤矢天子以錫有功諸侯詩

彤弓弨兮書文侯之命及春秋傳彤弓一彤矢百是也說者謂彤弓朱弓碩大也四馬其寫六轡

○鶩鄭氏云鶩五到反辻馭孔庶鄜○宣搏辻即徒字馭鄭氏云音馭鄜或云即鄜字

薛郭作鄜鄭氏作鄜宣見詛楚文今作宣𠧪車載衍𠧪鄭氏云即酋字詩輶車鸞鑣田狩之車也𠧪籀文

載字衍即道字戎辻如章遼逕陰陽逕鄭氏云今作濕通作隰辻從也如章言戎徒整布如文

章然遼高陸也隰卑濕也言高卑向背皆有陰陽詩公劉相其陰陽度其隰原趍〻六馬射之鏃〻鄭氏

云趍即趣字有重文七走反詩蹶維趣馬趣趣調和閑習也六馬天子所駕也鏃籀文族有重文疑借作鏃○

○如虎獸鹿如○○○多賢迪迪鄭氏云今作徇禽○○○○允

異右四嶭氏施氏夨居四鄭氏夨居五其文可讀者僅七句言田獵之事凡五十三字嶭氏曰允異之上舊

有禽避兔三字今按禽字下闕四字○○○霝雨○𣶒鄭氏云霝亦作零詩東山零雨其濛

𣶒今省作流下同見說文○○○滦○皆磨滅不可辨唯滦字今僅存其半○○○○○

○○○○此上二十餘字剝落不可考○○自鄜辻駛○○隹舟以衍

或陰或陽水北爲陽南爲陰或從水之陽或從水之陰皆可歸也或字下今闕陰或二字陽字僅存其半

余家藏墨本尚有之极湀㠯○○于水一方极嶭氏作枝鄭氏云即楫字○○○

○其奔○○○○○叓施氏云叓古文事字見說文今僅存下數畫右五嶭氏次居
九鄭氏次居八舊說言漁狩而歸可讀者僅三句餘皆磨滅不成文凡二十六字墨本舊有蔞蔞迄湧盈濟君子卽
涉流汧殹洎洎蔞蔞舫舟西逌湯湯戸二十餘字今皆不存猷乍遵乍○籀文乍與作通尊尊卽
道字逌我鄠○除逌鄭氏云逌字鄠今作治字施氏云按古文孝經治作絧與此小異帥叚彼
阼舊音序或曰阪字○葬葬嶭氏作莽字郭氏云恐是莽莽草之相糾者居蚪反鄭氏作莫未詳孰是
爲世里世三十也文曰爲三十里以三十爲世書家謂之會意蘇合反非世字也○微微嶭氏作微
鄭氏云微未詳音義亶罟㮚嶭氏作栗尚書栗作㮚與此相類說文省作桌柞棫柞棫皆木名詩柞棫
斯拔其○櫻鄭氏云櫻作槃或作櫛疑古櫻字楁櫻楁皆木名楁音咎又音舊肅肅嶭氏作庸鄭氏
云肅未詳音義或云遘字鳴○亞箬箬籀文若字鄭氏作箸其𠌶嶭氏作華又音夫○爲
所斿鏊鏊嶭氏作夒鄭氏云今作夒盩郭氏作鏊尊言對○𠯑𠯑鄭氏云疑卽會字鼓文

作㐭恐暱字古从五从日右六辥氏次居七鄭氏次居二舊說言治道涂也凡四十一字每行僅存四字而上皆闕二三字蓋五代之亂散落民間穴中以爲臼故今所存皆斷續不成文鄭氏乃以猷作原作導遄我治除帥敀孱莫爲世里十六字爲成辭蓋鄭氏所見不過墨本摹刻者而不知每行之上有闕文也而以文理推之而字上當有闕文

師○○○○○滔〻滔下有重文是戠施氏云按說文戠字與此相類古○

○具奪磨滅不可辨、○○後具肝哥辥氏作肝鄭氏作肝音吁來○○○

○樂天子○○○○○○皆不可辨右七辥氏次居一鄭氏次居九舊有弓矢

孔庶左驂○不○其寫矢具來○子來○嗣王始古我來二十字今剝落僅存十有四字皆不成文敀㪔說文與

微同右八辥氏次居六鄭氏次居七按施氏墨本所錄有敀走驕驕馬蘼哲若雉立其一之心十四字余家藏

舊本止微字存今漸剝落矣避水既○避衙既平避○既止嘉樹則里

天子永寧○○日隹丙申○○○施氏云丙申下二字尚可辨避其用

衙○馬既申敕○康=駕申重也敕戒也○○○左驂驖=驖有重文施氏云五

到反怒也馬驖=識○○○○如驖有重文鄭氏音遨不○○○䩻䩻鄭氏云籀文

翰从飛霧薛氏作霿郭氏云恐是籀文霾字○○○○公謂天子○余及如

如通作汝○○害不余及右九薛氏次居二鄭氏次居十舊說言除道今皆剝落不成文可讀

者唯七句凡五十二字吳人憐亟王氏云吳通作虞鄭氏云汧水出于吳山故漁于汧而狩于吳也愚

按二說王為優施氏云憐亦作憐○○○○載卣載北卣即西字鄭氏云見會侯彝北字今

磨滅而○用○啬享○埶盜埶薛氏作埶字說文云埶與藝同鄭氏云即社字盜寧同或作

厲逢中圖孔○籀文圖作圖見說文或云即田字○鹿○○避○其○○

䮫=䮫鄭氏云即疃字見郙敦厖敦有重文大○○○○○○求又○○○○

○○是○○○○○○○○右十薛氏次居十鄭氏次居六今僅存二十三字唯

吳人㦤亟載西載北二句成文餘皆殘缺不可讀舉本舊有勿奄勿伏○𣶒而出○○用○○○○大祝獻十一字今皆不存計見存三百八十六字

右石鼓文十其辭類風雅然多磨滅不可辨世傳周宣王獵碣初在陳倉野中唐鄭餘慶始遷之鳳翔宋大觀中徙開封靖康末金人取之以歸于燕聖朝皇慶癸丑始置大成至聖文宣王廟門之左右豈物之顯晦自有時耶鼓之所自先儒辨證已詳固不敢妄議然其文曰天子永寧則爲臣下祈祝之辭無疑又曰公謂天子則似是畿內諸侯從王于狩臣下述其君語天子之言吁鼓之時世雖不可必但其字畫高古非秦漢以下所及而習篆籀者不可

不宗也廼自爲諸生往來鼓旁每撫玩弗忍去距今纔三十餘年昔之所存者今巳磨滅數字不知後今千百年所存又何如也好古者可不爲之愛護哉間取鄭氏樵施氏宿薛氏尚功王氏厚之等數家之說考訂其音訓刻諸石俾習篆籒者有所稽云至元巳卯五月甲申奉訓大夫國子司業潘廼書翰林侍講學士通奉大夫知制誥同纂脩國史兼國子祭酒歐陽元承事郎典簿尹忠承直郎博士黄溍奉議大夫助教祁君璧從仕郎助教劉聞承務郎助教趙璉從仕郎助教康若泰同校

按石鼓文本末諸家辨論甚詳唐自貞觀以來蘇勗

李嗣眞張懷瓘竇息竇蒙徐浩咸以爲史籀筆蹟虞世南歐陽詢褚遂良皆有墨妙之稱杜甫八分小篆歌叙歷代書亦厠之蒼頡李斯之間而韋應物石鼓歌云周宣王大獵兮岐之陽刻石表功兮煒煌煌又云飛喘委蛇相糾錯乃是宣王之臣史籀作韓愈石鼓歌周綱凌遲四海沸宣王奮起揮天戈蒐于岐陽騁雄俊萬里禽獸皆遮羅鐫功勒成告萬世鑿石作鼓隳嵯峨梅堯臣呈祭酒吳公詩石鼓作自周宣王宣王發憤蒐岐陽蘇軾石鼓歌舊聞石鼓今見之文字鬱律蛟龍走又云憶昔周宣歌鴻雁當時史籀變

蝌蚪之數子皆好古名賢其言必有考據而朱子詩傳遺說曰石鼓有說成王時又有說宣王時然其辭有似車攻甫田詩辭恐是宣王時未可知由是觀之則石鼓爲周宣獵碣史籀書迹無疑也蓋其初散棄陳倉野中韓愈爲博士時請于祭酒欲以數橐駝輿至太學不果鄭慶餘始遷之鳳翔孔廟中經五代亂又復散失司馬池待制知鳳翔輦至府學門廡下以木檽護之而亡其一蓋散失時民有穴其中以爲臼者卽今第六鼓也宋仁宗皇祐四年向傳師求得之十鼓乃足大觀中自鳳翔徙于汴梁徽宗鑄黃金塡

其刻文初置辟雍後移入保和殿內靖康末金人輦致燕京剔取其金而置之王宣撫宅宅後即大興府學也元成宗大德十一年虞集爲大都教授得于泥土草萊中洗刷扶植仁宗皇慶二年集助教成均言于時宰載置今國子學大成門內壁下左右各五枚爲磚壇以承之又爲疏櫺以扃鐍之三代金石遺文惟此而已誠聖王之故蹟千古之奇踪歐陽修亦以爲非史籀不能作是矣至元己卯司業潘迪考訂今文著爲音訓泐碑于大成門西謹錄于右以備參攷

康熙己亥國子祭酒李周望識

國學禮樂錄卷之二十二

國子監滿漢祭酒司業題名碑記

國家設學首重成均蓋化民成俗道莫先於此也欽

惟

世祖章皇帝尊崇儒術定鼎之初

親臨講學我

皇上右文重道

御極之八載卽

躬幸辟雍又

親製訓飭士子文立碑太學雲漢天章作人壽考存神過

化文治極隆時諸長貳於斯者率皆一代碩儒文章
彬郁道德溫醇故或入掌經綸或出居方嶽或鳳沼
揚芳或鴻逵高漸數十年來麟麟炳炳照耀後先琍
等菲材承乏茲任喜遭異數永念
恩榮謹輯
國朝來兩廂姓名勒諸貞石以垂久遠雖然名以官傳
官以人重吾輩膺斯職者果克仰體
聖天子育才至意正已率屬弘敷教化庶幾無忝師儒則
名與官眞堪不朽如或徒以官傳也後之覩斯石者
稱斯人也其謂之何哉是則可警也已

康熙五十年辛卯十月癸未滿漢祭酒司業仝立古

田余正健譔文

滿祭酒

姑兒馬吽　順治　年任

賈祿　康熙八年任

宜昌阿　鑲白旗人

阿里瑚　鑲白旗人　十七年任

常錫布　正紅旗人　二十五年任

德白色　正紅旗人　二十六年任

圖納哈　鑲白旗人　二十七年任

鄂拜 鑲藍旗人 三十年任

博濟 正藍旗人 三十四年任

傅繼祖 正藍旗人 三十四年任

尹泰 鑲黃旗人 三十四年任

特默德 鑲白旗人 三十六年任

郃穆布 鑲藍旗人 三十八年任

覺羅滿保 正黃旗人甲戌進士四十五年任

查喇 正白旗人 四十八年任

花善 正白旗人 五十二年任

漢祭酒

李若琳　順治元年任

薛所藴　二年任

傅維鱗　直隷靈壽人丙戌進士五年任

李奭棠　八年任

金鋐　順天宛平人壬辰進士十五年任

章雲鷺　順天宛平人丁亥進士十六年任

熊[redacted]　十八年任

綦汝楫　山東高密人乙未進士康熙二年任

陳鼓永　浙江海寧人乙未進士二年任

單若曾　山東　五年任

熊伯龍　湖廣漢陽人已丑進士六年任

王守才　鑲黃旗人　六年任

宋德宜　江南長洲人乙未進士八年任

李仙根　四川遂寧人辛丑進士九年任

楊正中　順天通州人戊戌進士九年任

徐元文　江南長洲人己亥進士九年任

沈　荃　江南青浦人壬辰進士十三年任

馮源濟　順天涿州人乙未進士十五年任

王士禛　山東新城人戊戌進士十九年任

李元振　河南拓城人甲辰進士二十二年任

翁叔元　直隸永平衛籍江南常熟人丙辰進士二十四年任

曹　禾　江南江陰人甲辰進士二十六年任

汪　霦　浙江錢塘人丙辰進士二十八年任

吳　苑　江南歙縣人壬戌進士三十一年任

張椿端　河南磁州人丙辰進士三十三年任

孫岳頒　江南吳縣人壬戌進士三十四年任

胡作梅　湖廣荆門人壬戌進士四十七年任

余正健　福建古田人丁丑進士四十九年任

徐日暄　江西高安人戊辰進士五十一年任

李周望　山西蔚州人丁丑進士五十七年任

滿司業左

尹布 康熙十六年任

葛思太 鑲黄旗人 十七年任

拜山 正白旗人 二十一年任

博濟 正藍旗人 二十四年任

宋古弘 鑲白旗人 二十五年任

席爾圖 正白旗人

莫索禮 正白旗人 三十五年任

滿　丕　正藍旗人　三十九年任

察爾岱　正藍旗人　四十八年任

巴克色　正藍旗人　五十六年任

齋　三　鑲黃旗人　五十七年任

博　禮　鑲黃旗人　五十八年任

滿司業右

滿都戸

達　飛　正黄旗人　十八年任

花　善　鑲藍旗人

薩爾圖　正黄旗人　三十四年任

党阿賴　鑲紅旗人　三十六年任

常　額　正紅旗人　四十六年任

登　德　鑲藍旗人　四十八年任

漢司業

馮　杰　直隸高陽人前丁丑進士順治元年任

曹本容　順天豐潤人　二年任

楊　義　山西洪銅人　十四年任

田逢吉　山西高平人乙未進士十七年任

陳洪明　遼東人　十八年任

熊賜履　湖廣孝感人戊戌進士康熙元年任

熊賜瓚　湖廣孝感人戊戌進士三年任

宋德宜　江南長洲人乙未進士三年任

李仙根　四川遂寧人辛丑進士六年任

胡簡敬　江南沭陽人乙未進士六年任

田　麟　直隸永平人戊戌進士七年任

楊正中　順天通州人戊戌進士七年任

吳國對　江南全椒人戊戌進士七年任

杜　臻　浙江秀水人戊戌進士八年任

吳本植　直隸　八年任

陳廷敬　山西澤州人戊戌進士八年任

王颺昌　山東高密人戊戌進士九年任

譚　篆　湖廣景陵人戊戌進士九年任

李天馥　河南永城人戊戌進士九年任

吳本植　十一年補任

王封濚　湖廣黃州府人戊戌進士十一年任

蘇宣化　順天大興人巳亥進士十二年任

周之麟　浙江蕭山人巳亥進士十三年任

葉方藹　江南崑山人巳亥進士十四年任

蔣弘道　順天大興人巳亥進士十四年任

朱之佐　順天大興人巳亥進士十四年任

張玉書　江南丹徒人辛丑進士十四年任

王維珍　鑲藍旗人庚戌進士十五年任

田喜霦　山西　十六年任

劉芳喆　順天　十九年任

彭孫遹　浙江海鹽人巳亥進士二十四年任

彭定求　江南長洲人丙辰進士二十四年任

董　闇　江南吳江人癸丑進士二十七年任

吳　涵　浙江石門人壬戌進士二十八年任

徐　倬　浙江德清人癸丑進士三十年任

秦宗游　浙江山陰人巳未進士三十一年任

彭會淇　江南溧陽人丙辰進士三十一年任

張豫章　江南青浦人戊辰進士三十三年任

曾　瑗　江西新城人乙丑進士三十九年任

黃叔琳　順天大興人辛未進士四十二年任

胡　潤　湖廣江夏籍通山人辛未進士四十三年任

顧悦履　浙江海寧人甲戌進士四十五年任

張德桂　廣東從化人甲戌進士四十五年任

熊　葦　順天涿鹿衛人甲戌進士四十八年任

汪　瀊　湖廣江夏人甲戌進士四十八年任

張元臣　貴州銅仁人丁丑進士四十八年任

李鳳翥　江西建昌人丁丑進士四十九年任

樊澤達　四川宜賓人乙丑進士四十九年任

李周望　山西蔚州人丁丑進士五十三年任

吳一相　福建寧洋人癸未進士五十三年任

盧　軒　浙江海寧人巳丑進士五十四年任

陳厚耀　江南泰州人丙戌進士五十五年任

謝履忠　雲南昆明人癸未進士五十七年任

趙履宏　雲南昆明人癸未進士五十七年任
陳國輔　江南華亭人丙戌進士五十五年任
盧　軒　浙江海寧人己未進士五十四年任
吳　柏　福建寧洋人癸未進士五十三年任
李開寶　山西絳州人丁丑進士五十三年任
樊宰堂　四川宜賓人乙丑進士四十九年任
李鳳藻　江西建昌人丁丑進士四十九年任
張元臣　貴州銅仁人丁丑進士四十八年任

ISBN 978-7-5010-6369-7
9 787501 063697 >
定價：260.00圓（全二册）

奎文萃珍

國學禮樂録

下册

［清］李周望 輯

文物出版社